Die Autoren

Ernst Engels
Mara Schön

Ernst Engels, Mara Schön

Reiseführer Genießerregion Hohenlohe

erschienen im:
Reise-Idee Verlag Roland Dreyer
Klostersteige 15, D-87435 Kempten
Tel.: +49 (0)8 31/9 90 78 15 oder 5 40 64 33
Fax: +49 (0)32 12/1 41 04 63
Mobil: +49 (0)179/7 07 64 29
Internet: www.reise-idee.de
E-Mail: redaktion@reise-idee.de

Redaktionelle Leitung, Koordination und Gesamtkonzept der Reihe Reiseführer im Reise-Idee Verlag: Roland Dreyer

Gestaltung, Layout und Umbruch: Bernd Helmbrecht, Claus Helmbrecht

Gesamtherstellung:
Holzer Druck und Medien GmbH + Co. KG, D-88171 Weiler im Allgäu

ISBN 978-3-934739-56-7
Printed in Germany, Sommer 2018
1. Auflage

Reiseführer Genießerregion Hohenlohe

Hohenlohekreis

Dörzbach, Forchtenberg, Hohenloher Perlen (Bretzfeld, Öhringen, Pfedelbach, Zweiflingen), Ingelfingen, Krautheim, Künzelsau, Kupferzell, Mulfingen, Niedernhall, Schöntal, Waldenburg

Landkreis Schwäbisch Hall

Blaufelden, Braunsbach, Bühlertann, Bühlerzell, Crailsheim, Fichtenau, Frankenhardt, Gerabronn, Ilshofen, Kirchberg an der Jagst, Kreßberg, Langenburg, Mainhardt, Michelbach an der Bilz, Michelfeld, Obersontheim, Rosengarten, Rot am See, Satteldorf, Schrozberg, Schwäbisch Hall, Stimpfach, Sulzbach-Laufen, Untermünkheim, Vellberg, Wallhausen

Main-Tauber-Kreis

Assamstadt, Bad Mergentheim, Creglingen, Lauda-Königshofen, Niederstetten, Weikersheim

Ausflugsziele

art Karlsruhe, Bad Friedrichshall, Bad Wimpfen, Feuchtwangen, Gundelsheim, Jagsthausen, Kloster Maulbronn, Neudenau, Obersulm, Röttingen, Rothenburg ob der Tauber, Schillingsfürst, Mercedesmuseum und Porschemuseum Stuttgart, Weinsberg, Widdern

Taubertal bei Weikersheim
(Bild Theresa Baumann)

Inhaltsverzeichnis

Wo gibt´s was / Einleitung

Hohenlohekreis

Landkreis Schwäbisch Hall

Main-Tauber-Kreis

Ausflugsziele

Inhaltsverzeichnis

Wo gibt´s was

Kunst und Kultur

Bildungseinrichtung

Museen

Freizeiteinrichtungen

Kloster Schöntal
(Bild Touristikgemeinschaft Hohenlohe)

Einkaufen

Essen und Trinken

Badeparadies Breitenauer See
(Bild Touristikgemeinschaft Hohenlohe)

Schloss Neuenstein
(Bild Touristikgemeinschaft Hohenlohe)

Gartenterrassen

Übernachten

Tagungsmöglichkeiten

Wellness

Steinbacher Tal, Pfedelbach
(Bild Touristikgemeinschaft Hohenlohe)

TOP-Ziele

Schloss Langenburg
siehe Seite 148

Solbad Schwäbisch Hall
siehe Seite 178

Hohenloher Freilandmuseum
siehe Seite 180

Deutschordensmuseum
Bad Mergentheim, siehe Seite 214

Am Neumühlsee
(Bild Tourist-Information Waldenburg)

TOP-Ziele

Schloss Weikersheim
siehe Seite 232

Freilichtspiele Schwäbisch Hall
siehe Seite 176

Tagungshaus Kloster Schöntal
siehe Seite 96

Kloster Maulbronn
siehe Seite 252

Die Reihenfolge stellt keine Bewertung dar!

TOP-Ziele

Wildpark Bad Mergentheim
siehe Seite 216

Mercedes-Benz-Museum
Stuttgart, siehe Seite 268

Museen Würth
Künzelsau, siehe Seite 26

Stauferburg Krautheim
(Bild Touristikgemeinschaft Hohenlohe)

Porsche Museum, Stuttgart
siehe Seite 270

Burgfestspiele Jagsthausen
siehe Seite 248

TOP-Ziele

Die Reihenfolge stellt keine Bewertung dar!

Genießerregion Hohenlohe

Die liebenswerte Urlaubslandschaft

Wo liegt Hohenlohe, ein Freizeit- und Feriengebiet, das auch heute noch ein Geheimtipp ist und von manchen als die Toskana Deutschlands bezeichnet wird?

Nordöstlich von Stuttgart vereint die Genießerregion Hohenlohe drei Gebiete: den Hohenlohekreis, den Landkreis Schwäbisch Hall und den Hohenlohischen Teil des Lieblichen Taubertals. Die idyllischen Täler der Flüsse Kocher, Jagst und Tauber prägen die Landschaft, in der man auch Weinberge, sanfte Hügel und Wälder, schmucke Städtchen, Schlösser und Burgen und vieles findet.

Neben der herrlichen Natur, der kulturellen Vielfalt und der großen Auswahl an Freizeitaktivitäten bietet die Genießerregion kulinarische Genüsse.

Seit langem ist die Region, die als der Feinkostladen Baden-Württembergs gilt, vor allem bei Genießern und Gastronomen für ihre Qualitätsprodukte bekannt und geschätzt.

Die Hohenloher Genuss-Handwerker haben unter anderem Schwäbisch-Hällisches Landschwein, Boeuf de Hohenlohe, Hohenloher Lamm oder Limpurger Weideochsen im Angebot. Auch Käse, Schinken, Würste, Weine und Brände, die von den Fachleu-

Hohenloher Blooz

Jagsttal

(Bilder Touristikgemeinschaft Hohenlohe, Eva Maria Kraiss, Michelbach/Bilz)

ten der Region mit handwerklichem Geschick und großem Engagement hergestellt werden, sind von hoher Qualität. Ein Besuch in einer der gemütlichen Hohenloher Gaststätten oder im Gourmet-Restaurant, wo diese Köstlichkeiten angeboten werden, lohnt sich immer und wird bestimmt nicht der letzte sein. Auf den traditionellen Märkten, in Hofläden oder beim Erzeuger kann man die leckeren Sachen auch direkt erwerben und mit nach Hause nehmen.

Seit dem Mittelalter war Hohenlohe das Herrschaftsgebiet der Fürsten zu Hohenlohe. Sie erhielten Mitte des 13. Jahrhunderts zur Blütezeit der Staufer als treue Gefolgsleute das Recht, Burgen und Städte zu gründen. Im Lauf der Jahrhunderte entstanden so reizende Orte und Städte, Burgen und prachtvolle Schlösser, die auch heute noch zu bewundern sind. Zahlreiche bedeutende Kunstwerke in Schlössern und Kirchen wurden von

Schloss Pfedelbach

den Bildhauer- und Künstlerfamilien Kern aus Forchtenberg und Sommer aus Künzelsau geschaffen.

Durch die Verwaltungsreformen Napoleons, 1806, wurden die kleinen Herrschaftsgebiete der Region dem Königreich Württemberg untergeordnet. Weit abgelegen von den Zentren entwickelte sich Hohenlohe nur langsam und vermittelt auch heute noch das Gefühl der „guten alten Zeit", ganz im Gegensatz zu unserem heutigen hektischen Leben. Die Menschen in Hohenlohe sind selbstbewusst, bodenständig, weltoffen und gastfreundlich.

In Hohenlohe werden ungezählte Feste gefeiert. Es gibt die traditionellen Wein-, Volks-, Straßen-, Frühjahrs-, Sommer- und Herbstfeste. Hinzu kommen Stadtjubiläen, Pferde-, Krämer-, Trödel- und Weihnachtsmärkte. Sehr beliebt sind die hochwertigen kulturellen Events wie die Freilichtspiele in Schwäbisch Hall und Künzelsau, Konzerte in Schlössern und Kirchen und vieles mehr. Ein Blick in den Veranstaltungskalender und ein Ausflug ins Hohenlohische lohnt sich immer.

Hohenlohe ist ein Urlaubsparadies für jedermann. Fernab von den großen Touristenströmen kann man hier nach Herzenslust die Seele baumeln lassen. Familien freuen sich über gemütliche Unterkünfte beim Urlaub auf dem Bauernhof. Vom behaglichen Landgasthof bis zum Sterne-Hotel finden hier jeder das Passende. Im deutschlandweit bekannten Kurort Bad Mergentheim im Taubertal stehen hochwertige Wellnessmöglichkeiten zur Verfügung.

Zahlreiche Freizeitmöglichkeiten bieten sich den unternehmungslustigen Feriengästen. Die hervorragend ausgebauten Radwege in den romantischen Flusslandschaften sind der Traum jedes passionierten Radfahrers. Für Freunde des Wanderns stehen genussreiche Touren in reicher Zahl zur Verfügung. Sehr zu empfehlen sind die im Jagsttal eingerichteten „Pfade der Stille“. Zu bestimmten Zeiten ist auch eine Kanutour auf den Flüssen möglich. Infos gibt es bei den Tourismusbüros.

Freunde der Kulturgeschichte haben eine große Auswahl an Sehenswürdigkeiten, Schlösser und historische Altstädte laden ein zu interessanten Besichtigungstouren.

Mit einem Wort: in der Genießerregion Hohenlohe gibt es viel Schönes zu entdecken.

Gute Reise, gute Erholung und viel Vergnügen!

Wichtige Adressen und Telefonnummern

Touristikgemeinschaft Hohenlohe e.V.
Allee 17, D-74653 Künzelsau
Tel. +49 (0)7940 18206
info@hohenlohe.de
www.hohenlohe.de

Hohenlohe + Schwäbisch Hall Tourismus e.V.
Münzstr. 1, D-74523 Schwäbisch Hall
Tel. +49 (0)791 755 7444
info@hs-tourismus.de
www.hohenlohe-schwaebischhall.de

Tourist-Information
Marktplatz 1
D-97980 Bad Mergentheim
Tel. +49 (0)7931 574815
tourismus@bad-mergentheim.de
www.bad-mergentheim.de

Luftkurort Waldenburg

Kocher-Jagst-Radweg

Einer der schönsten Radfernwege in Süddeutschland ist der Kocher-Jagst-Radweg, ein 4-Sterne-Radweg durch die einmalige Landschaft des Hohenloher Landes. Der 332 Kilometer lange Weg führt mit diversen Steigungen den einen Fluss hinunter und den Zwillingsfluss wieder hinauf.

Der Radweg bietet wunderschöne, abwechslungsreiche Landschaften, romantische Dörfer und historische Altstädte, Schlösser und Burgen, Weinberge, Wiesen und Wälder.

Der in beiden Richtungen sehr gut ausgeschilderte Weg verläuft meist auf echten Radwegen sowie auf straßenbegleitenden Wegen neben Hauptverkehrsstraßen. Nur selten, wie zum Beispiel durch Orte, muss man auf der Straße fahren.

Zahlreiche E-Bike Vermietungs- und Ladestationen, Radservice-Stationen, Einkehr- und Übernachtungsmöglichkeiten entlang der Route bieten jeglichen notwendigen Service.

Entlang der Strecke findet man folgende Bahnhöfe: Aalen, Gaildorf, Schwäbisch Hall, Bad Friedrichshall, Möckmühl, Crailsheim, Jagstzell, Ellwangen und Lauchheim.

Genussradler auf dem Kocher-Jagst-Radweg
(Bild Susanne Schleusner)

Der Kocher-Jagst-Radweg beginnt in Aalen im Ostalbkreis. Die Route folgt dem Flusslauf des Kocher und erreicht über Abtsgmünd den Landkreis Schwäbisch Hall. In Sulzbach-Laufen lohnt ein Besuch der Wasserwelt (siehe Seite 190).

Das Hotel Restaurant Krone in Sulzbach lädt zur Einkehr (siehe Seite 191).

Weiter geht es über Gaildorf nach Rosengarten, wo eine Reihe von sakralen Bauten einen Besuch wert sind (siehe Seite 162).

Der nächste Ort auf der Route ist die Kreisstadt Schwäbisch Hall, die mit der historischen Altstadt, den Freilichtspielen und dem Freilandmuseum Wackershofen zahlreiche Besucher anzieht (siehe Seite 172).

Das Solbad Schwäbisch Hall direkt am Kocher lädt mit Wellnessoase zu einem entspannendem Besuch (siehe Seite 178).

Das Sudhaus in Schwäbisch Hall bietet schwäbische Gastronomie auf hohem Niveau (siehe Seite 183).

Der idyllische Radweg entlang des Kocher erreicht dann Braunsbach, dessen Ortsteil Geislingen von der Kochertalbrücke, Europas größte Stahlbetonbrücke, überspannt wird (siehe Seite 112).

Weiter führt die Route in den Hohenlohekreis nach Künzelsau, wo das Stadtmuseum einen Besuch lohnt (siehe Seite 74).

Im Landgasthof Lell in Künzelsau-Belsenberg sind Radwanderer willkommen (siehe Seite 78).

Als nächstes folgt Ingelfingen mit sehenswerter Altstadt (siehe Seite 66).

Das Rathaus von 1477 in der folgenden Stadt Niedernhall gehört zu den besterhaltenen in Franken (siehe Seite 90).

Nun erreicht man Forchtenberg, das zu einer Wanderung auf dem 10 km langen Bauernlehrpfad einlädt (siehe Seite 44).

Der Landgasthof Krone in Forchtenberg-Sindringen direkt am Kocher ist der ideale Standort für Aktivurlauber (siehe Seite 50).

Radfahrer auf dem Marktplatz in Schwäbisch Hall
(Bild Arbeitsgemeinschaft Kocher-Jagst-Radweg, Jan Bürgermeister)

Der Radweg erreicht dann den Landkreis Heilbronn und führt über Neuenstadt zur Mündung des Kocher in den Neckar bei Bad Friedrichshall mit dem interessanten Salzbergwerk (siehe Seite 238).

Ab hier verläuft die Route flussaufwärts entlang der Jagst und erreicht Widdern mit der sehenswerten Altstadt (siehe Seite 274).

Es folgt Jagsthausen, wo die Burgfestspiele im Hof der Götzenburg jährlich Tausende Besucher anziehen (siehe Seite 246).

Das Rote Schloss in Jagsthausen lädt mit hervorragender Küche und einzigartigem Ambiente zu einem Besuch ein (siehe Seite 250).

In Künzelsau
(Bild Susanne Schleusner)

In Schöntal, dessen Kloster einen Besuch lohnt, erreicht der Radweg wieder das Gebiet des Landkreises Hohenlohe (siehe Seite 92).

Das Bildungshaus im Kloster Schöntal bietet beste Voraussetzungen für Tagungen und Seminare (siehe Seite 96).

Es folgt der idyllischste Teil des Weges entlang der Jagst. Die Gemeinden Krautheim (siehe Seite 70), Dörzbach (siehe Seite 42) und Mulfingen (siehe Seite 82) bieten eine Reihe von Sehenswürdigkeiten und idyllische Wanderwege.

Im Landgasthof Krone in Krautheim wird schwäbisch-hohenlohische Gastlichkeit gepflegt (siehe Seite 69).

Das Amtshaus in Mulfingen-Ailringen bietet Sterneküche und den perfekten Rahmen für Tagungen (siehe Seite 86).

Die Jagstmühle in Mulfingen-Heimhausen lädt mit hervorragender Küche zur Einkehr (siehe Seite 84).

Danach gelangt man mit dem Radweg nach Bächlingen im Landkreis Schwäbisch Hall, einem Teilort von Langenburg. Die Stadt Langenburg liegt auf einem Bergsporn hoch über der Jagst mit der eindrucksvollen Schlossanlage (siehe Seite 146).

Das Hotel-Restaurant Krone in Langenburg lädt zu erholsamen Aufenthalt mit herrlicher Aussicht (siehe Seite 150).

Es folgt das romantische Städtchen Kirchberg an der Jagst mit Schloss Kirchberg (siehe Seite 142).

Die Route führt weiter nach Crailsheim, wo ein Bummel durch die Altstadt mit sehenswerten historischen Gebäuden lohnt (siehe Seite 120).

Die Saunalandschaft des parc vital in Crailsheim lädt zu herrlicher Entspannung (siehe Seite 128).

Weiter führt der Weg nach Stimpfach mit dem Schloss Rechenberg, in dem heute eine Jugendherberge untergebracht ist (siehe Seite 188).

Die Route erreicht wieder den Ostalbkreis mit den Städten Ellwangen und Lauchheim und endet am Ausgangspunkt in Aalen.

Wichtige Adressen und Telefonnummern

Arbeitsgemeinschaft Kocher-Jagst-Radweg
c/o Hohenlohe + Schwäbisch Hall
Tourismus e. V.
Münzstraße 1
D-74523 Schwäbisch Hall
Tel. +49 (0)791 755 7444
Fax +49 (0)791 755 7447
info@kocher-jagst.de
www.kocher-jagst.de

Radfahrer in Crailsheim
(Bild Arbeitsgemeinschaft Kocher-Jagst-Radweg, Jan Bürgermeister)

Museen der Kunstsammlung Würth

Kunsthalle Würth
(Foto Philipp Schönborn)

Kunst und Kultur gehören zum Unternehmen Würth. Ihre starke Präsenz und die vielfältigen Aktivitäten sind eine Folge gelebter Unternehmenskultur. Die vier Museen in Deutschland, das Museum Würth und die Hirschwirtscheuer in Künzelsau, die Kunsthalle Würth und die Johanniterkirche in Schwäbisch Hall sowie die zehn Kunstdependancen an den Unternehmenssitzen der internationalen Gesellschaften sind Ausdruck dieses besonderes Engagements.

In allen Museen wird die von Reinhold Würth aufgebaute Sammlung Würth, die derzeit rund 18.000 Kunstwerke umfasst, gezeigt. Die Akzente der Sammlung liegen auf Skulpturen, Malerei und Grafiken vom ausgehenden 19. Jahrhundert bis zur Gegenwart, insbesondere die Bereiche Plastik und Skulptur gewinnen mehr und mehr an Bedeutung.

Kinderführung in der Kunsthalle Würth
(Foto Ufuk Arslan)

Kunsthalle Würth

Die Kunsthalle Würth wurde auf dem ehemaligen Areal der Haller Löwenbräu inmitten der Schwäbisch Haller Altstadt errichtet und im Jahre 2001 eröffnet. Von dem dänischen Architekten Hennig Larsen entworfen, ist der Museumsbau ein dreigeschossiger Bau, der optisch in zwei Kuben aufgeteilt ist, in dem sich die Cafeteria, der Kunstshop, der Adolf-Würth-Saal, einem Mehrzwecksaal für Ausstellungen und Veranstaltungen befinden und die darunter errichtet Ausstellungsfläche. Wechselnde Präsentationen, die sich thematisch am Schwerpunkt der Sammlung orientieren und auch durch Leihgaben ergänzt werden, machen den Ausstellungsbesuch zu einem besonderen Erlebnis.

Kunst und Genuss

Eine Kunstpause können die Besucher und Gäste der Kunsthalle Würth in der Cafeteria einlegen, die täglich feine Köstlichkeiten anbietet.

Kunst erleben

Kunst verbindet Menschen und entfaltet sich besonders im Dialog. Begleitend zu den Ausstellungen wird ein umfangreiches und vielseitiges Programm aus Führungen für Kinder und Erwachsene, Workshops, Lesungen und Vorträge geboten.

Kunsthalle Würth
Lange Straße 35
D-74523 Schwäbisch Hall
Tel. +49 (0)791 946 72-0
Fax +49 (0)791 946 72-55
kunsthalle@wuerth.com
www.kunst.wuerth.com

Innenansicht Kunsthalle Würth, Ausstellung David Hockney
(Foto Roland Bauer)

Johanniterkirche

Johanniterkirche
(Foto Philipp Schönborn)

Die Johanniterkirche in Schwäbisch Hall, ein umfassend sanierter Bau aus dem 12. Jahrhundert, wurde 2008 als Museum für spätmittelalterliche und neuzeitliche Kunst in der Sammlung Würth eröffnet. Die vorausgegangene, durch die Adolf Würth GmbH & Co. KG getragene Sanierung des Gebäudes umfasste einen Erweiterungsbau, die museale Ausstattung sowie die denkmalgerechte Restaurierung des originalen gotischen Dachstuhls von 1400/1401, der sich als ältester seiner Art in Süddeutschland erwies. 2011 wurde der Umbau, den der Stuttgarter Architekt Erich H. Fritz realisierte, mit der Hugo-Häring-Auszeichnung prämiert. Nachdem als Dauerleihgaben zuletzt noch einige erhaltene Exponate der originalen Ausstattung des ehedem sakralen Gebäudes rückgeführt werden konnten, bildet die Johanniterkirche als Dependance der nahe gelegenen Kunsthalle Würth nun die ideale Heimstatt für die bedeutenden Alten Meister in der Sammlung Würth.

Museumstag in der Johanniterkirche
(Foto Archiv Museum Würth)

Alte Meister in der Sammlung Würth

Johanniterkirche
(Foto Jochen Stüber)

Den Kernbestand dieser hochkarätigen Kollektion, die der Kunst des deutschen Südwestens, einschließlich des Bodenseeraumes und der Nordschweiz, vom ausgehenden Mittelalter bis zur beginnenden Neuzeit gewidmet ist, bildet der 2003 von der Familie Würth erworbene ehemals Fürstlich Fürstenbergische Bilderschatz, Donaueschingen. Besonders hervorzuheben sind die zahlreichen Tafelbilder des Meisters von Meßkirch, einem der bemerkenswertesten süddeutschen Maler des 16. Jahrhunderts, darunter der wertvolle „Falkensteiner Altar", der als nationales Kulturgut gilt. Doch auch das hochbedeutende Antonius-Retabel des Zürcher Veilchenmeisters oder das großartige Porträt eines Herrn von Andreas Haider verdienen unsere Aufmerksamkeit. Sowohl auf dem Gebiet der Tafelmalerei als auch der Skulptur konnte dieser Bestand sinnstiftend ergänzt werden, etwa mit qualitätvollen Beispielen von Daniel Mauch, Tilman Riemenschneider oder aus dem näheren Umkreis des Hans Multscher und von Lucas Cranach d. Ä. Die bedeutendste Ergänzung stellt jedoch die „Madonna des Bürgermeisters Jacob Meyer zum Hasen" von Hans Holbein d. J. dar. Das Bild Holbeins zählt zu den berühmtesten und wohl schönsten Gemälden des 16. Jahrhunderts.

Johanniterkirche/Kunsthalle Würth
Im Weiler 1
D-74523 Schwäbisch Hall
Tel. +49 (0)791 946 72-330
Fax +49 (0)791 946 72-339
johanniterkirche@wuerth.com
www.kunst.wuerth.com

Hans Holbein d. J., Madonna
(Foto Philipp Schönborn)

Museum Würth

Das Museum Würth in Künzelsau ist das Ergebnis des kulturellen Engagements und der inzwischen rund 40-jährigen Sammlertätigkeit des Unternehmers Reinhold Würth. Integriert in das Verwaltungsgebäude des Unternehmens entstanden 1991 zwei selbstständige Museumsbereiche: Das Museum für Schrauben und Gewinde und das Museum Würth für moderne und zeitgenössische Kunst.

So versteht sich das Museum Würth als Ort der Begegnung von Kultur und Wirtschaft. Dem Museumsbesucher werden nicht nur wechselnde Ausstellungen, sondern auch Einblicke in den Geschäftsablauf des Konzerns geboten. Diese Offenheit spiegelt sich auch in der lichtdurchfluteten

Außenansicht Museum Würth
(Bilder Archiv Museum Würth)

und lebendig strukturierten Architektur wider, die vom Stuttgarter Architekturbüro Müller-Djordjevic entworfen wurde.

Das Museum für Schrauben und Gewinde widmet sich einem technischen Schlüsselmedium der Menschheit – der Schraube und ihre vielfachen Anwendungsmöglichkeiten. Es ist damit das einzige seiner Art in Europa.

Museum Würth
Reinhold-Würth-Straße 15
D-74653 Künzelsau-Gaisbach
Tel. +49 (0)7940 15-2200
Fax +49 (0)7940 15 4200
museum@wuerth.com
www.kunst.wuerth.com

Innenansicht Museum Würth

Der Skulpturengarten am Carmen Würth Forum

Mit bereits zahlreichen Präsentationen von Skulpturen im öffentlichen Raum dürfte es keine wirkliche Überraschung sein, dass der Unternehmer, Kunstsammler und Visionär Reinhold Würth beschloss, auch anlässlich der Eröffnung des Carmen Würth Forums in Künzelsau einen Skulpturengarten mit Werken der Sammlung Würth anlegen zu lassen.

Es ist wohl diese besondere Passion für plastische Werke und die regionale Natur, die den neuen Skulpturengarten prägen. Und anders als in einem geschlossenen Ausstellungsraum konfrontiert der Skulpturengarten seine Werke und die Wahrnehmung seiner Besucher unaufhörlich mit den vorübergehenden Erscheinungen des Tages- und Jahreslaufs: mit Wärme und Kälte, Nässe, Nebel oder Trockenheit und den Laubfarben und Lichtreflexen des jahreszeitlichen Sonnenstands.

Carmen Würth Forum
Am Forumsplatz 1
D-74650 Künzelsau
Tel. +49 (0)7940 15-3200
info@carmen-wuerth-forum.de
www.carmen-wuerth-forum.de

Carmen Würth Forum
(Foto Philipp Schönborn)

Hirschwirtscheuer

Ausstellung Hann Trier
(Fotos Ufuk Arslan)

Die in Künzelsau ansässige Hirschwirtscheuer wurde als Wohnhaus mit Scheune im Jahre 1760 durch den Hohenloheschen Hofmaurer Johann Georg Scharpf (1726-1785) erbaut.

Später wurde sie nur noch als Scheune benutzt und befand sich vor 1986 in nicht mehr erhaltungsfähigem Zustand. 1988/89 wurde deshalb auf dem historischen Kellergewölbe ein neues Gebäude nach alten Plänen errichtet, das heute als Kunstmuseum der Öffentlichkeit zugänglich ist.

Gezeigt wird eine Dauerausstellung zur Künstlerfamilie Sommer. Darüber hinaus werden wechselnde Ausstellungen moderner und zeitgenössischer Kunst präsentiert, die von der Sammlung Würth ausgerichtet werden und sich im Programm auch in enger Anbindung an deren Bestand definieren. Symbol der Hirschwirtscheuer ist der so genannte Atlant, eine Trägerfigur von Johann Andreas Sommer (1716-1776). Der Rokoko-Atlant war ursprünglich an der Fassade angebracht. Seit 1989 ist er aus konservatorischen Gründen im Innenraum ausgestellt. Außen befindet sich eine Nachbildung von Peter Nedwal aus Rothenburg. Johann Andreas Sommer, dem diese Hermenfigur zugeschrieben wird, schuf u. a. zwei Stättmeister-Epitaphien in der Michaelskirche in Schwäbisch Hall. Die Künstlerfamilie Sommer hatte ihre Werkstatt in unmittelbarer Nähe am Schlossplatz, im heutigen Hotel-Restaurant Anne-Sophie in Künzelsau.

Hirschwirtscheuer
Museum für die Künstlerfamilie Sommer
Scharfengasse 12
D-74653 Künzelsau
Tel. +49 (0)7940 57-155
Fax +49 (0)7940 15 4200
museum@wuerth.com
www.kunst.wuerth.com

Vermietungsagentur Hohenlohe

Ferienwohnungen und Ferienhäuser in großer Auswahl

Die dünn besiedelte Hohenloher Ebene ist das ideale Urlaubsgebiet für Ruhesuchende und Hundebesitzer.
Auf den Wanderwegen durch die romantische Natur kann man den Hund noch ohne Leine laufen lassen und findet in den Gewässern herrliche Badeplätze für Hund und Mensch.
Tina Oestreich vermittelt mit ihrer Vermietungsagentur liebevoll gestaltete, stilvolle Ferienunterkünfte in Ortsrandlage von der Fachwerk-Idylle über die umgebaute Scheune bis zum puristischen Design-Haus und speziellen Häusern für Kinder. Alle Ferienhäuser und Ferienwohnungen haben komplett eingezäunte zauberhafte Gärten zur Alleinnutzung.

Vermietungsagentur Hohenlohe
Tina Oestreich, Landturm 32
D-74572 Blaufelden-Herrentierbach
Tel. +49 (0)7936 990 321
Fax +49 (0)7936 990 322
info@vermietungsagentur-hohenlohe.de
www.vermietungsagentur-hohenlohe.de

Einkaufserlebnis zu günstigen Preisen

Outlet Hohenlohe

Wer Sport- und Freizeitbekleidung in Markenqualität zu günstigen Preisen sucht, ist beim Outlet Hohenlohe im Industriegebiet Wolpertshausen direkt an der A 6 an der richtigen Adresse. Auf 700 Quadratmetern wird eine reiche Auswahl an Top-Marken rund um den Sport für Groß und Klein angeboten. Übersichtlich angeordnet werden Bekleidung, Schuhe und Ausrüstung für Fitness, Outdoor, Laufen und Ballsportarten präsentiert.

Wie beim Lager- oder Fabrikverkauf sind aktuelle Kollektionen, Saison-Auslaufwaren und Sonderkollektionen im Angebot mit Preisen, die ganzjährig zwischen 20% und 70% gegenüber den unverbindlichen Preisempfehlungen dauerhaft reduziert sind.

Das Outlet Hohenlohe bietet sportliche Bekleidung, die nicht nur funktionell ist, sondern sich auch an aktuellen modischen Trends orientiert. Das Angebot richtet sich an Privatpersonen, Vereine und Firmenkunden. Neben den traditionellen Kunden mit sportlichem Anspruch werden hier vor allem lifestyle- und fashionorientierte Konsumenten mit innovativen Textilien und Accessoires angesprochen.

Auf gute persönliche Beratung wird im Outlet Hohenlohe großen Wert gelegt. Als besonderer Service ist auch die Veredelung von Textilien für geschäftliche oder private Zwecke als Beflockung, Druck oder Stickerei möglich.

Öffnungszeiten

Montag bis Freitag: 10 bis 19 Uhr
Samstag: 10 bis 16 Uhr

Outlet Hohenlohe

Süßwiesenstraße 20/1
D-74549 Wolpertshausen
Tel. +49 (0)7904 943547 0
Fax +49 (0)7904 943547 7
info@outlet-hohenlohe.de
www.outlet-hohenlohe.de

Tulpenpracht
(Bild Große Kreisstadt Öhringen)

Hohenlohekreis

Hohenlohekreis

Attraktiver Wirtschaftsstandort und Heimat der Weltmarktführer

Der Hohenlohekreis wurde im Jahr 1973 im Zuge der Kreisreform gebildet. Maßgebend für den Namen war die historische Region Hohenlohe. Die Kreisstadt Künzelsau und die Große Kreisstadt Öhringen sind die aufstrebenden urbanen Mittelzentren, von denen die dynamische Entwicklung des Landkreises zu einem äußerst attraktiven Unternehmensstandort ausgeht.

Mit weiteren 14 Städten und Gemeinden bieten sie preisgünstige Wohnbauflächen mit bester Wohnqualität. Der Landkreis, im Herzen der Region Heilbronn-Frankens, im Nordosten Baden-Württembergs gelegen, beeindruckt durch seine enorme wirtschaftliche Stärke. Das hat gute Gründe. Mit rund 110.000 Einwohnern ist der Hohenlohekreis zwar der bevölkerungsmäßig kleinste Landkreis im Bundesland, weist aber, gemessen an der Einwohnerzahl, die größte Dichte an Weltmarktführern und Clustern auf. Im Hohenlohekreis sind Tradition und Moderne, erfolgreiche Familienunternehmen, herrliche Landschaften, historische Sehenswürdigkeiten und kulturelle Schätze sowie ein hochwertiges kulinarisches Angebot in erstklassigen gastronomischen Betrieben auf das Glücklichste vereint. Hohenlohe darf sich die erste Genießerregion in Baden-Württemberg nennen.

Der HOHENLOHEKREIS – Eine feine Adresse für Unternehmen, Familien, Studierende und alle, die neben Natur und Kultur einen starken Wirtschaftsstandort schätzen.

Von der Landwirtschaft zum Industriestandort

Bis in die erste Hälfte des 20. Jahrhunderts war die Region Hohenlohe geprägt von Landwirtschaft und

Gewerbepark Waldzimmern
(Nürnberg Luftbild Hajo Dietz)

Weinbau im westlichen Teil. Als sich nach dem Zweiten Weltkrieg ausgebombte Unternehmen aus großen Städten wie der Ventilatorenhersteller Ziehl-Abegg aus Berlin oder der Aufzugs- und Kranbauer Stahl aus Stuttgart in Künzelsau und Umgebung niedergelassen hatten, begann das Wirtschaftswunder im Land zwischen Kocher und Jagst.

Hinzu kamen erfindungsreiche, risikobereite Tüftler, die ihre Ideen in eigenen Unternehmen umsetzten, wie der Schraubenhändler Würth oder der Ventilspezialist Bürkert. Sie fanden in der Region bodenständige, engagierte Mitarbeiter, die aus der zurückgehenden Landwirtschaft frei geworden waren.

Cluster und Netzwerke

Aus diesen viel versprechenden Anfängen haben sich ökonomische Cluster mit Netzwerken von Produzenten, Zulieferern, Bildungs- und Forschungseinrichtungen, Dienstleistern und Handwerkern gebildet, die Garant für eine stetige, erfolgreiche Weiterentwicklung sind.

Die Wirtschaft im Hohenlohekreis ist geprägt durch die Branchenvielfalt, die von den zahlreichen kleinen und mittelständischen Betrieben geboten wird. Schwerpunkte bilden die Cluster der Montage- und Befestigungstechnik, Ventilatoren- und Lüftungstechnik, Ventil-, Mess- und Regeltechnik sowie des Explosionsschutz. Auch Mustang-Jeans, JAKO-Sportartikel, d-c-fix® oder skai® der Benecke-Hornschuch Surface Group oder die Schwertransporter der SCHEUERLE Fahrzeugfabrik GmbH machen international von sich Reden.

Familienunternehmen und gesellschaftliches Engagement

Die engagierten Belegschaften der Unternehmen in der Region sind froh über sichere Arbeitsplätze und identifizieren sich mit ihren Familineunternehmen, ein wesentlicher Aspekt des wirtschaftlichen Erfolges. Die Unternehmer fühlen sich deshalb in besonderem Maß mit dem Land und seinen Menschen verbunden und zeigen dies durch großes gesellschaftliches Engagement, vor allem im sozialen, kulturellen und sportlichen Bereich wie auch im Bildungsbereich. Die Förderung des Campus Künzelsau der Hochschule Heilbronn, für die Öffentlichkeit frei zugängliche Museen und Kunsthallen, das alljährlich stattfindende Würth Open Air oder der ebm-papst Marathon stehen beispielhaft dafür. Ein weiteres Highlight für die Region ist das Carmen Würth Forum in Künzelsau, in dem sich Kultur entfalten und Kommunikation auf allen gesellschaftlichen Ebenen stattfinden kann.

Verkehrsverbindungen

Die Unternehmen in Hohenlohe profitieren von den günstigen Verkehrsverbindungen durch die Autobahn A 6 von Heilbronn nach Nürnberg, die durch den Süden des Landkreises

Kocheridylle in Künzelsau
(Bild W.I.H GmbH)

führt, und die A 81 von Stuttgart nach Würzburg, die den Kreis im Westen streift. Der sich schnell entwickelnde, interkommunale Gewerbepark Hohenlohe direkt an der A 6 zwischen Kupferzell und Waldenburg verfügt heute bereits über mehr als 2000 Arbeitsplätze.

Auch die Gewerbe- und Handwerkerparks an den Ortsrändern der Städte und Gemeinden des Hohenlohekreises verzeichnen mit repräsentativen Neubauten klein- und mittelständischer Unternehmen, Handwerkern und Dienstleistern einen enormen Zuwachs. Das ist nicht verwunderlich. Die Hohenloher Naturlandschaft ist eine Inspirationsquelle für Forschung und Entwicklung. Hier lässt es sich ausgezeichnet leben und arbeiten.

Bildungseinrichtungen

Die umfassenden bildungspolitischen Fördermaßnahmen im Hohenlohekreis mit Schwerpunkt auf den Ausbau beruflicher Schulen tragen zur Sicherung der dualen Ausbildung bei und sind eine wichtige Grundlage des wirtschaftlichen Erfolges. Der Campus Künzelsau der Hochschule Heilbronn, die Reinhold-Würth-Hochschule, bietet Studierenden elf Bachelor- und Masterstudiengänge in den Bereichen Technik und Wirtschaft an, die auf die Bedürfnisse der regionalen Unternehmen zugeschnitten sind. Sie bieten Berufsanfängern wie auch erfahrenen Fachkräften beste Aufstiegschancen.

Reinhold-Würth-Hochschule
(Bild Hochschule Heilbronn)

Hohe Lebensqualität

Für junge Familien bietet der Hohenlohekreis ideale Bedingungen. Attraktive Freizeit- und Sportmöglichkeiten, Kinderbetreuungsangebote sowie ein breit gefächertes Bildungsangebot. Die Bandbreite der kulturellen Veranstaltungen ist vielfältig, Freilicht-Theaterfestspiele, hochwertige Konzerte des Hohenloher Kultursommers und vieles mehr. Zahlreiche beliebte Feste und Märkte tragen zu einem abwechslungsreichen Jahresveranstaltungsprogramm bei.

Genießerregion Hohenlohe

Hohenlohe als Genießerregion hat sich ein eigenes kulinarisches Profil bewahrt und pflegt einen eigenen Lebensstil. Hervorragende gastronomische Betriebe arbeiten mit regionalen Zulieferern zusammen und sind bei Gästen, die ausgezeichnetes Essen und Trinken schätzen, bekannt und beliebt. Begriffe wie das Boeuf de Hohenlohe, das Schwäbisch-Hällische Landschwein oder das Limpurger Weiderind sind überregional bekannt. Außerdem stehen Hohenloher Weine für höchste Qualität und Güte. Regionale Produkte sind auch in Hofläden erhältlich.

Die entwickelte touristische Infrastruktur bietet den Gästen ein breites Spektrum an Übernachtungsmöglichkeiten vom Sterne-Hotel bis zu Ferienwohnungen oder Urlaub auf dem Bauernhof.

Wirtschaftsförderung

Die intensiv betriebene Wirtschaftsförderung der Städte und Gemeinden wie auch des Hohenlohekreises sorgt für bestmögliche Rahmenbedingungen für eine Weiterentwicklung der Unternehmen und für die Ansiedlung von neuen Betrieben. Hierzu gehört die Ausweisung von Gewerbeflächen, Schaffung von Infrastrukturen für eine bedarfsgerechte Ausbildung und Zusammenarbeit mit den Wirtschaftskammern sowie den Institutionen in Bund und Land. Die Wirtschaftsförderungsgesellschaft des Hohenlohekreises ist außerdem Ansprechpartner für Standortanfragen und Fördermittelakquise.

Wichtige Adressen und Telefonnummern

W.I.H.-Wirtschaftsinitiative Hohenlohe GmbH
Allee 17, D-74653 Künzelsau
Tel. +49 (0)7940 18 351
Fax +49 (0)7940 18 370
info@wih-hohenlohe.de
www.wih-hohenlohe.de
www.hohenlohekreis.de

Weinberge (Bild W.I.H GmbH)

Dörzbach

Im romantischen Jagsttal

Die Gemeinde Dörzbach (rund 2.500 Einwohner) im Nordosten Baden-Württembergs liegt im mittleren Jagsttal. Die traditionsreiche, dynamische Gemeinde besteht aus Dörzbach und den ehemaligen selbständigen Gemeinden Hohebach, Laibach und Meßbach. Die Dörfer in der reizvollen Landschaft der Jagst sind ländlich geprägt durch Streuobstwiesen und Weinberge.

Beim Landeswettbewerb „Unser Dorf soll schöner werden" errang Dörzbach 2001 die Goldmedaille. Dörzbach ist über die Bundesstraße 19 von Künzelsau nach Bad Mergentheim gut zu erreichen.

Für Gäste stehen Ferienwohnungen und gemütliche Zimmer in Gasthöfen zur Verfügung. Die Gastronomiebetriebe und Biergärten laden zur Einkehr an den Wander- und Radwegen.

Kurzer Blick ins Geschichtsbuch

Das Gemeindegebiet war schon in der Jungsteinzeit besiedelt. Erstmals urkundlich erwähnt wurde Dörzbach im Jahr 1230. Das Recht für drei Märkte pro Jahr wurde Dörzbach 1583 verliehen, Ursprung der noch heute durchgeführten Frühjahrs- und Herbstpferdemärkte.

Sehenswürdigkeiten

In der Gemeinde findet man drei sehenswerte Schlösser. Das ehemalige Wasserschloss der Herren von Berlichingen aus dem 14. Jahrhundert in Dörzbach mit Schlosshof gehört

Ölmühle
(Bilder Gemeinde Dörzbach)

Kirche Meßbach

seit 1601 den Herren von Erb, Veranstaltungsort der beliebten Konzerte der Schubertiade. Die ehemalige Burg der Freiherren von Racknitz im Renaissance-Stil lässt sich oberhalb von Laibach bewundern. In Meßbach liegt neben dem Schloss der Freiherren von Palm die mit prächtiger Deckenmalerei ausgestattete sehenswerte Rokokokirche. Im Ortsteil Hohebach beeindruckt die stattliche vierbogige Steinbrücke.

Nicht versäumen sollte man den Besuch der romantisch gelegenen Kapelle St. Wendel zum Stein an einer Felswand bei der Jagst zwischen Dörzbach und Hohebach.

Außerdem gibt es in Dörzbach eine Ölmühle, die zu den ganz wenigen, gut erhaltenen Mühlen dieses Typs in Baden-Württemberg gehört.

Freizeit und Sport

Die idyllische Landschaft des ökologisch intakten mittleren Jagsttals bietet eine Fülle von attraktiven Freizeitmöglichkeiten. Herrliche Wanderrouten wie die „Pfade der Stille", der interaktive Generationenpfad Jeudenstein, der Kulturwanderweg sowie der kürzlich eröffnete Jüdische Kulturweg führen durch Dörzbach, ebenso wie der Kocher-Jagst-Radweg. An den drei natürlichen Badeplätzen am Laibacher See und in der Jagst bei Dörzbach und Hohebach kann man sich im Sommer abkühlen.

Veranstaltungen

Die geselligen Dörzbacher laden mit traditionsreichen Festen Besucher ein. Am zweiten Samstag im Februar wird der Frühjahrspferdemarkt mit einem großen Umzug und großem Krämermarkt gefeiert. Auch das Maifest mit buntem Programm auf dem Maifestplatz oberhalb der Kapelle St. Wendel zum Stein am ersten Samstag im Mai hat eine lange Tradition.

Das Theater in Dörzbach bietet ein vielseitiges und anspruchsvolles Programm für alle Interessierten.

Wichtige Adressen und Telefonnummern

Gemeinde Dörzbach
Marktplatz 2, D-74677 Dörzbach
Tel. +49 (0)7937 9119 0
Fax +49 (0)7937 9119 20
gemeinde@doerzbach.de
www.doerzbach.de
de-de.facebook.com/doerzbach/

Forchtenberg

Im schönen Kochertal

Die Stadt Forchtenberg (rund 5.000 Einwohner) im Kochertal im fränkisch geprägten Nordosten von Baden-Württemberg ist 1971/72 durch den Zusammenschluss der Städte Forchtenberg und Sindringen sowie der Gemeinden Ernsbach, Muthof und Wohlmuthausen entstanden.

Forchtenberg zeichnet sich aus durch die romantische historische Altstadt und die reizvolle Landschaft des Kochertals mit attraktiven Freizeitmöglichkeiten. In Forchtenberg finden Gäste eine Reihe von Übernachtungsplätzen in Hotels, Gasthöfen und Ferienwohnungen.

Die Gaststätten und Restaurants bieten ein breites gastronomisches Spektrum für jeden Geschmack.

Kurzer Blick ins Geschichtsbuch

Forchtenberg entstand im 13. Jahrhundert als befestigte Stadt am Fuße der Burg Forchtenberg und wurde 1298 erstmals urkundlich erwähnt. Die Stadt gehörte bis 1806 zum Fränkischen Reichskreis, danach zum Königreich Württemberg. Sindringen wurde bereits 1037 erstmals urkundlich erwähnt. Es erhielt im 14. Jahrhundert die Stadtrechte.

Im 17. Jahrhundert brachte die Künstlerfamilie Kern aus Forchtenberg in vier Generationen zehn Baumeister und Bildhauer hervor.

Würzburger Tor
(Bilder Stadt Forchtenberg)

Hans und Sophie Scholl aus Forchtenberg gehörten im Dritten Reich zur Widerstandsgruppe „Weiße Rose", die 1942/43 in München Flugblätter verteilten. Sie wurden am 22.2.1943 hingerichtet. An die Geschwister Scholl erinnern eine Gedenktafel im Rathaus und der „Hans-und-Sophie-Scholl-Pfad, der zu vielen Plätzen mit Bezug zu den Geschwistern führt.

Sehenswürdigkeiten

Die sehr sehenswerte mittelalterliche Altstadt von Forchtenberg, die als Gesamtanlage unter Denkmalschutz steht, verfügt über zahlreiche gut erhaltene Fachwerkhäuser und eine teilweise erhaltene Stadtmauer mit Wehrgang, Bürgerturm, Diebsturm und Würzburger Tor.

Im 1470 erbauten Kernhaus der 1691 ausgestorbenen Künstlerfamilie Kern ist heute das heimatkundliche Museum untergebracht. Besichtigungstermine können im Rathaus unter Tel. +49 (0)7947 9111 0 vereinbart werden.

Einen Besuch wert ist auch das Backhaus aus dem Jahr 1838 mit der größten Turmuhr Deutschlands.

Zu den sehenswerten Kirchen in Forchtenberg gehören die um 1300 erbaute und 1587 umgestaltete Michaelis-Stadtkirche mit Kunstwerken aus mehreren Jahrhunderten, die das Stadtbild bestimmt, sowie die romanische Friedhofskirche in der Kocherebene mit Fresken aus dem 14. Jahrhundert, mit über 1000 Jahren die älteste Kirche in Forchtenberg.

Das um 1700 erbaute Teehaus am Kocherufer ist ein städtebauliches Schmuckstück, das nach Vereinbarung mit dem Bürgermeisteramt kostenlos besichtigt werden kann. Im Sommer werden hier standesamtliche Trauungen durchgeführt.

Die Schlossruine mit Aussichtsturm oberhalb von Forchtenberg ist im Sommer beliebter Schauplatz für Rockkonzerte und Open-Air Kino.

Auch die historische Altstadt von Sindringen mit Stadtmauer ist einen Besuch wert. Das Sindringer Schloss bildet mit Backhaus und Kelter ein reizvolles Ensemble.

Schleierhof-Badesee

Freizeit und Sport

Forchtenberg bietet vielfältige Freizeitmöglichkeiten. Die naturnahe, idyllische Landschaft mit Wäldern, Flüssen und Seen ist ein Wanderparadies. Viele ausgeschilderte Rundwanderwege laden ein zu genussvollen Wanderungen. Bei der Stadtverwaltung ist kostenlos ein Stadtplan erhältlich, auf dessen Rückseite alle Rundwanderwege eingezeichnet sind.

Mehrere Themenwege bieten neben der Wanderung Information und Unterhaltung.

Der Sindringer Töpferpfad erfreut an 15 Stationen mit ausgestellten Erzeugnissen von Töpfern der Region.

Der 10 km lange Rundweg des Hohenloher Bauernlehrpfades beginnt an der Kocherbrücke in Forchtenberg und führt über Felder, Wiesen, Wälder und Weinberge. 26 Schautafeln informieren über die Landschaft und die Arbeit der Landwirte.

Großes Vergnügen bereitet die Begehung des Hohenloher Mundartweges, der auf 12 Tafeln Mundarttexte mit hochdeutscher Übersetzung präsentiert und zum Schmunzeln einlädt. Er beginnt am Busbahnhof Forchtenberg.

Forchtenberg gehört zur Kochertaler Genießer-Tour, die Ende August unter dem Motto „Wein-Wandern-Schlemmen“ zahlreiche Besucher anzieht.

Forchtenberg liegt am 330 km langen Kocher-Jagst-Radweg, einem der schönsten Fernwander-Radwege in Süddeutschland.

Eine schöne Bademöglichkeit bietet der Tiroler See bei Schleierhof, ein Naturbadesee mit Parkplatz, Liegewiese, WC und Kiosk.

Für sportliche Betätigung und kulturelle Veranstaltungen stehen die Sporthalle in Forchtenberg, die Limeshalle in Sindringen und die Turnhalle in Ernsbach zur Verfügung.

Die 37 aktiven Vereine in Forchtenberg bieten ein breites Spektrum an Möglichkeiten für sinnvolle Freizeitbeschäftigung. Sie tragen mit ihren Veranstaltungen zum abwechslungsreichen Jahresprogramm in Forchtenberg bei.

Veranstaltungen

Neben den Sommerevents in der Forchtenberger Schlossruine gehören der große Töpfermarkt in Sindringen im Mai und der stimmungsvolle Weihnachtsmarkt in der Forchtenberger Altstadt am ersten Adventswochenende zu den Höhepunkten im

Teehaus am Kocherufer

Forchtenberger Veranstaltungskalender.

In der Kulturinitiative Sindringen werden Jazz- und Bluesabende sowie Kabarett geboten.

Orts- und Infrastruktur

Forchtenberg ist über die Kochertalstraße (L 1045) von Neuenstadt am Kocher nach Künzelsau gut zu erreichen.

Für Kinder stehen Kindergärten in Forchtenberg, Sindringen und Ernsbach sowie eine Grundschule in Forchtenberg und eine Grundschule in Ernsbach für die Orte Ernsbach und Sindringen zur Verfügung.

Das Gesundheitszentrum am Bahnhof gewährleistet eine gute medizinische Versorgung.

Rund 190 Gewerbebetriebe und Firmen bieten eine Reihe von Arbeits- und Ausbildungsplätzen.

Eine Reihe von Geschäften und Dienstleistern sorgen für die Deckung des täglichen Bedarfs.

Wichtige Adressen und Telefonnummern

Stadt Forchtenberg
Hauptstraße 14
D-74670 Forchtenberg
Tel. +49 (0)7947 9111 0
Fax +49 (0)7947 9111 35
www.forchtenberg.de

Junger Rebenhof in erstklassiger Lage

Rebenhof Ferdinand Fröscher

Forchtenberg ist eine Weinbaustadt mit langer Tradition im idyllischen mittleren Kochertal des schönen Hohenloher Landes. Hier gibt es seit 2010 einen aufstrebenden Weinbaubetrieb mit jungem Besitzer, der im steinigen Muschelkalkboden an den Südhängen des Forchtenberger Kocherberges aus den Trauben von rund 42.000 Rebstöcken edle Weine herstellt.

Im Rebenhof werden die Trauben im Einklang mit der Natur angebaut.

Seit dem 1. September 2017 werden die Flächen komplett nach Öko-Richtlinien bewirtschaftet, somit wird nach einer 3 jährigen Umstellung mit dem 2020iger Jahrgang der erste Biowein gekeltert. Zur Bodenverbesserung werden umweltschonend Abfallprodukte aus der nahen Biogasanlage unter Verzicht auf chemisch hergestellte Düngemittel verwendet. So sollen die Rebstöcke widerstandsfähiger werden.

Bei der Weinlese werden die Reben schonend von Hand in einer gestaffelten und selektiven Auslese abgeerntet. Nur die besten gesunden Trauben werden zu Wein verarbeitet. Ziel ist das Erreichen einer möglichst hohen Qualität. Beim Keltern werden die Weinbeeren und später die Maische schonend mit Hilfe der Schwerkraft ohne belastendes Pumpen behandelt.

Den Rotweinen wird Zeit zum Reifen in kleinen Holzfässern oder im Barrique gegeben. Bei der Herstellung von

Weißweinen wird Wert auf fruchtige, spritzige und frische Weine gelegt. Dies wird durch eine lange, gesteuerte und überwachte Gärung erreicht.
Sämtliche Weine des Rebenhofes Fröscher tragen die Bezeichnung „Deutscher Qualitäts-wein". Verschiedene Jahrgänge und Qualitäten werden im Betrieb in drei Stufen untergliedert, die zur besseren Übersicht für den Kunden mit Kronen gekennzeichnet sind. Die Einteilung erfolgt nicht nur nach dem Oechslegrad, sondern auch nach den Merkmalen Aroma, Farbe, Geschmack, Weinsäure und Restzucker. Im Verkaufsraum werden die Weine direkt vom Erzeuger zum Verkauf angeboten. Vorab können Besucher die edlen Tropfen verkosten und sich in angenehmem Ambiente unter fachkundiger Beratung von Geschmack und Qualität der Angebote überzeugen. Die bequeme Bestellung online von zu Hause aus ist ebenfalls möglich, das Gewünschte wird schnell und zuverlässig geliefert.

Öffnungszeiten des Weinverkaufs:
Mo. und Fr. ab 18 Uhr, Di., Do., Sa. zusätzlich von 10 bis 14 Uhr oder nach telefonischer Terminabsprache.
Gemütliche Weinproben, geführte Weinwanderungen oder eine Spazierfahrt mit Anhänger und Porscheschlepper des Rebenhofes für Gruppen ab fünf Personen nach telefonischer Anmeldung. Hierbei wird nach Wunsch eine herzhafte Mahlzeit angeboten.

Rebenhof Ferdinand Fröscher
Weißbacher Straße 6
D-74670 Forchtenberg
Tel. +49 (0)7947 7171 oder
+49 (0)172 328 2362,
ax +49 (0)7947 202325
info@rebenhof-ff.de
www.rebenhof-ff.de

Aktivurlaub im malerischen Kochertal

Landgasthof Krone Sindringen

Der Landgasthof Krone in Sindringen bietet ideale Bedingungen für einen genussreichen Aktivurlaub in der reizvollen Landschaft des Kochertals. Das idyllisch gelegene Haus ist Ausgangspunkt für ausgedehnte Wanderungen, abwechslungsreiche Radtouren auf dem beliebten Kocher-Jagst-Fernwander-Radweg sowie Ausflüge zu den zahlreichen Sehenswürdigkeiten. Das Hotel arbeitet eng mit regionalen Freizeitanbietern zusammen und hilft gern bei der Planung von Aktivitäten wie beispielsweise Kanu-Touren auf den Flüssen Kocher und Jagst.
Nach einem erlebnisreichen Tag entspannen Gäste in der hauseigenen Wellness-Oase mit Whirlpool, Sauna und Fitnessgeräten. Auch die dreißig modern eingerichteten Zimmer des Landgasthofes sorgen für ein behagliches Ambiente.

In den gemütlichen Gaststuben werden köstliche regionale Speisen serviert, in denen sich die kulinarische Vielfalt des Hohenloher Landes vereint. Der Küchenchef legt viel Wert auf die Herkunft der Zutaten und eine sorgfältige Verarbeitung. Zu den Spezialitäten des Hauses gehören Wild- und Fischgerichte. Im Sommer genießt man Speis und Trank auf der großen Terrasse im Schatten der denkmalgeschützten Stadtmauer mit Blick auf den Kocher. Feierlichkeiten bis zu 100 Personen werden in den Räumlichkeiten zu einem besonders stimmungsvollen Ereignis. Für Tagungen und Seminare stehen im Veranstaltungsbereich modern ausgestattete Räume zur Verfügung.

Ruhetag

Restaurant: Dienstag,
(Hotel dienstags geöffnet).
Öffnungszeiten Küche:
11:30 – 14 Uhr u. 17 – 21:30 Uhr,
Nachmittags Kaffee und Kuchen

Landgasthof Hotel Krone

Untere Straße 2
D-74670 Forchtenberg-Sindringen
Tel. +49 (0)7948 91000
info@krone-sindringen.de
www.krone-sindringen.de

Barockhaus in Forchtenberg
(Bild Stadt Forchtenberg)

Hohenloher Perlen

Staunen, erleben, genießen am Welterbe Limes
Bretzfeld – Öhringen – Pfedelbach – Zweiflingen

Die „Hohenloher Perlen" im Westen des Hohenlohekreises mit den Orten Bretzfeld, Öhringen, Pfedelbach und Zweiflingen präsentieren sich mit einem abwechslungsreichen Angebot an attraktiven Ausflugszielen und Veranstaltungen. Die erfolgreichste deutsche Weinbaugemeinde Bretzfeld ist bekannt für ihre gemütlichen Besenwirtschaften, in denen regionale kulinarische Spezialitäten und hervorragende Weine angeboten werden. Zu den schönsten Öhringer Perlen gehören der barocke Hofgarten und die historische Innenstadt, die zum Bummeln und Staunen einladen.

Pfedelbach zeichnet sich durch ein reiches Vereinsleben und ein vielfältiges Kulturprogramm aus. Mit über 100 Brennrechten hat sich Pfedelbach als Destillat-Hochburg einen Namen gemacht.

Die ländliche Idylle Zweiflingen wird geprägt durch einen wunderschön gelegenen Golfplatz und das große Wald- und Schlosshotel.

Für erholsame Urlaubstage mit zahlreichen Freizeitmöglichkeiten in der vom Obst- und Weinbau geprägten Landschaft ist die Region bestens geeignet. Die Hohenloher Perlen bieten ein breites Spektrum an Übernachtungsmöglichkeiten, vom Sterne-Hotel über gemütliche Gasthöfe und Ferienwohnungen bis hin zu Urlaub auf dem Bauernhof.

Marktstraße in Öhringen
(Bild Große Kreisstadt Öhringen)

Schloss Pfedelbach (Bild Fa. SBlachut)

Freizeit und Sport

Wandern

Auf dem ausgedehnten Netz von markierten Wanderwegen lernt man die Kulturlandschaft der Region mit Streuobstwiesen und Weinbergen, Wäldern und Feldern am besten kennen.

Eine Reihe von Rundwanderwegen steht für beschauliche, aussichtsreiche Wanderungen mit zünftigen Einkehrmöglichkeiten bereit. Die Begehung der Pfedelbacher „Destillat Wege" ist besonders lohnend. Man erfährt entlang der Routen viel Wissenswertes zu Obst, Destillation und ökologischem Wein- und Obstbau, was bei einer Brennerei-Besichtigung noch vertieft werden kann.

Radfahren

Die Hohenloher Perlen sind ein Paradies für Radliebhaber. Beschilderte Strecken führen durch die abwechslungsreiche Landschaft. Sie sind für sportlichen Radfahrspaß ebenso geeignet wie für gemütliche Familientouren. Neben den Fernradwegen wie dem Kocher-Jagst-Radweg bieten auch der Brettachtal-Radweg und der Ohrntalradweg schöne Touren für aktive Freizeitsportler.

Genuss

Die Hohenloher Perlen als Teil der Genießerregion Hohenlohe stehen für kulinarische Genüsse von hoher Qualität. Bei der Einkehr in eine der zahlreichen Besenwirtschaften und Weinstuben kann man zu köstlichen Weinen, perlenden Sektspezialitäten

Limes-Blick Zweiflingen-Pfahlbach
(Bild Dominik Rau)

und erlesenen Obstbränden schmackhafte regionale Speisen genießen.

Auch der Kulturgenuss kommt bei den Hohenloher Perlen nicht zu kurz. Der Hohenloher Kultursommer mit hochkarätigen Konzerten, das Sommerfestival im Öhringer Hofgarten und andere kulturelle Veranstaltungen ziehen zahlreiche Besucher an.

Führungen

In der ganzen Region bieten erfahrene Gästeführer interessante Führungen zur Geschichte des Landstrichs, zu historischen Bauwerken und spezielle Museumsführungen an. Auch kulinarische Stadtführungen gehören zum Programm.

Limes

Die vier Hohenloher Perlen liegen am UNESCO-Welterbe Obergermanisch-Raetischer-Limes, der die Region nahezu schnurgerade durchquert. In Zweiflingen, Pfedelbach und Öhringen kann man sich auf die spannende Suche nach römischen Spuren begeben, die in Zweiflingen-Pfahlbach mit Wall und Graben gut erkennbar sind. Von drei modernen Aussichtsplattformen kann man bei einem weiten Blick über das Öhringer Becken den Grenzlinienverlauf jeweils gut nachvollziehen.

Familie

Auch für Familien mit Kindern halten die Hohenloher Perlen attraktive Freizeitangebote bereit. Der Öhringer Hofgarten mit Tiergehege und Spielplätzen steht bei Familien mit Kindern hoch im Kurs. Eine vergnügliche Fahrt mit dem Miniaturdampfzug in Zweiflingen-Friedrichsruhe gefällt großen und kleinen Eisenbahnliebhabern.

Auf dem Kletterturm in Öhringen kommen abenteuerlustige Kletterfans voll auf ihre Kosten.

Badefreuden bieten das Strandbad H2Ö in Öhringen mit Riesenrutsche, der Buchhorner See, ein Hallenbad in Pfedelbach sowie die beiden Freibäder in Oberohrn und Untersteinbach.

Museen

Die Hohenloher Perlen sind stolz auf die Vielfalt der kleinen, liebevoll gestalteten Museen, die mit ihren Sammlungen Regionaltypisches präsentieren. Hierzu gehören das Weygang-Museum in Öhringen mit der Zinnkunst-Sammlung des Zinnwarenfabrikanten August Weygang, das Heimatmuseum und das Weinbaumuseum in Pfedelbach, das Meeresmuseum in Öhringen mit einer interessanten Sammlung an Muscheln, Krebsen und Korallen sowie das Budaörser Heimatmuseum in Bretzfeld.

Weinbaumuseum Pfedelbach

Budaörser Heimatmuseum
(Bild Gemeinde Bretzfeld)

Veranstaltungen

Die Hohenloher verstehen es, schöne Feste zu feiern und attraktive Veranstaltungen zu gestalten. So ist es kein Wunder, dass sich in den Orten der vier Hohenloher Perlen das ganze Jahr über zahlreiche Besucher auf den beliebten Kulturveranstaltungen, Festen und Märkten tummeln.

Hierzu gehören u. a. Öhringer Pferdemarkt im Februar, der Holz und Krämermarkt im Juni in Bretzfeld-Adolzfurt, das Pfedelbacher Schloßfest und Bierdorf im Juli, , das Sommerfestival sowie das Hohenloher Weindorf im Sommer in Öhringen, die Hubertus-Jagd im November in Zweiflingen sowie die stimmungsvollen Weihnachtsmärkte.

Wichtige Adressen und Telefonnummern

Hohenloher Perlen
c/o Stadtverwaltung Öhringen
Marktplatz 15, D-74613 Öhringen
Tel. +49 (0)7941 68 189
tourist@hohenloher-perlen.de
www.hohenloher-perlen.de

Einmal Himmelreich und zurück!

Weingut Weihbrecht

Das Weingut und die Weinstube Weihbrecht im Weinort Schwabbach bei Bretzfeld im Hohenloher Land sind umgeben von dichten Wäldern, Weinbergen und Streuobstwiesen.
Auf den mineralreichen Keuperböden des Weinguts entsteht ein fruchtig, aromatischer Wein, der von Familie Weihbrecht seit vielen Jahren durch schonende Anbaumethoden veredelt wird. Weinkenner wissen: „Das Leben ist zu kurz, um schlechten Wein zu trinken."

Einmal monatlich öffnet die behagliche Besenwirtschaft mit 110 Plätzen für jeweils 5 Tage, im Sommer mit Gartenwirtschaft. Hier können die Gäste nach einer erlebnisreichen Wanderung edle Weine und leckere Besengerichte, sowie Schnitzel, Maultaschen, Kartoffelsalat, Spätzle und vieles mehr genießen. Das ganze Sortiment der selbstausgebauten Weine darf hier probiert und natürlich auch nach Hause mitgenommen werden. Typische Rebsorten wie Riesling, Trollinger, Spätburgunder und Lemberger werden ergänzt von neuen Rebsorten wie Hölder, Chardonnay oder Merlot. Auch eine Bestellung online im webshop des traditionellen Familienbetriebes ist möglich. Ab 2019 bietet das Weingut unter dem Titel „Wein & Bett" Übernachtungsmöglichkeiten an. Vier Ferienwohnungen und sechs gemütliche Gästezimmer stehen dann zur Verfügung.
Weithin bekannt sind die beliebten Weinerlebnistouren der zertifizierten Weinerlebnisführerin Regina Weihbrecht, die den Teilnehmern auf unterhaltsame Weise viel Wissenswertes rund um den Wein vermittelt. Die erlebnis- und genussreichen Touren durch die Weinberglage Himmelreich werden zu Fuß, mit dem Bus oder mit dem Pferdeplanwagen durchgeführt – Überraschungen, Verkostungen und leckere Häppchen inklusive. Den krönenden Abschluss der Weinerlebnisführung bildet das gesellige Beisammensein in der Besenwirtschaft.

Weingut Weihbrecht

Richard & Regina Weihbrecht
Hauptstr. 20
D-74626 Bretzfeld-Schwabbach
Tel: +49 (0)7946 2788
Fax +49 (0)7946 2727
info@weingut-weihbrecht.de
www.weingut-weihbrecht.de

Weingut Birkert

Seit 30 Jahren das Familienweingut in Hohenlohe.

15 ha Reben umfasst das Familienweingut Birkert das von Boris Birkert und seiner Frau Regina erfolgreich geführt wird. In diesem Jahr haben Sie beim Gault&Millau den Sprung in die zwei Trauben Kategorie geschafft. Eichelmann hat ebenfalls zwei Sterne vergeben. Tradition und Innovation: Einerseits gibt es noch den traditionellen Weinausschank mit typischen Hohenloher Besengerichten und allen Weinen auch offen im Ausschank zum Genießen, andererseits können in der neugestalteten Vinothek Weinproben, Familien- und Firmenveranstaltungen durchgeführt werden.

Wein-Events und Verkostungen runden das Angebot ab. Im Weingut Birkert wird auf hohe Qualität und Nachhaltigkeit Wert gelegt.

Im Weinberg wird durch schonende Bodenbearbeitung, organische Düngung, vielfältige Begrünung und viel Handarbeit und selektiver Lese der Grundstein für Spitzenqualität gelegt. Im Keller setzt Boris Birkert auf modernste Technik und höchste Hygieneanforderungen in der Traubenverarbeitung um anschließend mit viel Zeit die erlesenen Weine reifen zu lassen. Seit 20 Jahren werden bei Birkert´s erfolgreich auch Premium-Barriqueweine kreiert. Das moderne Sortiment reicht von Riesling, Trollinger und Lemberger bis hin zu Chardonnay, Sauvignon Blanc, Muskateller, Merlot und Syrah. Sowohl im Weingut als auch im Online-Shop haben die Kunden eine breite Auswahl an hochwertigen Weiß- und Rotweinen in den Kategorien Qualitätsweine, Gutsweine und Lagenweine. Hauseigene Edelbrände und Liköre aus eigenem Obst runden das Sortiment ab.

Weingut Birkert GbR
Regina und Boris Birkert

D-74626 Bretzfeld-Adolzfurt
Unterheimbacher Str. 28
Tel. +49 (0)7946 484
info@weingut-birkert.com
www.weingut-birkert.com

Schloss Öhringen
(Bild Große Kreisstadt Öhringen)

Gastfreundliches Wohlfühlhotel

Hotel Restaurant Rose Bitzfeld

Seit über 100 Jahren werden Gäste im familiengeführten Hotel Rose in Bitzfeld herzlich empfangen. Das gemütliche Ambiente des Hauses lädt zum Bleiben ein. Übernachtet wird in Zimmern, die im modernen Landhausstil eingerichtet sind und Behaglichkeit vermitteln. Auch im Schwimmbad und in der Sauna finden Gäste angenehme Entspannung.
Die verkehrsgünstige Lage an der A 6 von Heilbronn nach Nürnberg erleichtert die Anreise und bietet viele Ausflugsmöglichkeiten zu attraktiven Zielen im Hohenloher Land. Gleich beim Hotel beginnen drei beschilderte Rose-Rundwanderwege durch Streuobstwiesen und malerische Weinberge. Nach einem erlebnisreichen Urlaubstag kann man sich in den gemütlichen Stuben des Restaurants oder im Wintergarten/Terrasse kulinarisch verwöhnen lassen. Willi Carle und sein engagiertes Küchenteam legen großen Wert auf hochwertige regionale und saisonale Produkte. Serviert werden neben schwäbischen Klassikern wie Zwiebelrostbraten auch feine Menüs und frische Fischgerichte. Für Gäste mit Nahrungsmittelunverträglichkeiten stellt die Küche gern individuelle Gerichte zusammen. Im Rose-Lädle kann man sich Spezialitäten aus eigener Herstellung mit nach Hause nehmen.
Wie wäre es mit leckeren Maultaschen, hausgebrannten „Alten Apfel" oder einer fruchtigen Marmelade?
Tagungen und Feierlichkeiten finden im Hotel Rose den passenden Rahmen. Fünf zwischen 25 und 180 m² große mit moderner Konferenztechnik ausgestattete Räume stehen hierfür zur Verfügung. Tagungsteilnehmer und die Gäste der Festivitäten werden vom erfahrenen Hotelteam bestens betreut.

Hotel Restaurant Rose Bitzfeld
Willi Carle e.K.
Weißlensburger Straße 12
D-74626 Bretzfeld-Bitzfeld
Tel. +49 (0)7946 775 0
Fax +49 (0)7946 775 400
info@rose-bitzfeld.de
www.rose-bitzfeld.de

Regional. Ehrlich. Gut.

Winzerstube Lösch

Herzlich Willkommen in der Winzerstube Lösch im schönen Pfedelbach-Windischenbach. Hier findet man vieles, was Obsthof und Weinbaubetrieb in natürlicher oder veredelter Form zu bieten haben.

Es gibt Äpfel und Apfelsaft, Birnen, Zwetschgen und Pfirsiche. In der hauseigenen Schnapsbrennerei werden bekömmliche, hochwertige Edelbrände hergestellt, die bei Wettbewerben schon häufig Auszeichnungen erhalten haben.

Der Familienbetrieb gestaltet die Obstproduktion so umweltbewusst wie möglich, sie ist nach der Europäischen Richtlinie EurepGap zertifiziert.

Die gemütliche Winzerstube hat Platz für 65 Personen und eine zusätzliche

Sonnenterrasse, die zu bestimmten Zeiten im Jahr ab 11Uhr geöffnet ist (Besentermine siehe Homepage). Gäste werden mit typischen Besengerichten wie Rost- oder Sauerbraten und saisonalen Spezialitäten verwöhnt. Dazu passt ein edler Tropfen aus den Trauben der umliegenden Weinberge oder

ein köstlicher Obstbrand. Die weithin bekannte Spargelzeit im Besen sollte man nicht versäumen. Auch in der Erntezeit im Herbst werden leckere Speisen und Getränken serviert.

Empfehlenswert ist die Teilnahme an einer Wein- und Obst-Erlebnisführung, bei der man viele interessante Details erfährt und in der Brennerei zuschauen kann, wie die feinen Destillate hergestellt werden, Obstbrandprobe inklusive.

Weinbau - Obstbau - Winzerstube Lösch

Adolzfurter Str. 33
D-74629 Pfedelbach -Windischenbach
Tel. +49 (0)7941 602 364
Fax +49 (0)7941 602 365
info@weinstube-hohenlohe.de
www.weinstube-hohenlohe.de

Weingut – Weinstube – Weinerlebnis Obstbau – Destillerie

Weingut Ungerer

Ein weiteres Genusserlebnis der Genießerregion Hohenlohe bietet das mehrfach ausgezeichnete Weingut Ungerer in Pfedelbach-Renzen. An den Rebhängen des idyllischen Steinbacher Tals bewirtschaftet das familiär geführte Weingut zwanzig verschiedene Rebsorten, darunter Württemberger Spezialitäten und internationale Vertreter.

Mit viel Leidenschaft, Geschick und Fachwissen werden die ausgewählten Trauben schonend zu erstklassigen, charaktervollen Weinen verarbeitet, welche die Handschrift des ausgebildeten Weinbautechnikers, Karlheinz Ungerer, tragen. Ein respektvoller Umgang mit der Natur sieht der Winzer als Selbstverständlichkeit an. Wie die meisten Arbeiten hier in den Weinbergen, findet auch die Traubenernte von Hand statt. Nicht nur Karlheinz Ungerer liebt charakterstarke Weine, die ihre persönliche Jahresgeschichte erzählen, auch Ehefrau Gudrun Ungerer steht hier voll dahinter.

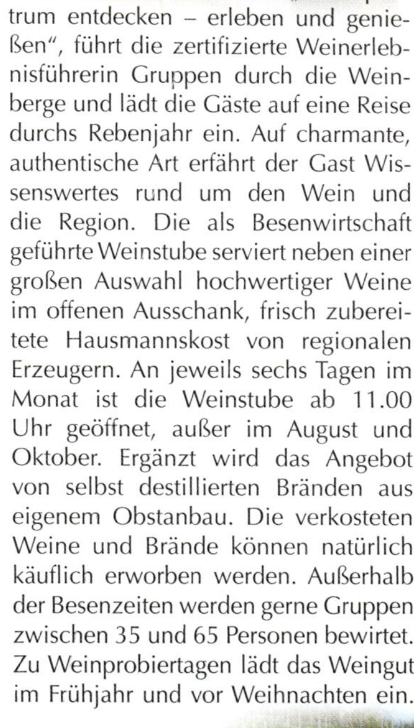

Ganz nach ihrem Motto „Weinspektrum entdecken – erleben und genießen", führt die zertifizierte Weinerlebnisführerin Gruppen durch die Weinberge und lädt die Gäste auf eine Reise durchs Rebenjahr ein. Auf charmante, authentische Art erfährt der Gast Wissenswertes rund um den Wein und die Region. Die als Besenwirtschaft geführte Weinstube serviert neben einer großen Auswahl hochwertiger Weine im offenen Ausschank, frisch zubereitete Hausmannskost von regionalen Erzeugern. An jeweils sechs Tagen im Monat ist die Weinstube ab 11.00 Uhr geöffnet, außer im August und Oktober. Ergänzt wird das Angebot von selbst destillierten Bränden aus eigenem Obstanbau. Die verkosteten Weine und Brände können natürlich käuflich erworben werden. Außerhalb der Besenzeiten werden gerne Gruppen zwischen 35 und 65 Personen bewirtet. Zu Weinprobiertagen lädt das Weingut im Frühjahr und vor Weihnachten ein.

Weingut Karlheinz Ungerer
Harsberger Straße 15
D-74629 Pfedelbach-Renzen
Tel. +49 (0)7949 940690
info@weingut-ungerer.de
www.weingut-ungerer.de

Ein Juwel im Hohenloher Land

Wald & Schlosshotel Friedrichsruhe

Das traumhaft gelegene Wald- und Schlosshotel Friedrichsruhe in Zweiflingen im Westen des Hohenloher Lands ist ein mehrfach ausgezeichnete 5-Sterne Superior Hotel.

Es erhielt zum achten Mal in Folge die Höchstnote von 4 Lilien und 20 Punkten im Relax Guide. Das hauseigene Gourmet-Restaurant Le Cerf erhielt 2017 den zweiten Michelin-Stern.

Das in einen 4,4 Hektar großen Park eingebettete Hotel bietet in 66 exklusiven Zimmern und Suiten, verteilt auf fünf Gebäude, höchsten Komfort mit individuellem Charme. In den vier Restaurants „ Le Cerf", „Jägerstube", Spa-Bistro" und „Waldschänke" werden Gäste kulinarisch auf das Beste verwöhnt, von urig-rustikal bis elegant.

Für Firmenveranstaltungen bietet das Resort den perfekten Rahmen in der Tagungsremise, die mit moderner Präsentationstechnik ausgestattet ist.

Für private Feiern wie Hochzeiten steht der historische Schlosssaal zur Verfügung. Exquisite Küche und bester Service garantieren ein unvergessliches Fest in fürstlichem Rahmen. Die vielfach ausgezeichnete 4.400 qm große Spa- und Wellnesswelt begeistert mit erstklassiger Ausstattung, großzügigen Innen- und Außenpools, einer 400 qm großen KLAFS Saunalandschaft mit Finnischer Sauna, Dampfbad, Aroma- und Soledampfbad und traumhaften Ruheräumen. Für Massage und Kosmetikbehandlungen stehen dreizehn Räume zur Verfügung. Die Spawelt kann auch von auswärtigen Gästen genutzt werden. Das Wald & Schlosshotel Friedrichsruhe ist auch bei Golfsportlern sehr beliebt. Die Hotelgäste spielen auf der nur 100 Meter entfernten Anlage des Golf-Clubs Heilbronn-Hohenlohe ohne Abschlagzeiten und erhalten ein ermäßigtes Greenfee.

Wald & Schlosshotel Friedrichsruhe

Kärcherstraße 11
D-74639 Zweiflingen-Friedrichsruhe
Tel. +49 (0)7941 6087 0
Fax +49 (0)7941 6087 888
hotel@schlosshotel-friedrichsruhe.de
www.schlosshotel-friedrichsruhe.de

Aus Freude am Golfen

Golf-Club Heilbronn-Hohenlohe

Der Golf-Club Heilbronn-Hohenlohe in idyllischer, unverbauter Landschaft ist durch sein besonderes Flair bei Golfern hochgeschätzt. Der älteste Club der Region zeigt sich mit attraktiven Serviceleistungen als moderner Dienstleister, der mit neuen Ideen und einem vielfältigen Angebot überzeugt.

Der parkähnlich angelegte Platz mit exotischem Baumbestand fügt sich harmonisch in die Hohenloher Landschaft ein. Er sorgt mit abwechslungsreichen Fairways, gut platzierten Abschlägen und Wasserhindernissen jeder Größe für interessante sportliche Herausforderungen.

Auf den 27 Spielbahnen sind die drei Kursvarianten Schlosspark, Limes oder Friedrichsruhe möglich. Neben der Anlage verfügt der Club über einen großzügigen Übungsbereich mit Putting und Pitching Greens und eine beidseitig nutzbare Driving Range.

Die Golfakademie des Clubs nutzt mit ihren vier diplomierten Golflehrern als eine der wenigen in Deutschland das ganzheitliche Trainingskonzept „Golf in Balance", das für schnelle, nachhaltige Verbesserungen sorgt. Es wird im Kursbuch des Clubs für Anfänger beschrieben, das bereits einen europäischen Buchpreis gewonnen hat. Zu den weiteren Angeboten des Clubs gehört eine Reihe von attraktiven Turnieren.

Jeden Sonntag von April bis September vom 10:00 bis 12:00 Uhr kann man außerdem nach vorheriger Anmeldung gegen geringes Entgelt an einem Schnupperkurs teilnehmen und erste Erfahrungen sammeln. Verwandte, Freunde oder Kollegen sind herzlich eingeladen.

Golf-Club Heilbronn-Hohenlohe e.V.

Neuer Garten 2
D-74639 Friedrichsruhe
Tel. +49 (0)7941 9208 0
Fax +49 (0)7941 9208 19
golf@gc-heilbronn-hohenlohe.de
www.golfclub-heilbronn.de

Schlossmuseum mit reichen Sammlungen

Schloss Neuenstein

Das imposante Schloss Neuenstein wurde zur Zeit der Staufer als Wasserburg erbaut und war ab 1300 im Besitz der Grafen von Hohenlohe. Im 16. Jahrhundert wurde es zur Residenz im Renaissance-Stil umgebaut. 1878 wurde das Museum im Schloss eingerichtet.

Im Schlossmuseum sind zahlreiche Exponate aus den reichhaltigen Sammlungen der insgesamt sieben Hohenloher Schlösser zu besichtigen. Sie bieten einen Überblick über Kunst und Geschichte des Hohenloher Landes. Die zum Teil aus der Spätgotik stammenden Ausstellungsräume sind jeweils mit Möbeln, Kunstwerken und Gebrauchsgegenständen im Stil einer Epoche von der Renaissance bis zum Biedermeier gestaltet. Das Raritätenkabinett zeigt Kostbarkeiten und Kuriositäten wie kunstvolle Elfenbeinschnitzereien und mancherlei Exponaten von Weltruf. Eine besondere Attraktion ist die spätmittelalterliche und voll funktionsfähige Schlossküche. Im Kaisersaal kann man eine umfangreiche Waffensammlung und Jagdtrophäen bestaunen. Im Rahmen der Konzertreihe des Hohenloher Kultursommers finden im prächtigen Rittersaal Aufführungen statt.

Öffnungszeiten

Es ist mit Beginn der Karwoche bis zum 15. Nov. tägl. außer montags von 10 – 12 Uhr und von 13 – 17 Uhr geöffnet. Der Eintritt ist nur mit Führung möglich, telefonische Reservierung ist empfehlenswert.

Schloss Neuenstein
Schloßstraße 49, D-74632 Neuenstein
Tel. +49 (0)7941-60990 oder +49 (0)7942-2209
Fax +49 (0)7941 609920
www.schloss-neuenstein.de
info@schloss-neuenstein.de

Ältestes Familienunternehmen Deutschlands

Weingut Fürst Hohenlohe Oehringen

Die Geschichte des in der 27. Familiengeneration geführten Weinguts beginnt im Jahr 1253. Das Weingut ist Mitglied im Verband deutscher Prädikatsweingüter und bewirtschaftet den 17 ha. großen Monopol-Weinberg „Verrenberger Verrenberg" nach ökologischen Richtlinien. Weitere Rebflächen des Weinguts befinden sich an ausgewählten Weinbergsparzellen in Verrenberg, Harsberg &Untersteinbach. Angebaut werden traditionelle Rebsorten wie Riesling, Lemberger und Spätburgunder. Die Reben stehen auf Keuperböden mit Muschelkalkhorizont was in dieser Kombination für Württemberg, bzw. Hohenlohe einzigartig ist. Der Verrenberger Verrenberg welcher im Alleinbesitz bewirtschaftet wird (Monopollage) gehört somit zu den hochwertigsten deutschen Weinbergslagen und ist als VDP. Große Lage, der höchsten Qualitätskategorie des VDP, klassifiziert. Hier wachsen die Trauben für beste Weine welche im Anschluss durch den Ausbau teilweise im Barrique, bzw. großen Holzfass veredelt werden.

Das Restaurant Wiesenkelter am Weingut mit 120 Sitzplätzen ist der ideale Treffpunkt für Weinliebhaber. Hier kann man in stilvollem Ambiente oder auf der Sonnenterrasse zu leckeren regionalen Gerichten ausgesuchte Weine des Gutes genießen. Die Räume des Restaurants können auch für Festlichkeiten aller Art genutzt werden.

Das Wiesenkelterrestaurant ist von Mittwoch bis Sonntag von 11 bis 14 Uhr und von 17:30 bis 23 Uhr geöffnet. Die Vinothek des Weinguts hat täglich (Mo. bis Fr. von 9 - 18 Uhr und samstags von 10-14 Uhr) für Sie geöffnet. Finden Sie bei einer Verkostung vor Ort den Wein Ihrer Wahl! Verrenberg liegt wenige Autominuten von Öhringen entfernt, und ist auch von der Autobahn A6 Abfahrt Öhringen sehr schnell erreichbar.

Weingut Fürst Hohenlohe Oehringen
Wiesenkelter
D-74613 Öhringen-Verrenberg
Tel. +49 (0)7941-9491 0
info@verrenberg.de
www.verrenberg.de

Ingelfingen

Stadt mit Tradition und Fortschritt

Die Stadt Ingelfingen (rund 5.500 Einwohner) im mittleren Kochertal an der Württemberger Weinstraße nahe Künzelsau ist ein staatlich anerkannter Erholungsort im Hohenlohekreis. Zu Ingelfingen gehören neben der Kernstadt noch sieben Stadtteile. Die Stadt ist geprägt durch den Weinbau.

Man erreicht Ingelfingen über die Hauptverbindungsstraßen: Die Kochertalstraße (L 1045) von Niedernhall nach Künzelsau. Die Bundesstraße 19, die östlich des Stadtzentrums verläuft und von Bad Mergentheim Richtung Süden nach Schwäbisch Hall führt und die Kreisstraße 2318, über den Criesbacher Sattel, die die nordwestliche Verbindung schließt.

Kurzer Blick ins Geschichtsbuch

Erstmals urkundlich erwähnt wurde Ingelfingen im Jahr 1080. Im 14. Jahrhundert erhielt Ingelfingen das Stadt- und Marktrecht. Von 1701 bis 1805 war Ingelfingen Residenzstadt der Grafen von Hohenlohe. Die Gründung der Weingärtnergenossenschaft Ingelfingen im Jahr 1892 förderte die Entwicklung des Weinbaus.

Sehenswürdigkeiten

In Ingelfingen findet man eine Reihe von sehenswerten historischen Gebäuden.

Das 1705 bis 1712 erbaute Neue Schloss der Grafen von Hohenlohe wurde zwischen 1984 und 1988 renoviert und dient seither als Rathaus. Das Alte Schloss, das um 1515 für die Grafen von Hohenlohe-Ingelfingen errichtet wurde, wurde 2010 mit dem Denkmalschutzpreis des Landes Baden-Württemberg ausgezeichnet. Einen Besuch wert ist auch der „Schwarze Hof", ein kulturhistorisches bedeutendes Stadtadelshaus der Renaissance. Das Fachwerkhaus in der

Das Neue Schloss (Bilder Stadt Ingelfingen)

Schwarzer Hof

Schmiedgasse 15, das um 1295 gebaut wurde, gilt als eines der ältesten Häuser Deutschlands. Die Evangelische Nikolauskirche aus dem Jahr 1500 zeigt im Chor ein kunstvolles gotisches Netzgewölbe. Ein modernes Wahrzeichen in den Weinbergen zwischen Ingelfingen und Criesbach ist zwischenzeitlich das „Ingelfinger Fass" des Unternehmers Fritz Müller geworden, in dem u.a. ein Weinbaumuseum eingerichtet ist.

Muschelkalkmuseum

Die historische „Innere Kelter" in der Altstadt beherbergt das Muschelkalkmuseum Hagdorn/Stadt Ingelfingen. In der Ausstellung, die einmalig in Europa ist die Erd- und Lebensgeschichte der Triaszeit in Mitteleuropa erfahrbar gemacht. Saurier-Rekonstruktionen wie der Mastodonsaurier, die Pflasterzahnechse oder der Batrachotomus versetzen den Besucher in eine andere Welt.

Freizeit und Sport

Das Weinstädtchen Ingelfingen bietet seinen Gästen mit den landschaftlichen Schönheiten des Kochertals vielfältige Freizeitmöglichkeiten. Eine Reihe von Übernachtungsmöglichkeiten in Hotels und Ferienwohnungen stehen zur Verfügung. Die Weingüter und Restaurants laden mit gastronomischer Vielfalt zur Einkehr ein. Lohnende Spazier- und Wanderwege im Schlosspark, entlang des Flusses oder in den Weinbergen mit prächtiger Aussicht, laden zu genussvollen Touren ein.

Veranstaltungen

Zu den Höhepunkten im Ingelfinger Veranstaltungskalender gehört das Ingelfinger Weindorf, das Weinfest in Criesbach, die Maifeste, Dorf- und Sportplatzfeste aber auch die Kochertaler Genießertour die unter dem Thema Wein, Wandern, Schlemmen steht.

Auch kulturell Interessierte werden schnell fündig: Beim Hohenloher Kultursommer, bei Kirchen- und weltlichen Konzerten und vielen weiteren Veranstaltungen.

Wichtige Adressen und Telefonnummern

Stadt Ingelfingen
Schlossstr. 12, D-74653 Ingelfingen
Tel. +49 (0)7940 1309 0
Fax +49 (0)7940 1309 62
info@ingelfingen.de
www.ingelfingen.de

Junges Weingut mit langer Tradition

Weingut Gaufer

Die Familie Gaufer wurde bereits 1623 als Weingärtnergeschlecht verzeichnet. Heute wird der Familienbetrieb von der Vollblutwinzerin Susanne Schmezer (geborene Gaufer) und Ihrer Familie geführt. Als Kellermeisterin ist sie eine Ausnahmeerscheinung.

Die technischen Neuerungen im Weingut werden mit traditionellem Wissen angewandt, um eine hohe Qualität zu erzielen. Dies zeigt sich in der aufwendigen Pflege der Weine und im ertragsreduzierten Anbau, der besonders erlesene Weine hervorbringt. Die Rebflächen des Weingutes liegen in den Lagen Ingelfinger Hohen Berg und in der Lage Niedernhaller Burgstall. Die steilen Muschelkalkhänge begünstigen den Anbau von kräftigen Rotweinen und ausdrucksstarken Weißweinen.

Die Weine werden im Weingut in drei Qualitätskategorien eingeteilt. Die "Beständigen" sind die Basisweine in der Literflasche. Als "Geschmackvolles" werden die Weine aus ertragsreduzierten Anlagen bezeichnet und wie der Name schon sagt sind die "Erlesenen" das Premiumsegment. Bei der Weinherstellung im Weingut wird auf schonende Traubenverarbeitung, kontrollierte Gärung und Zeit zur Reife Wert gelegt, um Spitzenweine zu garantieren. Pro Jahr werden rund 50.000 Flaschen Wein abgefüllt.

Öffnungszeiten:

Mi. bis Fr. von 17 bis 19 Uhr und am Sa. von 9 bis 14 Uhr sowie nach Vereinbarung. Die Weine können auch online bestellt werden. Das Weingut bietet nach Vereinbarung Weinverkostungen ab acht Personen an. Auch Weinerlebniswanderungen sind im Angebot.

Weingut Gaufer

Mariannenstr. 24
D-74653 Ingelfingen
Tel. +49 (0)7940 57373
Fax +49 (0)7940 55069
info@weingut-gaufer.de
www.weingut-gaufer.de

Mehr als Essen und Trinken

Landgasthof Krone

Im Landgasthof Krone in Krautheim, der Stadt des Götzenspruchs, wird seit 1879 in der schwäbisch-hohenlohische Gastlichkeit gepflegt, heute in der 4. und 5. Generation. Der fahrradfreundliche Übernachtungsbetrieb am Kocher-Jagst-Radweg verfügt über behagliche Gästezimmer und einen Wellnessbereich mit Sauna, römischem Dampfbad und Whirlpool. Der Konferenzraum bietet Platz für bis zu 70 Personen bei Tagungen und Feiern. Auch Bus- und Gruppenreisende mit bis zu 160 Personen sind nach Voranmeldung willkommen und werden bestens versorgt.

Der Gasthof mit eigener Hausschlachtung zeichnet sich durch eine einzig-

artige Vielfalt an Angeboten aus. Hier genießt man schwäbisch-fränkische und internationale Küche und trifft sich mit anderen Feinschmeckern im gemütlichen Restaurant mit Kaminecke, das Platz für 50 Personen bietet, oder im überdachten Biergarten mit 40 Sitzplätzen. Zum leckeren Essen in gutbürgerlichem Ambiente schmeckt ein frisch gezapftes Bier von der Herbsthäuser Brauerei.

Attraktive Angebote

Ritteressen – ein Erlebnis anderer Art; Schlemmerwochenende nach dem Motto: entspannen – genießen – wohlfühlen; Abenteuertouren mit dem Kanu auf Jagst, Kocher oder Tauber; Planwagenfahrten, mittelalterliches Bogenschießen und vieles mehr …

Öffnungszeiten:

Mo. bis Fr. 9 bis 14 Uhr und ab 17 Uhr
Sa. und So. ab 9 Uhr durchgehend,
Dienstag Ruhetag

Landgasthof Zur „Krone"
Inhaber Wolfgang Riegler,
Küchenmeister
König-Albrecht-Str. 3
D-74238 Krautheim
Tel. +49 (0)6294 362
Fax +49 (0)6294 1623
info@krone-krautheim.de
www.krone-krautheim.de

Krautheim

Natur- und Geschichte aktiv erleben

Die Stadt Krautheim (rund 4.600 Einwohner) liegt im mittleren Jagsttal im Hohenlohekreis im Nordosten Baden-Württembergs. Die Stadt - im heutigen Gebietsstand - entstand im Rahmen der Verwaltungsreform in den Jahren 1971 – 1973 durch Zusammenschluss der bis dahin selbständigen Gemeinden Krautheim, Altkrautheim, Gommersdorf, Horrenbach, Klepsau, Neunstetten, Oberndorf sowie Ober- und Unterginsbach. Im zentralen Stadtteil Krautheim leben ca. 1.900 Einwohner. Das Stadtbild wird geprägt durch die weithin sichtbare Stauferburg Krautheim auf dem Bergsporn mit einer mächtigen, bis zu 17 Meter hohen und bis zu 2,80 Meter dicken Schildmauer. Vom dem 30 Meter hohen Bergfried genießt man einen großartigen Ausblick in das Jagsttal.

Kurzer Blick ins Geschichtsbuch

Krautheim (das heutige Altkrautheim) wurde 1096 erstmals urkundlich erwähnt. Im Jahre 1213 wurde die Krautheimer Burg erbaut. Im Jahre 1306 erhielt Krautheim das Stadtrecht, das im Jahre 1950 wieder verliehen wurde. Im Jahre 1516 rief der Ritter Götz von Berlichingen dem Amtmann Max Stumpf von Schweinberg den berühmten Götzengruß „Er kann mich hinden lekhen" vom Tal zur Burg hoch. Krautheim war über Jahrhunderte Oberamt im Erzbistum Mainz. 1802 – 1806 gelangte es in den Besitz des Altgrafen Salm-Reifferscheid-Bedburg. Im Jahre 1804 wurde Krautheim Fürstentum. Durch die Rheinbundakte wurde im Jahr 1806 das südliche Gebiet dem Königreich Württemberg und der nördliche Teil dem Großherzogtum Baden zugesprochen.

Sehenswürdigkeiten

Die Burg mit dem bedeutenden frühgotischen Portal, der eindrucksvollen frühgotischen Burgkapelle und dem pittoresken Torwächterhaus (im Volksmund Puppenhaus genannt) sowie das benachbarte Schloss, das 1727 errichtet wurde, sind einen Besuch wert.

Krautheim
(Bilder Stadt Krautheim)

Burg Krautheim

Im Burgmuseum kann man sich über die Geschichte der Burg informieren. Bei einem Spaziergang durch die Altstadt entdeckt man zahlreiche historische Gebäude.

Hierzu gehören die teilweise erhaltene Stadtmauer mit dem westlichen und nordwestlichen Stadttor sowie das alte Rathaus, das 1569 errichtet wurde. Eines der schönsten Gebäude ist das Johanniterhaus mir Ursprüngen aus dem 14. Jahrhundert, das Sitz eines Komturs des Johanniterordens war. Um 1590 wurde das Haus als zweigeschossiger Renaissancebau errichtet. Heute ist in dem Gebäude das Johannitermuseum, das einen Einblick in die Geschichte des Johanniterordens vermittelt, untergebracht. Sowohl Burg, als auch

Götz-von-Berlichingen-Denkmal

Johanniter-Museum sind wochentags das ganze Jahr über zu besichtigen, zusätzlich von Mai bis September an Wochenenden und Feiertagen.

Der jüdische Friedhof ist eine der Stationen auf dem jüdischen Kulturweg Hohenlohe-Tauber, der Orte verbindet in denen es frühere eine Jüdische Gemeinde gab.

Zu den sehenswerten Gebäuden in den Ortsteilen gehören das 1568 von Hans Gottfried von Berlichingen erbaute Schloss in Neunstetten, das

Schloss Neuenstetten

Pfarrhaus in Gommersdorf, das früher als Sommersitz der Äbte von Schöntal diente, sowie die ehemalige Vogtei im Stadtteil Klepsau.

Ein sehenswertes unter Naturschutz stehendes Naturdenkmal ist der Krautheimer „Kuharsch", eine steinerne Rinne etwa 600 Meter hinter dem Ortsausgang Richtung Klepsau. Die skurrile Gestalt stammt von einer Quelle mit kalkhaltigem Wasser, das durch Versinterung die wachsende Rinne gebildet hat.

Freizeit und Sport

Das mittlere Jagsttal ist ein herrliches Wandergebiet mit zahlreichen Rad- und Wanderwegen. Der durch Krautheim führende, sehr beliebte Kocher-Jagst-Radweg führt über 330 km auf gut erschlossenen und ausgebauten Wegen durch abwechslungsreiche Landschaften.

Der Kulturwanderweg entlang der Jagst von Bad Friedrichshall nach Langenburg ist die 100 km lange Alternative für Fußwanderer, der in acht Etappen durch eines der schönsten Flusstäler Deutschlands führt. Er führt meist in halber Hanghöhe durch Dörfer und über Brücken vorbei an zahlreichen Schlössern und Burgen.

Zu den beliebten Wanderwegen gehört auch der Krautheimer „Pfad der Stille". Er bietet auf bis zu 27 km Naturerlebnisse mit Stationen wie dem Naturschutzgebiet „See" bei Neunstetten.

Lohnend ist auch eine Wanderung auf dem Wein- und Waldlehrpfad in Klepsau.

Bei einer Kanufahrt auf der Jagst lässt sich die Natur ganz besonders intensiv genießen, auch wenn gewisse Einschränkungen aus Naturschutzgründen zu beachten sind.

Übrigens: In Krautheim kann man sich Boote für eine Tour mieten. Im Sommer laden natürliche Badeplätze an der Jagst oder die Badeseen in Ober- und Unterginsbach zum erfrischenden Bad ein.

Veranstaltungen

Zu den beliebtesten Veranstaltungen in Krautheim gehören der Krautheimer Frühling 1 Woche vor Ostern, das Burgfest Ende Mai im mittelalterlichen Ambiente der Burg mit Burgführungen, Vogelschau und Bogenschießen, das Klepsauer Weinfest am 1. Wochenende im September und die Krautheimer Herbstmesse/Jagsttaler Volksfest mit Krämermarkt am 3. Wochenende im Oktober.

Der touristische Jahreshöhepunkt ist die 2-tägige Jagsttalwiesenwanderung Ende Mai von Langenburg bis Krautheim-Gommersdorf. Entlang der ca. 36 km langen Strecke erwarten die Besucher und Wanderer regionale kulinarische Spezialitäten sowie Vorführungen von traditionellem Handwerk, Kunst, Musikdarbietungen, Führungen zu Wildpflanzen und geologischen Besonderheiten, Mitmachaktionen für Kinder und vieles andere mehr. Ein Buspendelverkehr bietet die Möglichkeit der individuellen Planung der Wanderung.

Orts- und Infrastruktur

Krautheim ist über die Autobahnen A 81 und A 6 sowie die Bundesstraße 19 gut zu erreichen.

Die Stadt Krautheim ist ein engagiertes Zentrum für Menschen mit Handicaps. Hier ist der Sitz des Bundesverbandes Selbsthilfe Körperbehinderter (BSK e.V.) sowie des Eduard-Knoll-Wohnzentrums (EKWZ) für 80 Rollstuhlfahrer mit einem Hohenloher Integrationsunternehmen mit Wäscherei, Großküche und Werkstatt für Behinderte.

Zu den Bildungsangeboten gehören in Krautheim neben einem Schulzentrum mit Förderschule, Grund- und Werkrealschule mit Lehrschwimmbecken und einer Realschule auch die Andreas-Fröhlich-Schule der Reha Südwest für mehrfach schwerstkörperbehinderte Kinder und Jugendliche.

In Krautheim stellen mehrere mittelständische Firmen ca. 1.300 Arbeitsplätze zur Verfügung.

Übernachtungsgäste haben die Auswahl zwischen Gasthöfen, Pensionen und Ferienwohnungen. Die Gasthöfe Krautheims bieten kulinarische Vielfalt mit regionalen Spezialitäten.

Wichtige Adressen und Telefonnummern

Bürgermeisteramt Krautheim
Burgweg 5
D-74238 Krautheim
Tel. +49(0)6294 98 0
Fax +49 (0) 6294 98 48
stadt@krautheim.de
www.krautheim.de

Künzelsau

Wirtschaftszentrum, Kultur und Natur

Die Stadt Künzelsau (rund 15.000 Einwohner) am Kocher ist die zweitgrößte Stadt im Hohenlohekreis und liegt im Nordosten Baden-Württembergs etwa 40 Kilometer östlich von Heilbronn. Zu Künzelsau gehören neben der Kernstadt acht ländlich geprägte Stadtteile.

Wirtschaftsstarke familiengeführte Unternehmen, darunter eine Reihe von Weltmarktführern mit 13.000 Arbeits- und Ausbildungsplätzen, die malerische Landschaft, ein vielfältiges Freizeitangebot mit Sport und Kultur, die hervorragende Infrastruktur mit einem breiten Bildungsangebot und der Reinhold-Würth-Hochschule sowie gute Einkaufsmöglichkeiten machen Künzelsau attraktiv.

Für Gäste stehen Übernachtungsmöglichkeiten vom guten Hotel bis zur Ferienwohnung zur Verfügung, gastfreundliche Restaurants und Cafés mit einem vielseitigen gastronomischen Spektrum laden zur Einkehr. Künzelsau ist mit dem Auto über die Bundesstraße B 19 vom nördlichen Bad Mergentheim nach Schwäbisch Hall, die im Süden die Autobahn A 6 von Heilbronn nach Nürnberg kreuzt, gut zu erreichen.

Kurzer Blick ins Geschichtsbuch

Künzelsau wurde 1098 erstmals urkundlich erwähnt. Der rege Marktort wurde im Lauf der Jahrhunderte von verschiedenen Herren regiert. In den

Altes Rathaus
(Bilder Stadt Künzelsau)

Napoleonischen Kriegen wurde Künzelsau 1806 dem Königreich Württemberg zugeordnet. Aktuelle Ehrenbürger der Stadt sind die Unternehmerehepaare Reinhold und Carmen Würth und Albert und Ursula Berner sowie der ESA-Astronaut Dr. Alexander Gerst, dem eine Ausstellung im Rathaus gewidmet ist.

Sehenswürdigkeiten

Beim Bummel durch die Altstadt sind viele historische, gut erhaltene Gebäude zu entdecken.

Hervorzuheben sind das Alte Rathaus von 1522, die Johanneskirche mit wertvollen Werken bedeutender Bildhauer, das Renaissanceschloss Bartenau sowie das ehemalige Wohnhaus der in der Barockzeit wirkenden bedeutenden Künstlerfamilie Sommer.

In Künzelsau präsentieren eine Reihe von Museen ihre interessanten Sammlungen.

Hier ist an erster Stelle das Museum Würth in dessen Firmenzentrale im Stadtteil Gaisbach zu nennen, das täglich von 11 bis 18 Uhr die Sammlung Schrauben und Gewinde sowie wechselnde Ausstellungen zur Kunst des 20. und 21. Jahrhunderts zeigt.

Im Stadtmuseum in der Altstadt werden Besucher mittwochs bis sonntags von 11 bis 17 Uhr über die Stadtgeschichte informiert.

Wer sich für das Weltall und die Raumfahrt begeistert, der kann immer montags bis freitags von 9 bis 18 Uhr und samstags von 9 bis 12 Uhr die Dauerausstellung „Künzelsau an Houston: Start der Langzeitmission“ im Künzelsauer Rathaus besuchen.

Stadtmuseum

In der Hirschwirtscheuer werden mittwochs bis sonntags von 11 bis 17 Uhr Exponate aus der Bildhauerwerkstatt der Familie Sommer sowie wechselnde Ausstellungen moderner Kunst gezeigt.

Im Mustang-Museum wird die Geschichte der Jeans und der Firma dokumentiert, die in Europa die ersten Jeans herstellte. Öffnungszeiten Dienstag bis Freitag von 10 bis 18 Uhr.

Freizeit und Sport

Radeln in Künzelsau

Wanderern und Radlern stehen in der vielfältigen Landschaft um Künzelsau Wege durch Wald und Feld sowie Radrouten über Höhen und durch Flusstäler in reicher Auswahl zur Verfügung. Künzelsau liegt am beliebten Kocher-Jagst-Radfernwanderweg. Ein Beispiel für eine lohnende Wanderung ist der 17 Kilometer lange Hohenloher Hermann-Lenz-Wanderweg von Künzelsau über Schloß Stetten nach Langenburg, der mit historischen Hinweisen ausgeschildert ist.

Das beliebte, zentral gelegene Künzelsauer Kocherfreibad, das einzige Flussfreibad in Baden Württemberg, verfügt über einen Sandstrand und ein Kinderplanschbecken. Das Hallenbad Tollkün mit Riesenrutsche sorgt das ganze Jahr für pures Badevergnügen. Die zahlreichen Sportstätten und Vereine in Künzelsau bieten reichlich Gelegenheit für sinnvolle Freizeitgestaltung.

Das neu eröffnete Kulturhaus Würth in der Schnurgasse hat in seinen Räumen Platz für Veranstaltungen mit bis zu 80 Personen und ein abwechslungsreiches Kulturprogramm. Herzstück des Hauses ist die Präsenzbibliothek mit über 6.000 Bänden aus der Sammlung der Gründerin Carmen Würth.

Veranstaltungen

Über 40 unterschiedliche Events bereichern das jährliche Kultur- und Veranstaltungsprogramm. Theater, Musical, Konzerte und Kabarett finden über das Jahr verteilt statt.

Beliebte Märkte und Feste sind im Künzelsauer Veranstaltungskalender zu finden. Die drei Krämermärkte im Februar, Juni und Oktober ziehen viele Besucher aus der Umgebung an. Bei Autofreunden sind der Gebrauchtwagenmarkt im Frühjahr und der Neuwagenmarkt im Herbst sehr beliebt.

Hallenbad Tollkün

Beim Stadtfest an einem Wochenende Mitte Juli, das alle zwei Jahre gefeiert wird, herrscht drei Tage lang in der Innenstadt Ausnahmezustand. Neben Auftritten von über 30 Live-Bands auf fünf Bühnen wird eine kulinarische Vielfalt an den zahlreichen Buden geboten.

Die Advents- und Weihnachtszeit wird in Künzelsau festlich gestaltet. Im Dezember verwandelt sich das Alte Rathaus in einen Adventskalender, dessen Türchen mit weihnachtlichen Liedern und Geschichten geöffnet werden.

Die stimmungsvolle Künzelsauer Waldweihnacht in der Hauptstraße vom ersten bis zweiten Adventswochenende mit abwechslungsreichem Programm wird vom Duft der angebotenen gebrannten Mandeln, Glühwein und weiteren Köstlichkeiten durchzogen.

Das traditionelle Engelesblasen vom Turm der Johanneskirche an Heiligabend, Silvester und Neujahr beschließt die weihnachtlichen Festlichkeiten.

Ein abwechslungsreiches Kulturprogramm bietet neben den sommerlichen Künzelsauer Burgfestspielen Schloss Stetten mit hochwertigen Theateraufführungen auch der Hohenloher Kultursommer mit erstklassigen klassischen Konzerten. Ebenfalls im Sommer wird das Künzelsauer Kocherfreibad durch den Verein Theater im Fluss an verschiedenen Stellen zur Theaterbühne und herrlichen Kulisse.

Wichtige Adressen und Telefonnummern

Stadtverwaltung Künzelsau
Stuttgarter Str. 7,
D-74653 Künzelsau
Tel. +49 (0) 7940 129 0
info@kuenzelsau.de
www.kuenzelsau.de
Facebook: Künzelsau – meine Stadt

Gastfreundlicher Familienbetrieb

Landgasthof Lell

Im kleinen Ort Belsenberg, nur vier Kilometer von Künzelsau entfernt und umgeben von sonnigen Weinbergen, liegt der Landgasthof Lell inmitten einer intakten Naturlandschaft.

Hier sind Wanderer und Radler auf der Kocher-Jagst-Tour ebenso willkommen wie erholungsbedürftige Urlauber oder Tagungsgäste. Neben gemütlich eingerichteten Einzel- und Doppelzimmern stehen auch zwei 50 bis 70 qm große Ferienwohnungen zur Verfügung.

Belsenberg ist günstiger Ausgangspunkt für Ausflüge zu den nahen, überaus sehenswerten historischen Altstädten, Schlössern und Museen im idyllischen Hohenloher Land.

Das hoteleigene Restaurant ist nicht zuletzt wegen seiner regionalen Speisen bei den Gästen sehr beliebt. Hier genießt man leckere Schnitzel, Zwiebelrostbraten und Wildgerichte oder schmackhafte vegetarische Gerichte wie die Schupfnudel-Gemüse-Pfanne, im Sommer auch auf der Sonnenterrasse. Das Restaurant gehört zu den Gastronomiebetrieben von „Schmeck den Süden" und beteiligt sich an den saisonalen Angeboten der Aktion „Mahlzeit Hohenlohe". Im Winter schmecken unter anderem delikate Linsengerichte und im Sommer kreative Sommersalate. Unbedingt probieren! Das Restaurant ist montags bis freitags (außer mittwochs) ab 17 Uhr, samstags ab 15 Uhr und an Sonn- u. Feiertagen ab 11 Uhr geöffnet.

Für Tagungen und Seminare steht ein Konferenzraum mit 50 Sitzplätzen und entsprechender Technikausstattung zur Verfügung. Tagungsgäste werden vom engagierten, erfahrenen Hotelteam bestens betreut. Auch bei Familienfeiern und Betriebsfesten wird man von der Gestaltung bis hin zur Auswahl der Speisen kompetent beraten. Zu den Angeboten des Hauses gehört auf Wunsch auch ein Partyservice.

Landgasthof Lell
Leimengrube 5
D-74653 Künzelsau – Belsenberg
Tel. +49 (0)7940 9354 0
Fax +49 (0)7940 9354 20
kontakt@landgasthoflell.de
www.landgasthoflell.de

Familiengeführtes Wellnesshotel

Landgasthof Krone Eschental

Nach Eschental, einem Ortsteil von Kupferzell im schönen Hohenloher Land, kommen Urlauber und Gäste, um sich im Landgasthof Krone verwöhnen zu lassen. Im familiengeführten Hotel sorgen der freundliche Service, behagliche Zimmer, ein erstklassiges Restaurant und ein exklusiver Wellnessbereich für ganzheitliches Wohlbefinden. Die 58 komfortablen Zimmer des Hotels sind mit Telefon, WLAN, Fernseher und Minibar ausgestattet.

Hotelgäste beginnen den Tag mit einem reichhaltigen Frühstücksbuffet, um dann frisch gestärkt einen Ausflug zu den zahlreichen Sehenswürdigkeiten in Hohenlohe oder eine genussvolle Wanderung in der herrlichen Landschaft zu starten.

Nach einem erlebnisreichen Tag lockt die entspannende Atmosphäre im Wellnessbereich mit Schwimmbad,

mehreren Saunen, Fitnesseinrichtungen und Solarium. Danach freuen sich die Gäste auf ein köstliches Essen im gemütlichen Restaurant des Hauses.

Die Küche im Landgasthof Krone ist weithin bekannt und beliebt. Serviert werden bodenständige Speisen aus der Region sowie neben internationalen Gerichten auch interessante Eigenkreationen. Hierzu mundet der passende Wein aus dem Gewölbekeller, wo neben regionalen auch Weine aus aller Welt lagern. Gerne beschließt man den Tag in geselliger Runde in der urgemütlichen Bar und Weinstube „d'Stall".

Der Landgasthof bietet auch den passenden Rahmen für Tagungen und Festlichkeiten. Modern ausgestattete Tagungs- und Schulungsräume bieten optimale Arbeitsbedingungen.

Bei Familienfeiern und Betriebsfesten im edlen Ambiente des Restaurants oder des Festsaals sorgt das erfahrene Hotelteam mit bestem Service für einen gelungenen Ablauf.

Landhotel Gasthof Krone

Hauptstraße 40, D-74635 Eschental
Tel. +49 (0)7944 67 0
Fax +49 (0)7944 67 67
info@krone-eschental.de
www.krone-eschental.de

Kupferzell

Ein gutes Stück Hohenlohe

Die Gemeinde Kupferzell (rund 6150 Einwohner) im Hohenlohekreis ist aus den früher selbständigen Gemeinden Eschental, Feßbach, Goggenbach, Kupferzell, Mangoldsall und Westernach entstanden. Der Hauptort Kupferzell liegt an der Kupfer, einem Zufluss zum Kocher. Kupferzell gehört zu den Naturräumen Schwäbisch-Fränkische Waldberge, Kocher-Jagst-Ebenen und der Hohenloher-Haller Ebene.

Die überwiegend landwirtschaftlich geprägte, lebendige Gemeinde mit guter Infrastruktur liegt verkehrsgünstig am Schnittpunkt der Autobahn A 6 von Heilbronn nach Nürnberg und der Bundesstraße B19 von Bad Mergentheim nach Schwäbisch Hall.

Kurzer Blick ins Geschichtsbuch

Kupferzell wurde 1236 erstmals urkundlich erwähnt. Ab 1323 gehörte es zum hohenlohischen Besitz. 1721 wurde Kupferzell die Hauptstadt von Hohenlohe-Waldenburg-Schillingsfürst. 1806 kam der Ort zum Königreich Württemberg.

Sehenswürdigkeiten

Das 1721 erbaute ehemalige Residenzschloss beherbergt heute eine Akademie für Landbau und Hauswirtschaft. Rund um den Marktplatz erinnern historische Bauten an die Zeiten als Residenz. Im ehemaligen Amtshaus ist heute das Rathaus untergebracht.

Kupferzell
(Bilder Gemeinde Kupferzell)

Marktplatz

Das ehemalige Bahnhofsgebäude aus dem Jahr 1892 sowie das älteste genossenschaftliche Lagerhaus Baden-Württembergs aus dem Jahr 1897 wurden ins Freilandmuseum Wackershofen verbracht, wo sie zu besichtigen sind.

Freizeit und Sport

Kupferzell hält ein vielfältiges Angebot für Freizeit und Erholung bereit. Hierfür stehen Sportanlagen z.B. für Fußball und Tennis, eine Mehrzweckhalle und die Parkanlage beim Schloss zur Verfügung. Die regen Vereine im Ort bieten vielfältige Möglichkeiten zur Freizeitgestaltung und sorgen mit ihren Veranstaltungen und Festen für ein abwechslungsreiches Jahresprogramm. Die Umgebung mit einem verzweigten Wegenetz eignet sich gut für Wanderungen und Radtouren.

Residenzschloss

Orts- und Infrastruktur

Kupferzell hat Anteil am Gewerbepark Hohenlohe. Der größte Gewerbepark im Landkreis liegt direkt an der A 6 und bietet günstige Bedingungen für die Neuansiedlung von Betrieben.

In der Gemeinde sichern eine Reihe von Handwerks- und Gewerbebetrieben, Arztpraxen und Einkaufsmärkte die tägliche Versorgung der Bevölkerung.

Herbststimmung

Mehrere große Hotels bieten gute Übernachtungsmöglichkeiten und verfügen über ein ausgewogenes gastronomisches Angebot.

Wichtige Adressen und Telefonnummern

Bürgermeisteramt Kupferzell
Marktplatz 14-16
D-74635 Kupferzell
Tel. +49 (0)7944 91110
Fax +49 (0)7944 911188
rathaus@kupferzell.de
www.kupferzell.de

Mulfingen

Dörfliche Idylle im mittleren Jagsttal

Die Gemeinde Mulfingen (rund 3.700 Einwohner) im Jagsttal liegt rund 10 km nordöstlich von Künzelsau und ist von dort über die Landesstraße 1022 gut zu erreichen.

Zur Gemeinde gehören die Ortschaften: Ailringen, Buchenbach, Eberbach, Hollenbach, Jagstberg, Simprechtshausen und Zaisenhausen. Das Leben in Mulfingen wird geprägt durch die prachtvolle Landschaft des Jagsttals und die idyllisch gelegenen Orte mit ihren liebevoll renovierten Fachwerkhäusern.

Im Herrenhaus in Buchenbach können sich Besucher über die Vielfalt des mittleren Jagsttals in der Ausstellung „Natur, Kultur und Mensch" informieren, außerdem gibt es Wechselausstellungen von einheimischen Künstlern. Weitere Informationen, beispielsweise über die „Pfade der Stille", erhält man in der Touristikinformation im Herrenhaus. Infos über Öffnungszeiten und mehr unter www.erlebnis-mittleres-jagsttal.de

Sehenswürdigkeiten

Mulfingen zeichnet sich durch großen Reichtum an sakralen Kunstwerken aus. In den Kirchen und in der ganzen Gemeinde findet man Zeugen der Frömmigkeit aus alter Zeit mit Bildstöcken und Heiligenbildern, die Raum für Ruhe und Meditation bieten. Hierzu gehört die größte Lourdes-Grotte in Süddeutschland in Zaisenhausen.

Keinesfalls versäumen sollte man den Besuch der St.-Anna-Kapelle unweit der Jagstbrücke in Mulfingen. Die Kapelle und die frühere heilkräftige

Jagsttal bei Mulfingen
(Bilder Gemeinde Mulfingen)

Quelle sind seit dem Jahr 1510 Ziel zahlreicher Pilger. Auch heute besuchen Tausende die Kapelle zu Andachten und Gottesdiensten. Das Fest der St. Anna am 26. Juli mit beeindruckender Lichterprozession ist ein wichtiger Festtag in Mulfingen. Der wertvolle, bunt gefasste Altar stammt aus der Schule Tilman Riemenschneiders.

Freizeit und Sport

Der verantwortungsvolle Umgang mit Fluss und Landschaft ist ein großes Anliegen der Gemeinde. Im Sommer stehen viele Badeplätze und Stauseen für Badegäste zur Verfügung.

Das Tal ist ein Paradies für Wanderer und Radfahrer. Mulfingen ist eine von vielen Stationen am 330 km langen Kocher-Jagst-Radfernwanderweg. Wanderer kommen auf den aussichtsreichen Wanderwegen in den Genuss von herrlicher Natur und interessanten Kulturdenkmälern. Besonders schön ist eine Wanderung auf einem der Pfade der Stille.

Feriengäste finden eine reiche Auswahl an Übernachtungsmöglichkeiten, sei es Hotel, Ferienwohnung oder Campingplatz.

Veranstaltungen

Zu den beliebten Veranstaltungen in Mulfingen gehört die Jagsttal-Wiesenwanderung an einem Wochenende Ende Mai mit tausenden Teilnehmern. Auf den Wanderwegen von Langenburg bis Krautheim werden an vielen

Herrenhaus Buchenbach

Stationen interessante Vorträge, Führungen und Köstlichkeiten aus der Region angeboten. Ein Bus-Shuttle-Service erleichtert die Auswahl der Wanderziele. Alle zwei Jahre finden im September die „Kulturneschter" statt, an denen die Einwohner Einblicke in Handwerk, Kunst und Küche gewähren.

Wichtige Adressen und Telefonnummern

Herrenhaus Buchenbach
Langenburger Straße 10
D-74673 Mulfingen-Buchenbach
Tel. +49 (0)7938 992035
Fax +49 (0)7938 992442
info@erlebnis-mittleres-jagsttal.de
www.erlebnis-mittleres-jagsttal.de

Gemeindeverwaltung Mulfingen
Kirchweg 1
D-74673 Mulfingen
Tel. +49 (0)7938 9040 0
Fax +49 (0)7938 9040 13
info@mulfingen.de
www.mulfingen.de

Hohenloher Hochgenuss

Landgasthof Jagstmühle

Für Feinschmecker und Ruhesuchende ist die Jagstmühle ein geradezu magischer Ort. Im Herzen des romantischen Jagsttals mit seiner einzigartigen Flora und Fauna kann man hier die besten Köstlichkeiten der Landküche genießen. Genuss und Erholung sind in der Jagstmühle auf das Schönste vereint – eine wahre Wohltat für Körper und Seele. Das kleine Hotel mit sehr gutem Restaurant ist jede Reise wert, auch ein Tagesausflug lohnt sich.

In der herrlichen Umgebung kann man wunderbar wandern, Rad fahren und mit dem Kanu auf den Flüssen Kocher und Jagst die idyllische Flusslandschaft erkunden. Zudem erfreuen zahlreiche attraktive Sehenswürdigkeiten sowie kulturelle Events das Urlauberherz.

Die historische Mühle wurde in den letzten Jahren liebevoll restauriert und unter ökologischen Gesichtspunkten modernisiert. Vier verschiedene Häuser mit insgesamt achtundzwanzig gemütlich eingerichteten Gästezimmern laden zum Verweilen ein. Auf der hauseigenen Jagstinsel, die über eine kleine Brücke vom Flussufer aus zu erreichen ist, kann man die Seele baumeln lassen, während im Hintergrund leise der Mühlkanal plätschert und majestätische Schwäne auf dem Wasser dahin gleiten. Das einzigartige Ambiente der Insel macht Feste und Veranstaltungen zu einem unvergesslichen Erlebnis. Im separaten Wintergarten des Haupthauses und in drei Bankett- und Konferenzräumen werden Gastgeberträume wahr, tatkräftig unterstützt von den kompetenten Mitarbeitern des Hauses.

Die hervorragende Regionalküche unter der Leitung der engagierten Köche und Genusshandwerker Markus Rei-

nauer und Hubert Retzbach ist weithin bekannt. Ein Netzwerk von rund 70 Lieferanten aus der Region, meist qualitätsbewusste Familienbetriebe mit ganzheitlicher Genussphilosophie, bieten mit ihren hochwertigen Produkten von alten Kartoffelsorten über Schafskäse bis zur Hohenloher Wachtel beste Voraussetzungen für die erstklassigen regionalen Gerichte der Jagstmühle.

Das Credo der Küche ist: Tiere, die als Nahrung dienen, sollen möglichst gut leben und nach der Schlachtung vollständig verwertet werden. Von den berühmten Limpurger Weideochsen und einer Vielzahl anderer Tiere werden nicht nur die gängigen Edelteile wie Filet verwendet, sondern das ganze Tier. So entstehen unter anderem kräftige Brühen und Fonds statt volle Biotonnen. Auf einen stressfreien Ablauf von der Verladung des Tieres bis zur Schlachtung wird größter Wert gelegt, was eine hervorragende Fleischqualität hervorbringt.

In den behaglichen Räumen des Restaurants genießen Gäste allerlei köstliche Speisen: von der modern interpretierten Hausfrauenküche bis hin zu achtgängigen Regio-Tapas-Menüs, erlesene Gourmetgerichte wie in Tauberschwarz pochiertes Filet oder hausgeräuchter Bachsaibling, würzige Schmortöpfe, „Gefüllte Nudeln" und vieles mehr. Vom Rostbraten heißt es, er sei der beste in ganz Hohenlohe. Alles unter dem Motto „Slow Food:
Genießen mit Verstand"!

Aktuelle Informationen aus der Jagstmühle, leckere Rezepte und mehr erhält man unter blog.jagstmuehle.de

Landgasthof Jagstmühle

Jagstmühlenweg 10
D-74673 Mulfingen-Heimhausen
Tel. +49 (0)7938 9030 0
Fax +49 (0)7938 9030 336
rezeption@jagstmuehle.de
www.jagstmuehle.de

Sterneküche in behaglicher Atmosphäre

Hotel & Restaurant Amtshaus

Seit 1998 ist im historischen Amtshaus in Mulfingen-Ailringen im romantischen Hohenloher Jagsttal das Hotel „Amtshaus" und das mit einem Stern im Guide Michelin ausgezeichnete Gourmet-Restaurant „Amtskeller" untergebracht. Der vom Deutschen Orden errichtete Renaissancebau mit Schmuckfachwerk und Gewölbekeller hat eine mehr als 500-jährige Geschichte. Er wurde in den 1990er Jahren sorgfältig restauriert und gehört neben der Pfarrkirche und dem Rathaus zu den bedeutendsten historischen Gebäuden im Ort. Das malerische Dorf Ailringen ist umgeben von einer weitgehend unberührten, unter Naturschutz stehenden Landschaft, die Erholungsuchende anzieht.

Die drei Einzelzimmer, neun Doppelzimmer und drei Maisonette-Suiten für bis zu vier Personen im Nichtraucher-Hotel sind individuell und gemütlich im Landhausstil eingerichtet.

In dem von Restaurantleiter Jürgen Alt und Sternekoch Sebastian Wiese geführten Haus liegt der Fokus auf Tagungen, Feiern und Veranstaltungen unter dem Motto „Come together".

Das Hotel bietet für Tagungen und Seminare den perfekten Rahmen. Der historische Rathaussaal befindet sich direkt gegenüber des Hotels und ermöglicht ungestörtes Arbeiten. Für das Wohl der Teilnehmer wird vom engagierten Hotelteam bestens gesorgt. Der Tag schließt am Abend genussvoll im Restaurant mit Kreationen aus der Sterneküche oder mit einem Kochkurs. Der Tagungsablauf kann mit dem Serviceteam individuell abgestimmt werden.

Auch für Stehempfänge, Bankette und Gala-Diners hält das Hotel das optimale Angebot für einen erfolgreichen Ablauf bereit. Die perfekte Betreuung und das historische Ambiente machen auch Hochzeitsfeiern oder Firmenjubiläen zu einem unvergesslichen Erlebnis. Nach Absprache ist es sogar möglich, das Haus komplett für eine exklusive Nutzung zu buchen.

Die Speisekarte des Gourmet-Restaurants ist in zwei Bereiche aufgeteilt. Unter der Überschrift „Vor der Haustür" werden regionale Erzeugnisse wie Mäusdorfer Landgockel, Rein Hällisches Schwein oder Hohenloher Weiderind angeboten. Der Küchenchef und sein Team arbeiten bei der Auswahl der hochwertigen Zutaten eng mit den örtlichen Erzeugern zusammen.

Der zweite Teil der Speisekarte ist mit „Über den Tellerrand" betitelt. Hier sind Klassiker der internationalen Küche aufgeführt wie Loup de Mer, Atlantik-Rochen oder Limousin-Lamm.

Durch die Sommelier-Expertise des Restaurantleiters Jürgen Alt werden die köstlichen Speisen von erlesenen, erstklassigen Weinen begleitet.

Auch die Teilnahme an einem Kochkurs in Form eines Praktikumstages ist möglich, dabei geht es unter anderem um Tipps und Tricks aus der Sterneküche. Der Kurs wird mit einem 4-Gang Menü samt passenden Weinen am „Chef's table" direkt in der Küche abgeschlossen.

Hotel & Restaurant Amtshaus

Kirchbergweg 3
D-74673 Mulfingen-Ailringen
Tel. +49 (0)7937 970 0
Fax +49 (0)7937 970 30
info@amtshaus-ailringen.de
www.amtshaus-ailringen.de

Foto: Meli Dikta

Familienfreundlicher Platz zwischen Wald und See

Waldcamping Hollenbacher See

Urlaub auf dem Waldcampingplatz Hollenbacher See ist vor allem für Familien das reinste Vergnügen. Kinder toben nach Herzenslust in der Natur und spielen mit den neu gewonnenen Freunden auf dem Abenteuerspielplatz, während sich ihre Eltern von den Anforderungen des Alltags erholen und entspannt durchatmen.

Die gepflegte, 15 ha große Campinganlage zwischen Wald und Hollenbacher See bietet Urlaubern optimale Bedingungen. Sie können unbeschwerte Tage mit Baden und vergnüglichen Bootsfahrten erleben, Wanderungen in der schönen Umgebung unternehmen oder einfach die Seele baumeln lassen. Auch Dauercamper und Ausflugsgäste schätzen die abwechslungsreichen Möglichkeiten des Waldcampings Hollenbacher See. Ein Biergarten mit 160 Plätzen sorgt für das leibliche Wohl der Gäste. Kostenlose Parkplätze sind auch für Tagesgäste genügend vorhanden. Die Benutzung des Badesees und der Liegewiese ist kostenfrei. Campingfreunde finden sanitäre Anlagen, Waschmaschinen, eine Außenwaschanlage und eine Küche im Badehaus am Platz.

Eine besonders schöne Übernachtungsmöglichkeit sind die sieben Campingfässer mit Platz für jeweils vier Personen. Sie sind mit ausreichend Sitzplatz und Matratzen-Schlafplätzen ausgestattet und verfügen über Stauraum für Gepäck.

Die günstige Lage des Campingplatzes zwischen Künzelsau und Bad Mergentheim ist ideal für Ausflüge in die malerische Landschaft. Radwanderwege in unmittelbarer Nähe führen durch Wiesen und romantische Wälder entlang der Flüsse Jagst, Kocher und Tauber. Für kulturinteressierte Gäste gibt es eine reiche Auswahl an sehenswerten Schlössern, Burgen und Museen.

Waldcamping Hollenbacher See
Mönchswald 1, D-74673 Mulfingen
Tel. +49 (0)7938 7272
Fax +49 (0)7938 7055
info@waldcamping-hollenbacher-see.de
www.waldcamping-hollenbacher-see.de

Jagsttal bei Mulfingen
(Bild Gemeinde Mulfingen)

Niedernhall

Kleine Stadt mit großem Charme

Die alte Salz- und Weinstadt Niedernhall (rund 4.000 Einwohner) im Hohenlohekreis wird geprägt durch die Sehenswürdigkeiten der historischen Altstadt, die reizvolle Landschaft des Kochertals und attraktive Freizeiteinrichtungen. Sie liegt zentral im mittleren Kochertal.

Gute Verkehrsverbindungen bestehen durch die Anschlussstellen Neuenstein (12km) und Kupferzell (18km) der A6 sowie der Anschlussstelle Osterburken (22km) der A81.

Gäste finden in Niedernhall eine Reihe von Unterkünften in Gasthöfen und Ferienwohnungen sowie Hohenloher Spezialitäten in den gemütlichen Gaststätten.

Kurzer Blick ins Geschichtsbuch

Niedernhall verdankt seinen Namen einer Salzquelle. Im Jahr 1037 wurde Niedernhall erstmals urkundlich erwähnt. 1356 erhielt Niedernhall das Stadtrecht. Nach wechselnden Besitzern gehörte Niedernhall seit 1806 zum Königreich Württemberg.

Sehenswürdigkeiten

Der historische Stadtkern von Niedernhall steht seit 1983 als Gesamtanlage unter Denkmalschutz.

Zu den bedeutenden Sehenswürdigkeiten gehören die Stadtmauer aus dem 14. Jahrhundert mit Wehrgang, Türmen und dem Salztor, die Laurentiuskirche aus dem 13. Jahrhundert, das Rathaus aus dem Jahr 1477 mit Heimatmuseum sowie das mit Fachwerk geschmückte Götzenhaus. Hier ist Götz von Berlichingen 1490 ein Jahr zur Schule gegangen.

Veranstaltungen

Zu den beliebten Veranstaltungen in Niedernhall zählt das traditionelle Stadtfest, das in geraden Jahren im Juni gefeiert wird. In der farbenfroh

Stadteingang am Kocher
(Bilder Stadt Niedernhall)

geschmückten Altstadt sorgen ein vielfältiges Musikangebot und ein attraktives Rahmenprogramm für die Unterhaltung der Festgäste. Niedernhall ist Station der Hohenloher Genießertour Ende August.

Der stimmungsvolle Kelterzauber am zweiten Adventswochenende ist der älteste Weihnachtsmarkt im mittleren Kochertal.

Freizeit und Sport

Die Natur rund um Niedernhall mit ausgedehnten Wäldern bietet Gelegenheit zu genussvollen, aussichtsreichen Wanderungen und Radtouren. Niedernhall liegt am beliebten 330 km langen Kocher-Jagst-Radweg. Ein besonders Naturerlebnis bietet auch eine Kanutour auf dem Kocher, Infos unter www.hohenlohe.de

Niedernhaller Freibad und Solebad

Niedernhall verfügt mit dem Freibad und dem benachbarten Solebad im Brückenwiesenweg über attraktive Freizeiteinrichtungen, die sich weithin größter Beliebtheit erfreuen. Das Freibad bietet ein 50 m-Wettkampfbecken, ein großzügiges Kinderbecken mit Rutschen und Spielgeräten, einen Sprungturm und eine 85 m lange Wasserrutsche. Das Baden im Solebad mit einem ist nicht nur angenehm, sondern auch ausgesprochen gesundheitsfördernd. Die mit 32° bis 36° erwärmte Sole in den drei Becken ist angereichert mit wertvollen Mineralien. Unterwasser-Massagedüsen in verschiedenen Höhen, Nackenduschen, Bodensprudelanlagen, Sprudelliegebank und Sprudelsitzbank erhöhen das Wohlbefinden. Die wohltuende Wirkung des Bades wird bei Erkrankungen wie Bandscheiben- und Wirbelsäulenproblemen, Rheuma, Gicht und vielen anderen sehr geschätzt. Zum Solebad gehört auch eine Sauna- und Massagelandschaft.

Wichtige Adressen und Telefonnummern

Stadtverwaltung Niedernhall
Hauptstraße 30
D-74676 Niedernhall
Tel. +49 (0)7940 9125 0
Fax +49 (0)7940 9125 31
info@niedernhall.de
www.niedernhall.de

Schöntal

Perle des Jagsttals

Die Gemeinde Schöntal (rund 5.620 Einwohner) im idyllischen Jagsttal im Nordwesten des Hohenlohekreises ist die größte Flächengemeinde im Kreis. Zur Gemeinde gehören die Ortsteile Aschhausen, Berlichingen, Bieringen, Kloster Schöntal, Marlach, Oberkessach, Sindeldorf, Westernhausen und Winzenhofen.

Schöntal ist geprägt durch die romantische Flusslandschaft der Jagst mit ihren Nebenflüssen und das Kloster Schöntal. Für Gäste stehen Übernachtungsplätze in Ferienwohnungen und Gasthöfen zur Verfügung. Die gastfreundlichen gastronomischen Betriebe laden zur Einkehr ein.

Kurzer Blick ins Geschichtsbuch

Die Geschichte von Schöntal ist eng verbunden mit dem Zisterzienserkloster, das 1157 gegründet wurde. Hier ist auch der berühmte fränkische Reichsritter Götz von Berlichingen (1480-1563) begraben.

Sehenswürdigkeiten

Die ehemalige Zisterzienserabtei Schöntal, die im 12. Jahrhundert von Mönchen des Klosters Maulbronn gegründet wurde, gilt als das schönste Kloster der Barockzeit im Norden Baden-Württembergs. Von der ursprünglichen mittelalterlichen Anlage in einer weiten Flußschleife der Jagst sind noch die Ringmauern mit Torturm und Ecktürmen, die alte Steinbrücke und die frühgotische Torkapelle erhalten. Während der Amtszeit von Abt Benedikt Knittel von 1683 bis 1732 entstanden die prächtige Barockkirche und das imposante Konventsgebäude mit dem Rokoko-Treppenhaus. Im Jahr 1802

Schloss Aschhausen
(Bilder Stadt Schöntal)

Kloster Schöntal

wurde das Kloster säkularisiert. Heute sind in den Gebäuden ein christliches Bildungshaus, ein Waldschulheim und das Rathaus der Gemeinde Schöntal untergebracht. Im Kloster findet eine Reihe von hochwertigen Konzerten des Hohenloher Kultursommers statt.

Die gesamte Klosteranlage, insbesondere die reich ausgestattete Klosterkirche, ist überaus sehenswert und kann im Rahmen von Führungen besichtigt werden. Eine Ausstellung im Infozentrum dokumentiert die Geschichte des Klosters.

Wenige hundert Meter vom Kloster entfernt liegt die Wallfahrtskapelle Neusaß, die auf die Keimzelle des Klosters zurückgeht. Seit 1395 ist die Marienwallfahrt zur Kapelle belegt. Die mehrfach umgestaltete Kapelle erhielt 1906 einen Jugendstilaltar mit einer spätgotischen Pieta. Bei der Kapelle findet man das Naturdenkmal der 300 bis 500 Jahre alten Neusaßer Linde, die einen Stammumfang von über 8,60 Meter hat.

Rossach

Neusaß, Kirche und See

Einen Besuch wert sind der Friedhof und die Heiliggrabkapelle auf dem Kreuzberg, die 1716-1720 erbaut wurde. Die weithin sichtbare Kapelle bietet einen wunderschönen Ausblick in das idyllische Jagsttal. Sehenswert sind auch die römisch-katholische Kirche St. Killian in Bieringen aus dem Jahr 1722 und die Heilig-Kreuz-Kapelle aus dem 14. Jahrhundert in Altdorf zwischen Marlach und Sindeldorf.

Das Schloss in Aschhausen mit Ursprüngen aus dem Mittelalter erhielt seine heutige Form im 18. Jahrhundert. Es ist in Privatbesitz. Führungen können unter Tel. +49 (0)7943 2358 vereinbart werden.

Die Burg Berlichingen aus dem 13. Jahrhundert war vermutlich Geburtsort des Götz von Berlichingen. Es ist heute in Privatbesitz und kann nicht besichtigt werden.

Im Ortsteil Berlichingen liegt der größte Jüdische Friedhof im Hohenlohekreis.

Jüdischer Friedhof

Freizeit und Sport

Die herrliche Landschaft des Jagsttals bietet eine Reihe von gut ausgeschilderten, reizvollen Wanderrouten in unterschiedlicher Länge durch intakte Landschaft mit abwechslungsreicher Fauna und Flora. Die Pfade der Stille führen vorbei an Burgen, Schlössern und malerischen Kirchen und Wallfahrtsorten hin zu wunderschönen Aussichtsplätzen. Eine Panoramareise durch die Jahrtausende rund um das prachtvolle ehemalige Zisterzienserkloster. Die Pfade der Stille sind teilweise auch sehr gut mit dem Rad zu erkunden.

Der Lehrpfad „Heilpflanzen und Kulturlandschaft" bietet auf einem 2,5 km langen Rundweg um Aschhausen mit 12 Infotafeln über die Geschichte der Kulturlandschaft und der dortigen Heilpflanzen ein Erlebnis für die ganze Familie.

Auch Radfahrer finden in Schöntal ein reiches Angebot an Tourenmöglichkeiten. Der 330 km lange beliebte Kocher-Jagst-Radweg führt durch das Gemeindegebiet.

Entlang der idyllischen Jagst findet man reizvolle unbewachte Bademöglichkeiten auf eigene Gefahr wie am Wehr beim Kloster Schöntal.

Infos über Kanufahren auf der Jagst gibt es bei der Gemeindeverwaltung sowie bei der Touristikgemeinschaft Hohenlohe.

Wichtige Adressen und Telefonnummern

Gemeinde Schöntal
Klosterhof 1, D-74214 Schöntal
Tel. +49 (0)7943 9100 0
Fax +49 (0)7943 1420
info@schoental.de
www.schoental.de

Garten des Klosters Schöntal

Gastfreundschaft an geschichtsträchtigem Ort

Bildungshaus Kloster Schöntal

Die ehemalige Zisterzienserabtei Kloster Schöntal aus dem 12. Jahrhundert im idyllischen Jagsttal ist eine der schönsten Klosteranlagen in Baden-Württemberg. Zur Anlage gehören neben der prachtvollen Barockkirche und dem imposanten Konventsgebäude mehrere Wirtschaftsgebäude und ein großer Klostergarten. Die Teilnahme an einer Führung durch die neue Abtei und die Klosterkirche lohnt sich. Im Sommer finden im Kloster eine Reihe von beliebten kulturellen Veranstaltungen des Hohenloher Kultursommers statt.

Das Konventshaus wird heute von der katholischen Diözese Rottenburg-Stuttgart als Tagungshaus genutzt. Die 19 mit modernster Technik ausgestatteten Tagungs- und Veranstaltungsräume im historischen Ambiente bieten ideale Voraussetzungen für Tagungen und Workshops, Seminare und Klausuren, Meditationen und Yoga im so genannten Haus der Stille, Chorproben und Konzertwochen sowie für Kreativworkshops wie Malen oder Trommeln. Die Katholische Erwachsenenbildung Hohenlohe bietet im Kloster ein eigenes Seminarprogramm an.

Das Team des von Stille und Kommunikation geprägten Bildungshauses verbindet alte Traditionen mit modernem Fortschritt und vermittelt Gästen das Zusammenspiel von Spiritualität und modernem Christsein in einzigartiger Atmosphäre.

In den historischen Gebäuden inmitten herrlicher Natur kann die Verbindung von Bildung und Lebensfreude unmittelbar erfahren werden. Auch für stilvolle Feiern wie Hochzeiten, Bankette oder

Familienfeste bietet das Bildungshaus einen stimmungsvollen Rahmen. Das erfahrene Team des Hauses berät gern in allen Fragen der Gestaltung.

In drei Gebäuden stehen insgesamt 88 modern eingerichtete Zimmer mit rund 150 Übernachtungsplätzen zur Verfügung.

Die Zimmer im Bildungshaus sind liebevoll restaurierte Mönchszellen, die fast alle mit Dusche/WC ausgestattet sind. Die Zimmer des etwas abseits gelegenen Hauses der Stille eignen sich für Gäste, die an Exerzitien oder Fastenwochen teilnehmen. Die teilweise mit Balkonen ausgestatteten Zimmer des Gästehauses an der Honigsteige werden gern von Feriengästen oder Wanderpilgern auf den Martinus- oder Jakobuswegen als Übernachtungsmöglichkeit gewählt. Alle 88 Zimmer sind mit W-LAN ausgestattet.

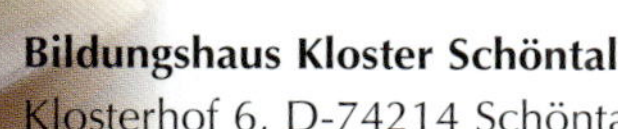

Das engagierte Küchenteam bietet anspruchsvolle regionale Küche und versorgt die Gäste bestens mit reichhaltigen Büffets. Der Tag klingt aus im Gewölbekeller „Abt Knittel“, wo man Biere und Weine des Hohenloher und Heilbronner Landes genießen kann.

Bildungshaus Kloster Schöntal
Klosterhof 6, D-74214 Schöntal
Tel. +49 (0)7943 894 0
bildungshaus@kloster-schoental.de
www.kloster-schoental.de

Waldenburg

Der Balkon Hohenlohes

Die Stadt Waldenburg (rund 3.000 Einwohner) auf einem Bergsporn in 500 Metern Höhe ist die höchstgelegene Gemeinde im Hohenlohekreis. Der staatlich anerkannte Luftkurort wird wegen der überwältigenden Aussicht auch der Balkon Hohenlohes genannt. Neben dem Hauptort besteht Waldenburg aus den kleinen Ortsteilen Obersteinbach und Sailach.

Waldenburg ist über die nahe Anschlussstelle Kupferzell der Autobahn A 6 von Heilbronn nach Nürnberg bequem zu erreichen.

Die Stadt in idyllischer Landschaft abseits von Hektik und Stress mit hoher Lebensqualität und vielfältigen Freizeitmöglichkeiten bietet ideale Bedingungen für Erholung und Entspannung. Eine Reihe von gemütlichen Gasthöfen und Hotels sorgen für angenehme Übernachtsmöglichkeiten und bieten eine anspruchsvolle Gastronomie.

Kurzer Blick ins Geschichtsbuch

Waldenburg entstand zur Stauferzeit als eine der Burg vorgelagerte Siedlung, die 1253 erstmals urkundlich erwähnt wurde. Die mittelalterliche Festung bestand aus Wehr- und Wachtürmen, umgrenzt von der Stadtmauer. 1330 wurde Waldenburg erstmals

Waldenburg
(Bild Mende)

Stadt genannt. 1553 wurde die Stadt Residenz der Fürsten von Hohenlohe-Waldenburg. Seit der Rheinbundakte von 1806 gehörte die Stadt zum Königreich Württemberg. In den letzten Tagen des Zweiten Weltkrieges wurde die Stadt stark zerstört und in den Jahrzehnten danach im historischen Gewand wieder aufgebaut.

Sehenswürdigkeiten

Ein Stadtrundgang in Waldenburg ist durch die phantastische Aussicht auf die Hohenloher Landschaft ringsum besonders reizvoll. Auf dem Spaziergang durch die Stadt kann man viele romantische Winkel mit liebevoll restaurierten historischen Gebäuden entdecken.

Mittelalterliche Befestigungsanlagen mit Stadtmauer, Wehrgang und Türmen wechseln mit erholsamen Grünanlagen.

Sehenswert sind vor allem das imposante Schloss mit Innenhof, Schlosskirche, Siegelmuseum und einem 65 Meter tiefen Brunnen, die 1594 im Renaissancestil errichtete Evangelische Stadtkirche, der 33 Meter hohe Lachnersturm, dessen Besteigung man wegen der grandiosen Rundsicht nicht versäumen sollte sowie der Marktplatz mit Rathaus im Fachwerkstil und Phönixbrunnen von Hermann Koziol, der an Zerstörung und Wiederaufbau erinnert.

An vielen Stellen auf den historischen Wegen findet man Informationstafeln zur Stadtgeschichte.

Unbedingt empfehlenswert ist die Teilnahme an einer Stadtführung oder

Lachnersturm
(Bild Tourist-Information Waldenburg)

einer Stadtwächterführung. Bei diesem besonderen Erlebnis erfahren die Teilnehmer viel Wissenswertes über Geschichte und Gegenwart von Waldenburg, Anmeldung bei der Tourist-Information.

Veranstaltungen

Höhepunkte im Waldenburger Veranstaltungskalender sind das Hohenloher Bergfest mit Ziehl-Abegg-Triathlon am dritten Juliwochenende und der Weihnachtsmarkt am dritten Adventswochenende.

Freizeit und Sport

In der reinen Luft und dem angenehmen Klima von Waldenburg und Umgebung finden Gäste in den großen Wäldern und lieblichen Tälern vielseitige Möglichkeiten für Freizeit und Erholung.

Ausgebaute, gut beschilderte Wanderwege laden zu kurzen, leichten Tagestouren ein. Neben schönen Wanderungen in den Naturschutzgebieten Rößlesmahdsee bei Goldbach sowie Obere Weide und Entlesboden zwischen Obersteinbach und dem Weiler Tommelhardt ist der aussichtsreiche Waldenburger Höhenrandweg lohnend. Er führt zum HöhenErlebnisPark Theresienberg im Westen der Stadt mit Naturerlebnispfad, Theresienberghütte, überdachter Grillhütte und Aussichtsplattform.

Ein beliebtes Ausflugsziel ist der idyllische Neumühlsee im Süden von Waldenburg mit Campingplatz, der von Wiesen und Wäldern umgeben ist. Er bietet vor allem Familien Gelegenheit für Wanderungen, Rad fahren, Angeln und Badefreuden in herrlicher Landschaft.

Waldenburg verfügt über eine Reihe von Sport- und Freizeiteinrichtungen mit Mehrzweckhalle, Tennis- und Sportplätzen, Schützenhaus und einem Hochseilgarten beim Berufskolleg in der Eichenstraße. Rund 40 lebendige Vereine in Waldenburg bieten vielfältige Möglichkeiten für sinnvolle Freizeitbeschäftigung.

Orts- und Infrastruktur

Waldenburg ist ein attraktiver Wirtschaftsstandort. Die Stadt hat Anteil am wachsenden Gewerbepark Hohenlohe direkt an der Autobahn 6, der viele Arbeits- und Ausbildungsplätze in unterschiedlichen Branchen bietet.

Für Kinder und Jugendliche sind in Waldenburg vier Kindergärten sowie eine Grundschule vorhanden. Weiterführende Schulen findet man in den nahen Städten Künzelsau, Schwäbisch Hall und Öhringen. Gute Busverbindungen führen in die umliegenden Städte.

Das Berufskolleg Waldenburg, eine staatliche Berufsfachschule für Sport- und Gymnastiklehrer und Physiotherapeuten ist in Waldenburg angesiedelt.

Das Albert-Schweitzer-Kinderdorf in Waldenburg hat seit der Gründung 1957 mehr als 500 Kindern, die nicht bei ihren Eltern leben können, für kurze oder längere Zeit ein Zuhause geboten.

Die Gesundheitsversorgung ist mit Arzt- und Naturheilpraxen und Kliniken in den umliegenden Städten gewährleistet. Einkaufsmöglichkeiten für den täglichen Bedarf sind ebenfalls vorhanden.

Wichtige Adressen und Telefonnummern

Tourist-Information Waldenburg im Rathaus
Hauptstraße 13, D-74638 Waldenburg
Tel. +49 (0)7942 108 0
Fax +49 (0)7942 108 88
stadt@waldenburg-hohenlohe.de
www.waldenburg-hohenlohe.de

Neumühlsee
(Bild Tourist-Information Waldenburg)

Besonderer Komfort für erfolgreiche Tagungen

Panoramahotel Waldenburg

In 505 Metern Höhe einen überwältigenden Weitblick über die sanft geformte Ebene bis zum Horizont genießen! Das top moderne Hotel, dessen Neueröffnung im Herbst 2018 gefeiert wird, bietet 120 komfortable Zimmer und Suiten sowie einen Wohlfühlbereich mit Saunen und Fitnesseinrichtung. Im ganzen Haus steht kostenloses Glasfaser-Highspeed-Internet zur Verfügung. Ein ganz besonderer Service sind die Ladestationen für E-Bikes und E-Autos.

Das Panoramahotel Waldenburg ist über die nahe Autobahn A 6 bequem zu erreichen – ein hervorragender Ausgangspunkt für Ausflüge ins schöne Hohenloher Land.

Gäste freuen sich über herrliche Wandermöglichkeiten sowie ein abwechslungsreiches Kulturprogramm. Im lichtdurchfluteten Restaurant mit zwei Aussichtsterrassen werden delikate Speisen aus der regionalen und internationalen Küche serviert. Ob Sonn- und Feiertagsbrunch mit der ganzen Familie oder romantisches Candle-Light-Dinner bei Kerzenschein – das Küchen- und Serviceteam zaubert immer ein besonderes kulinarisches Erlebnis.

Das Panoramahotel Waldenburg bietet mit zehn modern ausgestatteten Konferenz- und Banketträumen in verschiedenen Größen den perfekten Rahmen für Tagungen und Feierlichkeiten aller Art bis zu 450 Personen. Selbstverständlich werden die Tagungs- und Festgäste bestens mit den kulinarischen Angeboten aus der Küche versorgt. Das professionelle Veranstaltungsmanagement lässt keine Wünsche offen.

Panoramahotel Waldenburg
Hauptstraße 84
D-74638 Waldenburg
Tel. +49 (0)7942 9100 0,
Fax +49 (0)7942 9100 888
info@panoramahotel-waldenburg.de
www.panoramahotel-waldenburg.de

Rathaus Waldenburg
(Bild Tourist-Information Waldenburg)

Schloss Langenburg
(Bild Stadt Langenburg)

Landkreis Schwäbisch Hall

Landkreis Schwäbisch Hall

Dynamischer Wirtschaftsstandort mit Wachstumspotential: Ankommen und Wohlfühlen

Schöner leben - besser arbeiten: Neben dem einzigartigen Branchenmix und hervorragenden Arbeitsbedingungen bietet der Landkreis Schwäbisch Hall vor allem beste Lebensqualität für alle Generationen.

Rund 190.000 Einwohner nennen den Landkreis Schwäbisch Hall im Nordosten Baden-Württembergs ihre Heimat, dabei verteilt sich die Bevölkerung auf die beiden großen Kreisstädte Crailsheim und Schwäbisch Hall, sieben weitere Städte sowie einundzwanzig Gemeinden. Durch die geringe Bevölkerungsdichte sind weitläufige Naturlandschaften ohne Bebauung vorhanden, die den Menschen einen hohen Freizeit- und Erholungswert bieten.

Die gute Struktur der Bildungseinrichtungen, günstige Verkehrsverbindungen sowie niedrige Baulandpreise sind gleichfalls zu den Pluspunkten des Landkreises zu zählen. Davon profitieren vor allem Betriebe, die sich in der Region ansiedeln wollen, aber auch Neubürger, allen voran junge Familien. Mehrgenerationenprojekte und Seniorenangebote stehen für ein sorgloses Leben im Alter, während Medizinzentrum, Kliniken und zahlreiche Facharztpraxen für eine optimale Gesundheitsversorgung sorgen.

Als Wirtschaftsstandort mit hervorragendem Entwicklungspotenzial bietet der Landkreis den Bewohnern gute Lebens-, Bildungs- und Arbeitsbedingungen, ganz nach dem Motto:
Schöner leben - besser arbeiten!

Vellberg (Bild WFG)

(Bild Weller)

Wirtschaft und Verkehr

Die stetig wachsende Wirtschaft besteht aus einem gesunden und krisenfesten Mix aus traditionellen Betrieben und innovativen Firmen. Stark vertreten ist das verarbeitende Gewerbe, hauptsächlich tätig in der Investitionsgüterindustrie und im Maschinenbau. Wichtig sind überdies Eisen-, Blech- und Metallverarbeitung, Kfz-Zulieferbetriebe, Elektrotechnik, Holzverarbeitung, Nahrungsmittelherstellung sowie Papier- und Druckindustrie. Die Bausparkasse Schwäbisch Hall ist der größte Dienstleister im Landkreis. Der Landkreis Schwäbisch Hall ist vitaler Bestandteil der Region der Weltmarktführer. Zu dieser zählen namhafte Unternehmen wie Kärcher, die Mahle-Gruppe, Schunk, Rommelag, Bausch & Ströbel, Sigloch, die Optima-Group, Recaro und Klafs.

Die Arbeitslosenquote im Landkreis ist eine der niedrigsten in ganz Deutschland und in den letzten 20 Jahren wurde der dritthöchste Stellenzuwachs Baden-Württembergs verzeichnet. Qualifizierte Fachkräfte werden händeringend gesucht.

(Bild Haller Tagblatt)

Durch das Kreisgebiet führt die Autobahn A6 sowie am östlichen Rand die A7, eine hervorragende Verkehrsanbindung nicht nur für Unternehmen. Bahnverbindungen in alle Richtungen und der gut ausgebaute öffentliche Personennahverkehr sorgen mit Bussen für die Erreichbarkeit aller Orte im Kreis und darüber hinaus. Geschäftsreisenden steht durch den Adolf-Würth Airport in Schwäbisch Hall ganz Europa offen.

Bildung

(Bild Haller Tagblatt)

Eine der Grundlagen des wirtschaftlichen Erfolgs des Landkreises ist das breite Spektrum an Bildungsmöglichkeiten, die intensiv gefördert werden. Zukunftsfest gearbeitet wird in den beruflichen Schulen im Landkreis nicht zuletzt durch den Aufbau der Lernfabrik 4.0. Hier wurde ein vom Land Baden-Württemberg gefördertes, standortübergreifend vernetztes Produktionsnetzwerk mit innovativen heimischen Firmen aufgebaut. Es wird für die Berufsausbildung an den Schulen genutzt und im Rahmen eines Steinbeis Transferzentrums werden Angebote für die lokalen Unternehmen entwickelt.

Der Campus Schwäbisch Hall der Hochschule Heilbronn bietet bundesweit die einzigen Studiengänge Management und Vertrieb in drei Fachrichtungen Finanzdienstleistungen, Handel und Industrie an.

Freizeit und Tourismus

Der Landkreis Schwäbisch Hall ist eine ländliche Tourismusregion mit zahlreichen attraktiven, kulturgeschichtlichen Sehenswürdigkeiten, mit historischen Innenstädten, Burgen, Schlössern, interessanten Museen und der alten Reichs- und Salzsiederstadt Schwäbisch Hall als Mittelpunkt. Die abwechslungsreiche Landschaft bietet zahlreiche Erholungs- und Freizeitmöglichkeiten. Sehr beliebt sind die idyllischen Täler von Kocher und Jagst. Der 332 Kilometer lange Kocher-Jagst-Radweg ist ein Paradies für Radwanderer. Der Kocher-Jagst-Trail, ein neu angelegter 200 km langer Fernwanderweg, lässt auf zehn Etappen keine Wünsche offen. Ein Teil führt durch das romantische Naturschutzgebiet Unteres Bühlertal mit seinen vielen seltenen Naturschönheiten - ein echter Geheimtipp!

Gäste erwartet ein breit gefächertes gastronomisches Angebot vom zünftigen Landgasthof bis zur Sterne-Küche. Zu den Spezialitäten einer landwirtschaftlichen Direktvermarktung gehören unter anderem das Schwäbisch-Hällische Landschwein, Schafskäse oder ein süffiges Bier der heimischen Brauereien. Die gut ent-

(Bild Haller Tagblatt)

wickelte touristische Infrastruktur hält eine große Auswahl an Übernachtungsmöglichkeiten bereit, vom Sternehotel bis zum Urlaub auf dem Bauernhof.

Das reichhaltige Veranstaltungsprogramm im Landkreis ist geprägt von unzähligen beliebten Märkten, Festen und kulturellen Highlights.

Wirtschaftsförderung

Unterstützung in allen Lebenslagen und individuelle Beratungsleistungen finden die Menschen bei der Wirtschaftsförderungsgesellschaft des Landkreises Schwäbisch Hall. Persönliche Beratung in Sachen Klimaschutz, Energiesparen im Haushalt, beim Bauen und Modernisieren des Eigenheims und der Fördermittelberatung bieten die Energieberater vom energieZENTRUM. Fachkräfte werden durch informative Veranstaltungen, z.B. die FrauenWirtschaftsTage oder durch zielgruppenorientierte Webportale unterstützt. Bei der Berufsorientierung junger Menschen in der Region hilft das Onlineportal „jobs4young.com", das Portal für Praktika, Freiwilligendienste und Ferien- oder Nebenjobs im Kreis. Die „Best Ager", die sich noch nicht zum „alten Eisen" zählen, finden neue Aufgaben auf „Arbeit-und-Rente.de", die Jobbörse für Personen in Rente und für Zuverdienste.

Leben und arbeiten im Landkreis Schwäbisch Hall: Hier wird Wirklichkeit, wovon andernorts nur geträumt werden kann. Ziel ist es, die vielfältigen Möglichkeiten des Landkreises in Zukunft noch weiter auszubauen und die Lebensqualität aller Generationen noch weiter zu verbessern.

Wichtige Adressen und Telefonnummern

Wirtschaftsförderungsgesellschaft des Landkreises Schwäbisch Hall mbH
Münzstr. 1
D-74523 Schwäbisch Hall
Tel. +49 (0)791 755 7238
Fax +49 (0)791 755 7399
info@wfgsha.de
www.wfgsha.de

Blaufelden

Die Gemeinde mittendrin

Rathaus und Kirche (Bilder Gemeinde Blaufelden)

Die Marktgemeinde Blaufelden (rund 5.300 Einwohner) im Nordosten Baden-Württembergs besteht aus dem Hauptort Blaufelden und den ehemals selbständigen Gemeinden Billingsbach, Gammesfeld, Herrentierbach, Wiesenbach und Wittenweiler mit insgesamt 27 Ortschaften.

Das ländlich geprägte Blaufelden liegt in einer reizvollen Landschaft mit Flusstälern, Wiesen und Wäldern mit bewegter Geschichte. Die gastfreundliche Gemeinde bietet Besuchern eine Reihe von Übernachtungsplätzen in Gasthöfen und Ferienwohnungen sowie gemütliche Einkehrmöglichkeiten.

Blaufelden ist durch die Bundesstraße 290 von Tauberbischofsheim nach Aalen an das überregionale Straßennetz angeschlossen. Vom Bahnhof der Gemeinde verkehren Züge nach Aschaffenburg und Crailsheim im 2-Stunden-Takt.

Kurzer Blick ins Geschichtsbuch

Die vermutlich im 8. Jahrhundert gegründete fränkische Siedlung Blaufelden wurde 1157 erstmals urkundlich erwähnt. Nach wechselnden Herrschaften gehört Blaufelden seit 1810 zu Württemberg. Lohnend ist die Begehung des historischen Rundwegs Blaufelden. Beginnend am Bahnhof führt der Weg vorbei am Eichamt und der ehemaligen Wasserpumpstation zu insgesamt 13 Sehenswürdigkeiten, die mit Informationstafeln erläutert werden.

Sommerlinde in Wiesenbach

Eisenbahn- und Dampfmodell-Museum

Sehenswürdigkeiten

Einen Besuch wert ist die Wehrkirche „St. Ulrich" im Hauptort mit imposantem Wehrkirchturm, Schießkammern und begehbarem Turmkranz aus dem Jahr 1423. Jeden Sonntag vor dem Gottesdienst spielt der Posaunenchor Choräle in luftiger Höhe.

Weithin bekannt ist die über 800 Jahre alte Sommerlinde in Wiesenbach mit einem Umfang von fast 10 Metern.

Für Freunde von Modelleisenbahnen hält Blaufelden ein besonderes Kleinod bereit. Das Eisenbahn- und Dampfmodell-Museum im Schulzentrum birgt faszinierende Schätze des Modellbaus und ist jeden letzten Sonntag im Monat von 13:30 bis 16:30 Uhr geöffnet.

Freizeit und Sport

Die Gemeinde Blaufelden bietet vielfältige Freizeitmöglichkeiten mit zahlreichen Freizeit- und Sporteinrichtungen und über 50 lebendigen Vereinen.

In den Landschaftsschutzgebieten Rötelbach-, Blaubach- und Roggelshäuserbachtal laden markierte Wege zu genussvollen Wanderungen ein.

Mit dem Rad kann das Gemeindegebiet auf der 7-Wälder-, der 7-Steinbrüche-, der 7-Dörfer- oder der 7-Bäche-Radtour erkundet werden.

Veranstaltungen

Höhepunkt im abwechslungsreichen Blaufeldener Veranstaltungskalender ist das überregional bekannte Hohenloher Volksfest zu Pfingsten mit Vergnügungspark, Krämermarkt und einer Messe für Energie und Umwelt.

Ebenso interessant sind der Taubenmarkt in Wiesenbach im Januar, der Kunst-Handwerker-Markt im Juli und der Weihnachtsmarkt am ersten Adventswochenende.

Wichtige Adressen und Telefonnummern

Bürgermeisteramt Blaufelden
Hindenburgplatz 4
D-74572 Blaufelden
Tel. +49 (0)7953 884 0
Fax +49 (0)7953 884 44
ZentralerPosteingang@blaufelden.de
www.blaufelden.de

Billingsbacher See

Braunsbach

Aufbruch mit Charme

Am 29. Mai 2016 erlangte die idyllische Gemeinde Braunsbach im tief eingeschnittenen Kochertal zehn Kilometer nordöstlich von Schwäbisch Hall Berühmtheit. Ein Unwetter mit schweren Überschwemmungen führte in der Ortsmitte zu verheerenden Schäden. In wenigen Stunden war so viel Regen pro Quadratmeter gefallen wie sonst in mehreren Monaten und hatte den Schlossbach und den Orlacher Bach, die in den Kocher münden, in reißende Ströme verwandelt. Sie rissen alles mit sich und hinterließen auf den Straßen mehrere Meter hohen Schutt aus Steinen, Lehm, Autos und verkeiltem Altholz. Häuser wurden beschädigt und zwei Brücken weggerissen, Strom- und Wasserversorgung funktionierten nicht mehr. Mit vereinten Kräften und großer Unterstützung ist es gelungen, in relativ kurzer Zeit die Beseitigung der Schäden durchzuführen. Heute ist Braunsbach wieder geprägt durch das romantische Ortsbild und den Charme seiner gastfreundlichen Bewohner.

Kochertalbrücke

Wahrzeichen der Gemeinde ist die von 1976 bis 1979 erbaute Kochertalbrücke beim Ortsteil Geislingen, Europas größte Stahlbetonbrücke und höchste Brücke Deutschlands. Die 1128 m lange Brücke wird von bis zu 185 m hohen Brückenpfeilern getragen. Sie gehört zur Autobahn A6, die Teil des wichtigen Verkehrswegs der Europastraße E50 zwischen Frankreich und der Ukraine ist.

Das Brückenmuseum Geislingen im Kulturhaus im Steinig vermittelt interessierten Besuchern anhand von Exponaten und Medien Einblicke in die gigantischen Ausmaße des Bauwerks und seiner Baugeschichte. Besichtigungstermine können mit dem Rathaus von Braunsbach vereinbart werden. Infos unter **www.brueckenmuseum.de**

Braunsbach
(Bilder Gemeinde Braunsbach)

Rabbinatsmuseum

Das einzigartige Rabbinatsmuseum in Braunsbach informiert über die Geschichte der jüdischen Gemeinde in Braunsbach von ca. 1600 bis 1942. Spuren des jüdischen Lebens finden sich auch bei der ehemaligen Synagoge und auf dem jüdischen Friedhof.

Mit der Ausstellung will der Förderverein des Museums die Erinnerung an die ehemaligen Mitbürger wach halten und der heutigen Generation eine Möglichkeit bieten, Geschichte anhand von Dokumenten und Medien zu erleben. Infos unter **www.rabbinatsmuseum-braunsbach.de**

Freizeit in Braunsbach

Die faszinierende Landschaft rund um Braunsbach mit Waldbergen und Flusstälern lädt zu erholsamen Wanderungen und Radtouren ein. Die Gemeinde liegt am beliebten Kocher-Jagst-Radweg. Ein besonderes Erlebnis ist eine Kanutour auf dem Kocher.

Für Urlaubsgäste stehen günstige Übernachtungsmöglichkeiten und gemütliche Gaststätten bereit.

Wichtige Adressen und Telefonnummern

Bürgermeisteramt Braunsbach
Geislinger Straße 11
D-74542 Braunsbach
Tel. +49 (0)7906 94094 0
Fax +49 (0)7906 94094 94
info@braunsbach.de
www.braunsbach.de

Erholungsgebiet Oberes Bühlertal

Das Radler- und Wanderparadies

Oberes Buhlertal
(Bilder Gemeinden Bühlertann/Bühlerzell)

„A ganz b'sonder's Flüssle" sagen die Einheimischen über die Bühler, die bei Abtsgemünd-Pommertsweiler entspringt und bei Braunsbach in den Kocher mündet. Und es stimmt, selten findet man ein landschaftlich so idyllisches Tal wie das rund 50 km lange Bühlertal. Der fischreiche Fluss windet sich durch romantische Wiesen, umgeben von großflächigen Wäldern und sonnendurchfluteten Hügeln. Weitab der großen Touristenströme können sich Wanderer und Radfahrer hier in der herrlichen Natur erholen.

Ein besonders schöner Abschnitt ist das Obere Bühlertal zwischen Bühlerzell und Bühlertann.

Ein ausgedehntes Netz an ausgeschilderten Wegen ermöglicht genussvolle Rundwanderungen oder interessante Radtouren. An fast allen Wegen sind Schutzhütten, Grillstellen und Ruhebänke zu finden. Attraktive Sehenswürdigkeiten warten an vielen Stellen auf neugierige Besucher.

Die Etappe des Bühlertalwanderweges von Bühlerzell nach Bühlertann führt zunächst Richtung Geifertshofen, wo ein Abstecher zur Schaukäserei lohnt. Nördlich geht es weiter über den Weiler Kottspiel nach Halden, wo die eindrucksvolle Tannenburg von einem Bergsporn grüßt. Der herrliche Ausblick lohnt den anstrengenden Aufstieg. Dann ist bald Bühlertann mit verschiedenen Einkehrmöglichkeiten erreicht.

Einer der schönen Rundwanderwege ab Bühlertann führt in rund 4 Std. in einem großen Bogen zum Galgenberg und weiter nach Kottspiel und Halden, wo eine Grillstelle unterhalb der Tannenburg zur Rast einlädt. Weiter geht es zu den Vetterhöfen und zurück nach Bühlertann.

Ein Beispiel für die vielen lohnenden Wanderwege ab Bühlerzell ist die etwa 3 Std. Gehzeit erfordernde Rundstrecke westlich von Bühlerzell über Geifertshofen zum Teuerzensee und der Teuerzer Sägemühle den Klingenbach entlang nach Säghalden. Über den Weiler Imberg geht es zurück nach Bühlerzell, wo gemütliche Gaststätten auf die müden Wanderer warten.

Informationen über viele weitere lohnende Wander- und Radwege sind bei den Gemeindeverwaltungen in Bühlertann und Bühlerzell erhältlich.

Wichtige Adressen und Telefonnummern

Bürgermeisteramt Bühlerzell
Heilberger Straße 4
D- 74426 Bühlerzell
Tel. +49 (0)7974 9390 0
Fax +49 (0)7974 9390 22
info@buehlerzell.de
www.buehlerzell.de

Gemeindeverwaltung Bühlertann
Hauptstraße 12
D-74424 Bühlertann
Tel. +49 (0)7973 9696 0
Fax +49 (0)7973 9696 33
gemeinde@buehlertann.de
www.buehlertann.de

Bühlertann

Das Herz des oberen Bühlertals

Bühlertann
(Bilder Gemeinde Bühlertann)

Die Gemeinde Bühlertann (rund 3.150 Einwohner) an der Bühler liegt abseits der großen Verkehrsströme etwa 15 km südöstlich der Kreisstadt Schwäbisch Hall. Neben dem Namen gebenden Hauptort besteht die Gemeinde aus den Teilorten Fronrot, Hettensberg, Halden und Kottspiel. Bühlertann ist Teil der Naturräume Schwäbisch-Fränkische Waldberge und der Hohenloher-Haller Ebene.

Aufgrund der idyllischen Landschaft, der reinen Luft, der hohen Sonnenscheindauer und der vorbildlichen Gastronomie wurde der Gemeinde 1984 das Prädikat „Staatlicher anerkannter Erholungsort" verliehen. Die liebenswerte Gemeinde zeichnet sich durch wirtschaftsstarke Betriebe mit über 1.000 Arbeits- und Ausbildungsplätzen, gute Einkaufsmöglichkeiten, aktive Vereine und hohe Lebensqualität mit vielseitigen Freizeitmöglichkeiten aus.

Ferien- und Ausflugsgäste genießen die erholsame Ruhe in der Gemeinde. Verschiedene Übernachtungsmöglichkeiten stehen zur Verfügung. Die weithin bekannten alteingesessenen

Gasthöfe sorgen mit Spezialitäten für das leibliche Wohl.

Bühlertann ist mit dem Pkw über die Landesstraße 1060 von Schwäbisch Hall nach Ellwangen gut zu erreichen.

Kurzer Blick ins Geschichtsbuch

Bühlertann wurde durch Mönche der Stöckenburg bei Vellberg gegründet. Im Jahr 1227 wurde Bühlertann erstmals urkundlich erwähnt. Durch die Lage im Grenzgebiet der Reichsschenken von Limpurg und des Klosters Ellwangen hatte Bühlertann eine wichtige Rolle im oberen Bühlertal. Die im 12. Jahrhundert erbaute Tannenburg als Sitz eines Oberamtmanns diente dem Schutz des freien Marktes Bühlertann.

Sehenswürdigkeiten

Tannenburg

Die Tannenburg ist eine gut erhaltene Schildmauerburg auf einem Bergsporn rund 1,5 km südöstlich des Ortskerns. Die Burg ist in Privatbesitz und wird als Schullandheim genutzt. Die Pfarrkirche St. Georg aus dem 13. Jahrhundert birgt eine wertvolle Pieta aus dem 15. Jahrhundert.

Freizeit und Sport

Neben den zahlreichen Rad- und Wanderwegen im Oberen Bühlertal (siehe Seite ...) verfügt Bühlertann über vielfältige Freizeiteinrichtungen. Hierzu gehören die Kleinschwimmhalle, Tennis- und Beachvolleyballplätze, die BMX-Anlage sowie Sportplätze und das Kultur- und Sportzentrum. Die über 30 Vereine bieten ein breites Programm im sportlichen, geselligen und kulturellen Bereich.

Veranstaltungen

Bühlertann ist eine bekannte Fastnachtshochburg. Das Fastnachtskomitee führt als Höhepunkt am Fasnachtssonntag einen großen Fastnachtsumzug durch, der viele Besucher anlockt.

Die Vereine in der Gemeinde sorgen mit ihren Festen und Veranstaltungen für ein abwechslungsreiches Jahresprogramm.

Der Kirchweihmarkt im Oktober und der kleine stimmungsvolle Weihnachtsmarkt am vierten Adventssonntag sind ebenfalls sehr beliebt.

Wichtige Adressen und Telefonnummern

Gemeindeverwaltung Bühlertann
Hauptstraße 12
D-74424 Bühlertann
Tel. +49 (0)7973 9696 0
Fax +49 (0)7973 9696 33
gemeinde@buehlertann.de
www.buehlertann.de

Bühlerzell

Perle des Bühlertals

Die landwirtschaftlich geprägte Gemeinde Bühlerzell (rund 2.000 Einwohner) liegt im Tal der Bühler, einem Zufluss des Kocher, zwischen Schwäbisch Hall und Ellwangen. Das zu 50% bewaldete Gemeindegebiet hat Anteil an den Naturräumen Schwäbisch-Fränkische Waldberge und Hohenloher-Haller Ebene. Zur Gemeinde gehören neben dem Hauptort die ehemals selbständige Gemeinde Geifertshofen sowie 33 Dörfer und Weiler.

2006 erhielt Bühlerzell aufgrund der landschaftlich und klimatisch günstigen Lage und der für Erholung geeignete Einrichtungen das Prädikat „staatlicher anerkannter Erholungsort".

Eine Reihe von Gasthöfen und Ferienwohnungen bieten günstige Übernachtungsmöglichkeiten.

In den gemütlichen Gaststätten und in den Hofläden wie der Dorfkäserei in Geifertshofen findet man gastronomische Vielfalt.

Bühlerzell wurde vermutlich als Rodungssiedlung von Mönchen des Klosters Ellwangen im 9. Jahrhundert gegründet.

Sehenswürdigkeiten

Neben den beiden sehenswerten Kirchen in Bühlerzell und Geifertshofen findet man im Gemeindegebiet eine Reihe von schönen Kapellen und eine Lourdes-Grotte.

Freizeit und Sport

Die Gemeinde besitzt neben der Turn- und Festhalle als Freizeiteinrichtungen ein Freibad, ein Hallenbad, drei Sportplätze und Tennisplätze sowie eine Minigolfbahn und einen Golfclub.

Die über 20 Vereine bieten vielfältige Möglichkeiten zur Freizeitgestaltung. Die Erholungsregion Oberes Bühlertal (siehe Seite 114) bietet zahlreiche Wander- und Radwanderwege in herrlicher Natur.

Bühlerzell
(Bilder Gemeinde Bühlerzell)

Geifertshofen

Veranstaltungen

Fasching hat seit über 100 Jahren in Bühlerzell Tradition. Das bunte Treiben gipfelt am Faschingssamstag in einem großen Umzug mit bis zu 20.000 Besuchern.

Zu den beliebten Festen im Jahreslauf, die mit Hilfe der aktiven Vereine veranstaltet werden, gehören das Kellerwaldfest Anfang August, das Steinbruchfest des Albvereins an Pfingsten, das Herbstkonzert der Musikkapelle sowie die Weihnachtsmärkte in Bühlerzell und Geifertshofen, die sich jährlich abwechseln.

Orts- und Infrastruktur

Bühlerzell ist mit dem Pkw über die Landesstraße Schwäbisch Hall – Ellwangen, auf halber Strecke dann nach Süden abbiegend, gut zu erreichen.

In Bühlerzell gibt es in einem Gebäude das Kinderhaus und die Grundschule für Kinder von 1 bis 10 Jahren, weiterführende Schulen gibt es in Bühlertann oder den umliegenden Städten.

Die rund 50 Handwerks- und Gewerbebetriebe in der Gemeinde mit teilweise weltweiten Geschäftsbeziehungen decken den örtlichen Bedarf weitgehend ab.

Wichtige Adressen und Telefonnummern

Bürgermeisteramt Bühlerzell
Heilberger Straße 4
D- 74426 Bühlerzell
Tel. +49 (0)7974 9390 0
Fax +49 (0)7974 9390 22
info@buehlerzell.de
www.buehlerzell.de

Crailsheim

Türme an der Jagst

Die Große Kreisstadt Crailsheim (rund 34.000 Einwohner) im Nordosten Baden-Württembergs ist die zweitgrößte Stadt im Landkreis Schwäbisch Hall und liegt zwischen Schwäbisch Hall und Ansbach. Crailsheim ist umgeben von den Landschaften der Schwäbisch-Fränkischen Waldberge, der Frankenhöhe, den Kocher-Jagst-Ebenen und der Hohenloher-Haller-Ebene. Zum Stadtgebiet gehören die Stadtteile Beuerlbach, Crailsheim, Goldbach, Jagstheim, Onolzheim, Roßfeld, Tiefenbach, Triensbach und Westgartshausen.

Die wirtschaftsstarke, familienfreundliche Stadt sorgt mit einer gelungenen Mischung aus Berufs-, Bildungs- und Freizeitangeboten für hohe Lebensqualität. Für Gäste hat Crailsheim unterschiedliche Übernachtungsmöglichkeiten für jeden Geschmack und Geldbeutel vom erstklassigen Hotel bis zur Ferienwohnung im Angebot.

Die moderne Innenstadt der kurzen Wege mit der Fußgängerzone rund um den Marktplatz und den Schweinemarktplatz bietet vielfältige Einkaufsmöglichkeiten mit Fachgeschäften und Dienstleistungsanbietern. Ein besonderer Schwerpunkt des Shopping-Angebots ist der Bekleidungsbereich von kleinen Boutiquen über Läden der bekannten Bekleidungsketten bis zu zwei großen Kaufhäusern. Zahlreiche gastfreundliche Cafés und Gaststätten laden zur gemütlichen Einkehr ein.

Wer in der warmen Jahreszeit beim Bummel durch die Innenstadt ein Klappern hört, sollte den Blick nach

Stadtansicht Crailsheim, Jagstaue mit Türmen
(Bilder Große Kreisstadt Crailsheim)

oben richten. Seit einigen Jahren haben sich zur großen Freude der Crailsheimer auf dem Nistplatz auf dem Rathausdach Störche angesiedelt. Durch die Crailsheimer Storchencam kann man die Störche auf der Crailsheimer Internetseite beobachten.

Kurzer Blick ins Geschichtsbuch

Die Stadt hat ihren Ursprung in einer fränkischen Siedlung an einem Jagstübergang aus dem 7. Jahrhundert. Erstmals urkundlich erwähnt wurde Crailsheim im Jahr 1136. Nach wechselnden Besitzern gehörte Crailsheim seit 1314 den Edelherren von Hohenlohe. 1324 wurde das Marktrecht verliehen, 1338 erfolgte die Erhebung zur Stadt. 1350 begann der Bau der Stadtmauer.

Aus dem Jahr 1379/80 stammt die Sage von den Crailsheimer „Horaffen" (Horn offen), ein Gebäck, das erfolgreich während einer Belagerung über die Stadtmauer geworfen wurde, um den Belagerern die Hoffnung zu nehmen, die Stadt auszuhungern. Zusätzlich wurden sie durch die Bürgermeisterin entmutigt, die den Angreifern auf der Mauer ihr nacktes Hinterteil entgegenstreckte, das in der Form den Horaffen entsprach. An dieses sagenhafte Ereignis erinnert der Crailsheimer Stadtfeiertag jedes Jahr am Mittwoch vor Aschermittwoch. An diesem Tag werden in Kindergärten, Schulen und Altenheimen die Horaffen aus Hefeteig verteilt.

Wasserturm

Seit 1399 gehörte Crailsheim zum Fürstentum Ansbach. Das 16. Jahrhundert war in der Stadt geprägt von einer frühen Hinwendung zur Reformation. Bereits 1522, fünf Jahre nach Luthers Thesenanschlag, wurde die erste evangelische Predigt vom Reformator Adam Weiß gehalten. Crailsheim war über Jahrhunderte eine überwiegend protestantische Stadt. Im Februar 2015 wurde Crailsheim von der Gemeinschaft Evangelischer Kirchen in Europa der offizielle Titel „Reformationsstadt Europas" verliehen. Insgesamt 62 Städte in 13 Ländern tragen diesen Titel.

Nach der Übergangsphase durch die napoleonischen Kriege gehörte Crailsheim seit 1810 zu Württemberg. Leider wurde in den letzten Wochen des Zweiten Weltkrieges die Innenstadt durch Bombenangriffe auf den strategisch wichtigen Eisenbahnknotenpunkt stark zerstört. Durch große Anstrengungen während der folgenden Jahrzehnte wurde die Stadt in modernem Gewand wieder aufgebaut.

Sehenswürdigkeiten

Diebsturm

Die wenigen erhaltenen oder nach dem Krieg wieder errichteten historischen Gebäude zeichnen sich durch ihre markanten Türme aus, die man bei einem Rundgang durch die Stadt entdecken kann.

Der Turm der 1393 geweihten Liebfrauenkapelle am Marktplatz bringt es auf beachtliche 42 Meter Höhe. Er wird überragt vom Rathausturm mit 57 Metern Höhe, dem höchsten Turm Crailsheims. Er wurde 1717 zum Gedenken an die Reformation 1517 erbaut und gilt als höchstes Reformationsdenkmal weltweit.

Der 34 Meter hohe Diebsturm gilt als ältestes erhaltenes Gebäude der Stadt. Der Zeughausturm ist einer der wenigen erhaltenen Teile der ehemaligen Stadtmauer. Der Turm der Johanniskirche von 1398 trägt fünf Glocken aus dem 17., 18. und 20. Jahrhundert.

Südwestlich der Innenstadt auf dem Bahngelände beeindruckt der mächtige Wasserturm, ein geschütztes Industriedenkmal aus dem Jahr 1912, der die Dampfloks mit Wasser aus der Jagst versorgte. Crailsheim war und ist wichtiger Bahnknotenpunkt.

Lohnend ist die rund 2-stündige Begehung des Crailsheimer Reformationsweges, der auf zwölf Stationen mit jeweils einem Kunstobjekt des Bildhauers Rudolf Kurz und einer themenbezogenen Texttafel über die Geschichte der Reformation informiert.

Die Teilnahme an einer Führung auf dem Reformationsweg ist ebenso empfehlenswert wie die Teilnahme an einer spannenden Stadtführung, die zu vielen Zeugnissen der Vergangenheit führt. Infos zu den Führungen gibt es im Bürgerbüro.

Das Städtische Museum in der Spitalstraße im ehemaligen Spital zum heiligen Geist aus dem Jahr 1400 beher-

Im Stadtmuseum

Innenstadt von oben

bergt eine hochinteressante Sammlung von Gegenständen und Dokumenten. Zu den Themengebieten der Ausstellung gehören das Heilig-Geist-Spital, die Geschichte und Kultur Crailsheims, das Handwerk in Crailsheim und die mittelalterliche Badestube.

Aufmerksamkeit verdienen die bedeutende Saiteninstrumentensammlung des in Crailsheim geborenen Geigenbauers Johann Stüber (1888-1976) und die Sammlung von Fayencen, die im 18. und 19. Jahrhundert in Crailsheim hergestellt wurden. Ergänzt wird das Museumsprogramm durch regelmäßige moderne Kunstausstellungen und museumspädagogische Angebote. Das Museum ist geöffnet mittwochs von 9-19 Uhr, samstags von 14-18 Uhr und an Sonn- und Feiertagen von 11-18 Uhr. Der Eintritt für die Dauerausstellung ist frei.

Freizeit und Sport

Die Umgebung von Crailsheim bietet Wanderern und Hobbyradlern eine reiche Auswahl an schönen Touren.

Beim Kurzausflug mit dem Rad auf den 10 km entfernten Burgberg bei Oberspeltach wird man auf 534 Metern Höhe mit einem prächtigen Ausblick belohnt. Crailsheim ist Station auf dem über 300 km langen Kocher-Jagst-Radweg, einem der schönsten Radfernwanderwege Deutschlands.

Wanderer können von Crailsheim aus einen Teil des Fränkisch-Schwäbischen Jakobswegs in Angriff nehmen. Lohnend sind auch eine Jagsttalwanderung oder der Weg die Gronach entlang zur Hammerschmiede. Crailsheim ist zudem Mitglied der „Fränkischen Moststraße“.

Am Degenbachsee

Im Sommer bietet der schön gelegene Degenbachstausee östlich vom Stadtteil Jagstheim ideale Badebedingungen. Bei freiem Eintritt stehen Duschen und WCs, Umkleidekabinen, ein Kiosk, Spielgeräte, Grillstellen und ein Beachvolleyballfeld zur Verfügung.

Auch das Freibad Maulachtal bei den Badwiesen ist in der warmen Jahreszeit ein beliebter Treffpunkt. Es bietet Sportbecken, Nichtschwimmer- und Planschbecken, Sprungplattformen und Sprungbretter, Massagebrunnen, Spielwiese, Beachvolleyball und ein SB-Restaurant.

Wer es eine Spur gemütlicher mag, kommt im Goldbachbad auf seine Kosten – das kleine Freibad im Ortsteil Goldbach ist ein wahrer Geheimtipp.

Das städtische Hallenbad in den Kistenwiesen steht Schwimmern ganzjährig offen.

In der großzügigen Saunalandschaft „parc-vital" neben dem Freibad können die Besucher sich erholen, entspannen und wohlfühlen.

Für Sporttreibende stehen eine Reihe von Sporthallen und Sportplätze zur Verfügung. Die zahlreichen Vereine in Crailsheim bieten vielfältige Möglichkeiten für sinnvolle Freizeitgestaltung vom Sport über Kultur bis zu sozialem Engagement.

Ein weiteres Freizeitangebot finden Kinobegeisterte in den fünf Vorführsälen des CINECITY in der Worthingtonstraße. Freunde des Minigolfs treffen sich von Frühjahr bis Herbst in der Minigolfanlage in der Worthingtonstraße. Sportinteressierte Besucher können zudem bei den Heimspielen der Basketballer der Crailsheim Merlins oder den Fußballerinnen des TSV Crailsheim Sport auf Spitzenniveau live erleben.

Das 2015 ins Leben gerufene Projekt „Stadtbiene" hat die Förderung der Honigbiene und der Wildbienenarten im Stadtgebiet zum Ziel. Dies soll durch den Umbau von Rasenflächen in artenreiche Blumenwiesen und andere Maßnahmen erreicht werden. Bei der Neuanlage dieser Flächen sollen echte Hohenloher Kräuter verwendet werden. Auch der stadteigene Streuobstbestand soll gefördert werden. Das Projekt wird durch eine Reihe von Vorträgen, Führungen und Exkursionen bekannt gemacht. Die Crailsheimer Imker können ihren Honig unter dem Label „Crailsheimer Stadthonig" vertreiben, erhältlich im Bürgerbüro.

Veranstaltungen

Der Crailsheimer Veranstaltungskalender ist prall gefüllt mit einem hochwertigen kulturellen Angebot von Konzerten, Tanz, Theater, Kabarett, Kunstausstellungen und literarischen Lesungen. Hierzu gehört auch das beliebte Kulturwochenende im Sommer unter freiem Himmel mit Musik, Theater, Tanz, Comedy und Kunst in der gesamten Innenstadt und im Spitalpark bei freiem Eintritt.

Zu den gut besuchten Traditionsfesten zählen das von Bürgern organisierte Lichterfest Ende August im Stadtteil Goldbach, das „Suppenfest" auf dem Schweinemarktplatz im Oktober sowie der zweitägige „Hammeltanz" an einem Sonntag und Montag Mitte Oktober im Stadtteil Onolzheim mit zwei großen Festzügen.

Der kulinarische Weihnachtsmarkt auf dem Marktplatz und rund um das

Johanneskirche

Rathaus am ersten Adventswochenende wartet mit einem breiten Angebot an Köstlichkeiten auf und bietet Genießern ein vorweihnachtliches Schlaraffenland.

Absoluter Höhepunkt im Crailsheimer Jahreslauf ist das viertägige Fränkische Volksfest, die so genannte fünfte Jahreszeit in Crailsheim, Mitte September auf dem Volksfestplatz und in der Stadt. Das seit 1841 gefeierte zweitgrößte Volks- und Heimatfest Baden-Württembergs zieht jährlich rund 400.000 Besucher an. Geboten werden zwei Festzüge, Viehprämierungen und ein Vergnügungspark auf 40.000 Quadratmetern mit rund 90 attraktiven Fahrgeschäften, Imbissständen sowie zwei großen Bierzelten. Auf dem Ausstellungsgelände neben dem Festplatz präsentieren zahlreiche Aussteller ihre Neuheiten. Ein Krämermarkt rundet das abwechslungsreiche Angebot ab. Zum Rahmenprogramm gehören Musikdarbietungen, ein großes Feuerwerk am Sonntagabend und weitere Attraktionen.

Orts- und Infrastruktur

Crailsheim ist wirtschaftlicher Mittelpunkt der Region und zentrale Einkaufsstadt für rund 120.000 Menschen. Die wirtschaftsstarken Unternehmen in Crailsheim beschäftigen über 20.000 Arbeitnehmer und Auszubildende. Einige der familiär geführten Betriebe gehören zu den Weltmarktführern in ihren Branchen. Dies gilt vor allem für den Bereich der Verpackungstechnik.

Unternehmen und Beschäftigte profitieren von den hervorragenden Verkehrsverbindungen Crailsheims. Der Bahnhof ist ein wichtiger Verkehrsknotenpunkt mit direkten Anschlüssen nach Ulm, Aalen, Nürnberg, Stuttgart, Heilbronn und Aschaffen-

Spitalgelände

burg Crailsheim ist auch Station der Intercity-Linie von Karlsruhe über Stuttgart nach Nürnberg.

Mehrere regionale Buslinien, der StadtBus Crailsheim SBC und die Verkehre des Verkehrsverbundes KreisVerkehr Schwäbisch Hall sorgen für einen sehr guten öffentlichen Personennahverkehr.

Crailsheim ist mit dem Auto über die Autobahn A 6 von Heilbronn nach Nürnberg mit der Anschlussstelle bei Satteldorf 5 km nördlich des Stadtzentrums und die A7 von Ulm nach Würzburg über die 14 km entfernte Anschlussstelle Feuchtwangen im Osten sowie über die Bundesstraße B 290 von Bad Mergentheim nach Ellwangen gut zu erreichen.

Die Stadt Crailsheim verfügt über ein breites Bildungsangebot mit zwei Gymnasien, einer Reihe von Grund- und Realschulen sowie drei Beruflichen Schulen und einem in Baden-Württemberg herausragenden Kinderbetreuungsangebot, dem sogenannten „Crailsheimer Weg".

Im Wohngebiet Hirtenwiesen werden die Bewohner mit günstiger Wärme von Deutschlands größter zusammenhängender Solarthermieanlage versorgt.

Viele Gründe also für einen Besuch der „Horaffen-Stadt".

Wichtige Adressen und Telefonnummern

Große Kreisstadt Crailsheim
Marktplatz 1 – 2
D-74564 Crailsheim
Tel. +49 (0)7951 403 0
Fax +49 (0)7951 403 1400
info@crailsheim.de
www.crailsheim.de

Einkaufen in Crailsheim

Entspannung in herrlicher Saunalandschaft

Parc vital

Am Stadtrand von Crailsheim neben dem Freibad wartet mit dem „parc vital" eine der schönsten Saunalandschaften in der Region auf erholungsbedürftige Besucher. Sie lässt mit ihren vielfältigen Wellnesseinrichtungen die Herzen von Saunafreunden höher schlagen und ist, umgeben von Wald und Wiesen, ein Fest für alle Sinne.

Zu den verschiedenen Saunen gehören das Sanarium, in dem Gäste bei sanftem Farblicht entspannen können, das Glasdampfbad mit einer Luftfeuchtigkeit von 80%, die Finnische Sauna und die Panoramasauna mit traumhaftem Ausblick, allesamt für das klassische Schwitzvergnügen, sowie die Blockhaussauna, die bei niedriger Luftfeuchtigkeit und abwechslungsreichen Aufgüssen intensives Schwitzen ermöglicht.Nach jedem Saunagang empfiehlt sich eine eiskalte, den Kreislauf anregende Dusche, danach eine kurze Abkühlung im Tauchbecken und zum Abschluss ein wärmendes Fußbad.

Ein Außenbecken, zwei Solarien und ein Bistro gehören ebenfalls zur Anlage.

Parc vital bietet außerdem besonders angenehme Ruheräume und einen Leseraum. Im Ruheparadies mit Blick auf den Saunagarten kann man die Stille genießen, im Kaminzimmer die angenehme Wärme des heimeligen Kamins. Der Meditationsraum mit angrenzender, windgeschützter Sonnen-

terrasse bietet bei jedem Wetter die Gelegenheit, alle Gedanken ziehen zu lassen und sich in die eigene Mitte zu begeben.

Im Massagebereich werden Gäste von erfahrenen Physiotherapeuten mit einem breiten Angebot von der klassischen Massage über Fußreflexzonenmassage und Klangschalentherapie bis zu ayurvedischen Ölmassage verwöhnt. Ein Mentalraum für Yoga bietet die Möglichkeit, den Saunabesuch mit der Teilnahme an einem Yogakurs zu verbinden.

parc vital die Saunalandschaft
Badwiesen 1 (beim Freibad)
D-74564 Crailsheim
Tel. +49 (0)9634 00
Fax +49 (0)9634 74
kontakt@parc-vital.de
www.parc-vital.de

Storchenweiher
(Bild Gemeinde Fichtenau)

Fichtenau

Die Gemeinde „auf den Wäldern"

Der staatlich anerkannte Erholungsort Fichtenau (etwa 4.550 Einwohner) im Nordosten Baden-Württembergs liegt zwischen Crailsheim und Dinkelsbühl. Die Gemeinde gehört zu den Naturräumen Schwäbisch-Fränkische Waldberge, Mittelfränkisches Becken und Frankenhöhe. Zur Gemeinde Fichtenau, die 1973 aus den ehemaligen Gemeinden Lautenbach, Matzenbach, Unterdeufstetten und Wildenstein gebildet wurde, gehören 26 Dörfer und Weiler.

Fichtenau ist geprägt durch die idyllische Umgebungslandschaft mit Wäldern und Weihern, die vielfältige Freizeitmöglichkeiten bietet. Durch die nahe Autobahn A 7 von Würzburg nach Ulm ist Fichtenau gut erreichbar.

In Fichtenau sorgen reine Luft, eine hohe Sonnenscheindauer und die ausgedehnten Wälder für ideale Bedingungen für einen erholsamen Urlaub. Die Gemeinde bietet Feriengästen eine Reihe von Übernachtungsplätzen vom Hotel oder Gasthof bis zur Ferienwohnung und Urlaub auf dem Bauernhof sowie gemütliche Einkehrmöglichkeiten mit abwechslungsreichen gastronomischen Angeboten.

Kurzer Blick ins Geschichtsbuch

Das Gemeindegebiet war zur Römerzeit bewaldetes Grenzland nördlich des Limes. Hier entstanden im Mittelalter Rittergüter wie Wäldershub oder Wildenstein. 1810 wurde das Gebiet dem Königreich Württemberg zugeordnet.

Sehenswürdigkeiten

Die dreiflügelige Anlage von Schloss Wildenstein stammt aus dem 16. Jahrhundert. Über das Schloss sind Spukgeschichten im Umlauf.

Blick auf Unterdeufstetten
(Bilder Gemeinde Fichtenau)

Herrliche Umgebung

Die evangelischen und katholischen Kirchen in den Ortsteilen, die in den vergangenen Jahrhunderten erbaut wurden, sind einen Besuch wert.

Die Matzenbacher Bildkapelle ist eine weithin bekannte Wallfahrtskapelle. Die 1973 neu errichtete Kapelle beherbergt ein Gnadenbild der schmerzhaften Muttergottes aus dem 18. Jahrhundert.

Matzenbacher Bildkapelle

Freizeit und Sport

Ein Netz von Radwegen und ein 120 km langes Rundwanderwegenetz in herrlicher Landschaft lassen die Herzen von Wanderern und Radfahrern höher schlagen.

Ein Beispiel für eine schöne Radtour ist die 27 km lange Tour rund um Fichtenau vorbei am Storchenweiher in Lautenbach, an der St. Anna-Kirche in Bernhardsweiler, an der Herz-Jesu-Kirche in Großenhub, an Weihern und Mühlen sowie am Läuteturm in Matzenbach.

Lohnend ist die 9,5 km lange Wanderung mit dem Highlight der Matzenbacher Bildkapelle im Wald und Besuch des verlassenen Weilers Keuerstadt.

Stimmungsvolle Feste

Eine weitere schöne Wanderung ist die 8,3 km lange Weiherwanderung „Rehe und Füchse als Begleiter" mit Besuch des Storchenweihers. Der Weg führt durch Wiesen und Wälder vorbei an zahlreichen Weihern.

Im Winter stehen bei entsprechender Witterung vier herrliche Langlaufloipen zur Verfügung.

Infos zu den Radtouren und Wanderungen unter www.fichtenau.de.

In der Gemeinde findet man Sportplätze, Tennisplätze, einen Minigolfplatz sowie eine Eisstockbahn.

Bei Familien sehr beliebt ist der Zauberwald. Wer das imposante Tor mit den wachenden Zauberern durchschreitet, begibt sich in eine andere Welt, in einen Wald voller wundersamer Geschöpfe, riesenhaften Pflanzen, Blütensesseln, Feen und Raupen, die zum Träumen und Staunen einladen. Wen beobachtet der Troll dort im Dickicht? Und die Zwerge - wohin gehen sie? Wird die Hexe erlauben, den Ring aus riesenhaften Pilzen zu betreten? Wer springt weiter, Mensch oder Tier?

Eingangstor zum Zauberwald

Spielplatz der RIESEN
(Bild Hanne Brütting)

Der benachbarte Spielplatz der RIESEN lädt mit überdimensionalen Spielgeräten wie Kletterwand, Schaukel und Balancierseil jung und alt zum Spielen, Klettern, Schaukeln und Bewegen ein.

Veranstaltungen

Die über 30 Vereine in Fichtenau bieten vielfältige Möglichkeiten zur Freizeitgestaltung.

Sie sorgen mit ihren Festen und Veranstaltungen für Abwechslung im Jahreslauf.

Weithin bekannt ist der Ostereiermarkt am Wochenende vor Ostern im Rathaus in Wildenstein.

Zum Storchenweiher in Lautenbach lockt am ersten Juliwochenende das Fest am See zahlreiche Besucher an.

Orts- und Infrastruktur

Am Ortsrand von Matzenbach liegt das großzügige Sportzentrum mit Rasen- und Tennisplätzen sowie einer Turn- und Festhalle.

Das Fichtenauer Schulzentrum mit Grundschule und Förderschule, Turn- und Festhalle sowie einem Lehrschwimmbecken befindet sich in Unterdeufstetten.

Römisch-katholische Kindergärten gibt es in Matzenbach und Unterdeufstetten, der kommunale Kindergarten „Tausendfüßler" befindet sich in Wildenstein.

In Wildenstein befindet sich außerdem das Verwaltungszentrum mit Rathaus und Bürgerhaus. Hier findet man auch die Gemeindebücherei.

Wichtige Adressen und Telefonnummern

Gemeindeverwaltung Fichtenau Wildenstein
Hauptstraße 2
D-74579 Fichtenau
Tel. +49 (0)7962 892 0
Fax +49 (0)7962 892 60
info(@)fichtenau.de,
www.fichtenau.de

Allee am Hammerweiher

Frankenhardt

Wo der Blooz besonders gut schmeckt

Schafherde bei Frankenhardt
(Bilder Gemeinde Frankenhardt)

„Was ist eigentlich ein Blooz?“, fragen Gäste, wenn sie von der Hohenloher Spezialität hören, für die Frankenhardt im Nordosten Baden-Württembergs bekannt ist. Das lässt sich am besten an einem Freitagabend herausfinden, wenn in den gemütlichen Gaststätten der idyllisch gelegenen Gemeinde, beispielsweise in den Ortsteilen Mainkling oder Brunzenberg, der Blooz serviert wird. Der Blooz, früher ein „Arme-Leute-Essen“, ist ein flacher Kuchen auf dünnem Hefeteigboden. Beim klassischen Blooz besteht der Belag aus Zwiebeln, Sauerrahm und Speck. Es sind aber viele salzige und auch süße Variationen mit Äpfeln und Zwetschgen möglich. Unbedingt probieren!

Die Gemeinde Frankenhardt liegt verkehrsgünstig im Südosten des Landkreises Schwäbisch Hall zwischen Crailsheim und Gaildorf mit lohnenden Ausflugsmöglichkeiten in Richtung Rothenburg ob der Tauber oder Dinkelsbühl. Die rund 4.850 Einwohner leben in den größeren Ortsteilen Gründelhardt, Honhardt und Oberspeltach sowie weiteren 36 Dörfern und Weilern.

Durch die vielgestaltige Landschaft der Gemeinde im Bereich des Keuperberglandes mit Feldern, Obstbaumwiesen und Heideflächen mit großer Pflanzenvielfalt fließt die Jagst.

Die wunderschöne Landschaft in intakter Natur ist ein Paradies für Wanderer und Radfahrer.

Sechs Rundwanderwege und zwei Radwege stehen zur Verfügung.

Frankenhardt hat neben sehenswerten Kirchen und Kapellen viel Interessantes zu bieten.

Ein beliebtes Ausflugsziel ist der Burgbergturm, ein Aussichtsturm des Schwäbischen Albvereins auf dem Burgberg nördlich von Oberspeltach. Der 537 m hohe Burgberg mit seinem Aussichtsturm von 28 m Höhe erlaubt einen großartigen Rundblick weit über das Hohenloher Land.

Die eindrucksvolle Quelle des Gründischen Brunnens im Speltachtal bei Gründelhardt ist ebenfalls einen Besuch wert. Im Frühjahr und Sommer finden hier evangelische Gottesdienste mit vielen Besuchern statt. An heißen Tagen ist ein Fußbad im kühlen Quellwasser des Naturkneippbeckens eine wahre Wohltat für Körper, Geist und Seele.

Burgbergturm

Morgenstimmung

Die rund 60 Hektar große Fläche der Frankenhardter Heidelandschaft wird von einem Schäfer und seinen 1.400 Schafen gepflegt. Der Schäfer bewirtschaftet einen Landschaftspflegehof, der mit Hilfe der Naturschutzverwaltung des Landes eingerichtet wurde.

Neben anderen Übernachtungsmöglichkeiten in der Gemeinde gibt es in Frankenhardt auf dem Ferienhof Bohn sogar die Möglichkeit, romantisch in einem Schäferkarren zu übernachten.

Wichtige Adressen und Telefonnummern

Gemeinde Frankenhardt
Crailsheimer Straße 3
D-74586 Frankenhardt
Tel. +49 (0)7959 9105 0
Fax +49 (0)7959 9105 99
info@frankenhardt.de
www.frankenhardt.de

Gerabronn

Stadt zum Leben, Wohnen und Arbeiten

Die Stadt Gerabronn (rund 4.300 Einwohner) im Nordosten Baden-Württembergs liegt weithin sichtbar auf einer Anhöhe in der Hohenloher Ebene. Entgegen der etwas irreführenden Bezeichnung ist die Landschaft allerdings alles andere als eben und eintönig. Tiefe Täler der Jagst und Brettach durchziehen das Muschelkalk-Plateau rund um das Stadtgebiet und prägen damit den einzigartigen Reiz dieses Landstrichs.

Zur Stadt, die in den 1970er Jahren aus den ehemals selbständigen Gemeinden Amlishagen, Dünsbach, Gerabronn und Michelbach an der Heide sowie den Ortschaften Ober- und Unterweiler gebildet wurde, gehören neben der Kernstadt 16 weitere Dörfer und Weiler. Durch die nahe Bundesstraße 290 von Bad Mergentheim nach Crailsheim und den Autobahnanschluss an die A6 in der Nachbargemeinde ist Gerabronn gut zu erreichen.

Für Gäste stehen im Stadtgebiet mehrere Ferienwohnungen und Unterkünfte zur Verfügung. Einige Gaststätten laden zur Einkehr ein.

Kurzer Blick ins Geschichtsbuch

Das Dorf Gerabronn entstand vermutlich im 10. Jahrhundert. Urkundlich erwähnt wurde es erstmals im Jahr 1226. Das Gebiet gehörte zu dieser Zeit zum Herrschaftsbereich des Bischofs von Würzburg. Zwischen 1500 und 1806 gehörte Gerabronn zum Fränkischen Reichskreis, danach zum Königreich Württemberg. 1886 erhielt Gerabronn die Stadtrechte.

Gerabronn
(Bilder Stadt Gerabronn)

Sehenswürdigkeiten

Zu den Sehenswürdigkeiten in Gerabronn gehört das Schloss Morstein im gleichnamigen Teilort.

Das Renaissanceschloss auf einem Bergsporn über der Jagst ist im Besitz der Familie von Crailsheim und kann nur von außen bewundert werden.

Burg Amlishagen

Die Burg- und Schlossanlage im Teilort Amlishagen aus dem 13. Jahrhundert mit ihrer mächtigen Schildmauer befindet sich in Privatbesitz und kann an Wochenenden von Ostern bis Ende Oktober besichtigt werden.

Freizeit und Sport

Die zahlreichen aktiven Vereine in Gerabronn bieten vielfältige Freizeitmöglichkeiten.

Gerabronn ist günstiger Ausgangspunkt für abwechslungsreiche Wanderungen und Radtouren durch die reizvolle Landschaft mit Höhen und stillen Tälern. Zur Auswahl stehen eine Reihe von angelegten Rundwanderwegen und Radwegen.

Veranstaltungen

Im Gerabronner Veranstaltungskalender findet man neben Festen und Märkten wie dem Pferdemarkt am Faschingsdienstag auch eine Reihe von attraktiven kulturellen Veranstaltungen, die mit tatkräftiger Unterstützung der Gerabronner Vereine durchgeführt werden.

Orts- und Infrastruktur

Die Stadt zeichnet sich durch eine sehr gut entwickelte Infrastruktur aus. Betreuungseinrichtungen und Bildungsmöglichkeiten für Kinder sind in drei Kindertagesstätten, der Grundschule und dem Gymnasium vorhanden.

Die Gesundheitsversorgung ist durch drei Arzt- und zwei Zahnarztpraxen, mehrere Naturheilpraxen und eine modernen Apotheke gewährleistet.

Wichtige Adressen und Telefonnummern

Stadt Gerabronn
Blaufeldener Straße 14
D-74582 Gerabronn
Tel. +49 (0)7952 604 0
Fax +49 (0)7952 604 60
stadt-gerabronn@gerabronn.de
www.gerabronn.de

Ilshofen

Stadt, Land, Flair und mehr

Die Kleinstadt Ilshofen (rund 6.500 Einwohner) mitten im Landkreis Schwäbisch Hall zwischen der Kreisstadt Schwäbisch Hall und Crailsheim liegt auf der Hochfläche der Hohenloher Ebene zwischen den Tälern von Bühler, Jagst und Kocher. Die Stadt besteht aus den ehemals selbständigen Stadtteilen Eckartshausen, Ilshofen, Obersteinach, Ruppertshofen und Unteraspach.

Ilshofen wird geprägt durch die schöne Landschaft der Umgebung mit guten Freizeitmöglichkeiten, einem ausgewogenen Verhältnis von Tradition und Fortschritt, dem lebendigen Gemeinschaftsgefühl durch die vielen aktiven Vereine und die günstige Verkehrslage mit den nahen Anschlussstellen der Autobahn A6 von Nürnberg nach Heilbronn.

Kurzer Blick ins Geschichtsbuch

Urkundlich erwähnt wurde Ilshofen erstmals im Jahr 1288. Bereits 1330 erhielt Ilshofen das Stadtrecht. Im Lauf der Jahrhunderte hatte die Stadt wechselnde Besitzer. Seit 1802 gehörte Ilshofen zum Königreich Württemberg. Die zu Ende des Zweiten Weltkrieges stark zerstörte Stadt wurde in den Nachkriegsjahren wieder aufgebaut.

Burgruine Leofels
(Bilder Gemeinde Ilshofen)

Sehenswürdigkeiten

Zu den gut erhaltenen historischen Bauten gehören einige Fachwerkhäuser wie das alte Rathaus, die 1830 errichtete Kirche St. Petronella mit einem Turm aus dem 16. Jahrhundert sowie das Stadttor Haller Torturm, in dem regelmäßig Ausstellungen regionaler Künstler und zu heimatgeschichtlichen Themen stattfinden.

Im Teilort Oberaspach verdienen die Fresken in der Kirche St. Killian, deren Ursprünge im Mittelalter liegen, Aufmerksamkeit. Auch die gut erhaltene Rokokokirche mit schöner Stuckdecke in Obersteinach-Altenberg ist einen Besuch wert.

Die um 1230 zur Zeit Kaiser Friedrich II. erbaute Burg im Teilort Loefels hoch über dem Jagsttal ist eine der bedeutendsten Burgruinen aus der Stauferzeit in Südwestdeutschland. Die für den Kaiser und sein Gefolge wichtige Burg spielte im staufischen Straßennetz eine wichtige Rolle. Seit 1976 gehört die sorgfältig restaurierte Burgruine der Stadt Ilshofen. Sie ist frei zugänglich und wird für Veranstaltungen wie Konzerte und Theater genutzt.

Hier finden seit über 30 Jahren von Ende Juni bis Mitte Juli die immer beliebter werdenden Burgschauspiele in einzigartiger Atmosphäre statt. Zum Repertoire gehören Uraufführungen historisch-regionaler Stücke und Klassiker sowie jeweils ein Theaterstück für Kinder. Nach der Aufführung am Abend klingt der Besuch mit einem gemütlichen Beisammensein am Lagerfeuer romantisch aus. Ein Besuch lohnt sich, Infos unter www.burgschauspiele.de

Freizeit und Sport

Die reizvolle Landschaft rund um Ilshofen mit romantischen Tälern bietet zahlreiche Möglichkeiten für erholsame Wanderungen und genussvolle Radtouren.

Ein schöner Radweg verbindet Kocher- und Jagsttal auf dem 22 km langen Querradweg des Kocher-Jagst-Radweges. Er beginnt in Geislingen am Kocher und führt über Ilshofen nach Kirchberg an der Jagst.

Der TSV Ilshofen ist mit 1500 Mitgliedern in 30 Abteilungen der drittgrößte Verein im Landkreis. Sporttreibenden stehen die Großsporthalle, eine 400-m-Tartanbahn und drei Fußballplätze zur Verfügung. Im Sommer bietet das Freibad im Stadtteil Unteraspach mit 50-m-Bahn und Kinderbecken willkommene Abkühlung.

Veranstaltungen

Ilshofen hat ein reichhaltiges Veranstaltungsprogramm mit Märkten, Festen und kulturellen Events. Direkt an der Autobahnanschlussstelle liegt die weithin sichtbare, imposante Rundhalle „Arena Hohenlohe“ mit rund 2.000 Sitzplätzen. Hier finden Sportveranstaltungen, Konzerte, Messen und Auktionen statt.

Ilshofener Herbst- und Töpfermarkt

In der Stadt bieten der jährliche Ostermarkt und der Ilshofener Herbst- und Töpfermarkt Ende September ein abwechslungsreiches Programm. Das Stadtfest, das alle geraden Jahre am 3. Wochenende im Juni gefeiert wird, zieht Besucher aus nah und fern an. Kulturelle Höhepunkte bieten die Kleinkunstveranstaltungen im Foyer des neuen Rathauses, und die Theateraufführungen in der Stadthalle, die in Zusammenarbeit mit der Württembergischen Landesbühne Esslingen durchgeführt werden.

In der Pfarrscheuer in Ilshofen zeigen regionale Künstler in wechselnden Ausstellungen ihre Werke.

Wegen dem besonderen Ambiente finden öffentliche und private Veranstaltungen und Feiern in der Frankschen Scheune, im Bürgerhaus Eckartshausen und in der Stadthalle Ilshofen statt.

Orts- und Infrastruktur

Ilshofen ist mit seiner guten Infrastruktur ein bevorzugter Wohnort mit hoher Lebensqualität. Das zeigen die steigenden Bevölkerungszahlen, die in den letzten 30 Jahren um rund 50 % gestiegen sind.

Der Öffentliche Nahverkehr in Ilshofen ist an den Verkehrsverbund KreisVerkehr Schwäbisch Hall angeschlossen.

Das ländliche Bildungszentrum Ilshofen in der Gartenstraße beherbergt eine Grund-, Werkreal- und Realschule sowie eine Maria-Montessori-Förderschule für lernbehinderte Kinder. In den vier Kindergärten im Grünen fühlen sich die Vorschulkinder wohl.

Die Gesundheitsversorgung ist durch drei Arztpraxen, zwei Zahnärzte und eine Apotheke gewährleistet.

Das Einkaufs- und Dienstleistungszentrum in der Stadt mit verschiedenen Geschäften sorgt für die Deckung des täglichen Bedarfs.

Ilshofen ist mit attraktiven Gewerbegebieten unmittelbar an der Autobahn ein hervorragender Gewerbe- und Industriestandort.

Für Gäste sind Unterkünfte vom erstklassigen Hotel bis zu gemütlichen Ferienwohnungen vorhanden. Zünftige Gasthöfe mit regionalen Gerichten auf der Speisekarte bereichern das gastronomische Angebot.

Wichtige Adressen und Telefonnummern

Stadtverwaltung Ilshofen
Haller Straße 1
D-74532 Ilshofen
Tel. +49 (0)7904 702 0
Fax +49 (0)7904 702 12
info@ilshofen.de
www.ilshofen.de

Kirchberg an der Jagst

Die Perle im Jagsttal

Die Stadt Kirchberg (rund 4.300 Einwohner) liegt auf einem Bergsporn über dem Tal der mittleren Jagst 12 km nordwestlich von Crailsheim, umgeben von der grünen Hohenloher Landschaft. Sie ist in die Stadtteile Gaggstatt, Hornberg, Kirchberg an der Jagst und Lendsiedel gegliedert und über die eigene Anschlussstelle der A 6 von Heilbronn nach Nürnberg sehr gut zu erreichen.

Kirchberg an der Jagst ist geprägt durch den historischen Stadtkern, der als Gesamtanlage unter Denkmalschutz steht. Feriengäste finden in und um die Stadt herum eine Reihe von gastfreundlichen Unterkünften und gemütlichen Gaststätten.

Kurzer Blick ins Geschichtsbuch

Zur Sicherung der Furt als wichtiger Jagstübergang an der Straße zwischen den Reichsstädten Hall und Rothenburg wurde im 13. Jahrhundert die Höhenburg Kirchberg errichtet. Rund um die Burg wurde eine Siedlung angelegt. 1373 erteilte Kaiser Karl IV. dem Grafen zu Hohenlohe die Erlaubnis, eine Stadt zu erbauen und zu befestigen. Zwischen 1500 und 1806 gehörte Kirchberg als Teil des Hohenloher Landes zum Fränkischen Reichskreis. Seit 1779 überspannt eine Steinbogenbrücke den Fluss.

Sehenswürdigkeiten

Das Bild der liebevoll sanierten Altstadt spiegelt die Epochen der Stadtgeschichte von der Burgsiedlung bis zum barocken Residenzort. Beim Bummel durch die Stadt kann man zahlreiche sehenswerte Baudenkmäler bewundern.

Kirchberg an der Jagst
(Bilder Stadt Kirchberg an der Jagst)

Die Burg wurde in den folgenden Jahrhunderten zum Residenzschloss mit barocken Anlagen umgebaut. Die 1731 erbaute Ev. Stadtkirche wurde nach einem Brand 1931 im Art Deco Stil umgestaltet. Überragt wird sie vom 45 Meter hohen Stadtturm aus dem Jahr 1400, dem weithin sichtbaren Wahrzeichen der Stadt.

Das Sandelsche Museum im ehemaligen Lateinschulgebäude von 1748 ist das Heimatmuseum der Stadt.

Freizeit und Sport

Die reizvolle Landschaft rund um Kirchberg ist ein Rad- und Wanderparadies. Zehn gut ausgebaute Wanderwege führen zu idyllischen Dörfern und über historische Brücken. Alle sind auf dem Stadtplan eingezeichnet, der kostenlos im Rathaus erhältlich ist. An den romantischen Ufern der Jagst findet man Ruhe und Erholung.

Veranstaltungen

Das Kirchberger Veranstaltungsprogramm präsentiert mit Kunstausstellungen und den weithin bekannten Schlosskonzerten ein reges Kulturleben. Märkte und Feste sorgen für einen abwechslungsreichen Jahreslauf. Hierzu gehören der Stadtfeiertag mit Markt am letzten Februarwochenende, der Büchermarkt am dritten Samstag im Juni, das Hofgartenfest am dritten Wochenende im Juli und der Weihnachtsmarkt am zweiten Adventswochenende.

Wichtige Adressen und Telefonnummern

Stadtverwaltung Kirchberg an der Jagst
Schloßstraße 10
D-74592 Kirchberg/Jagst
Tel. +49 (0)7954 9801 0
Fax +49 (0)7954 9801 19
info@kirchberg-jagst.de
www.kirchberg-jagst.de

Kreßberg

natürlich schön

Die Gemeinde Kreßberg (rund 4.000 Einwohner) liegt im Osten des Landkreises Schwäbisch Hall an der Landesgrenze zu Bayern. Die Gemeinde mit 33 Dörfern und Weilern wurde 1973 aus den ehemals selbständigen Gemeinden Waldtann, Marktlustenau, Mariäkappel und Leukershausen gebildet. Die „Fränkische Moststraße" verbindet Kreßberg mit den mittelfränkischen Nachbarn. Kreßberg gehört zu den Naturräumen Schwäbisch-Fränkische Waldberge, Mittelfränkisches Becken sowie Frankenhöhe. Das zwischen den Städten Crailsheim, Dinkelsbühl und Feuchtwangen liegende Gemeindegebiet ist bereits seit dem 7. Jahrhundert besiedelt.

Sehenswürdigkeiten

Einen Besuch lohnen die Wallfahrtskapelle Hohenkreßberg bei der dortigen Burgruine mit herrlichem Blick auf die Ostalb, die romanische Nikolauskapelle in Bergertshofen sowie die Marienkirche in Mariäkappel. Im Schloss Tempelhof, dem früheren Sitz der von Knöringen, ist heute eine ökologische, nachhaltig wirtschaftende Dorfgemeinschaft beheimatet.

Das Bieneninformationszentrum in Leukershausen vermittelt allerhand Wissenswertes über die Bienenzucht. Während des Sommers kann man den Imkern bei der Honiggewinnung über die Schulter schauen.

Herbststimmung bei der romanischen Dorfkirche in Leukershausen
(Bilder Gemeinde Kreßberg)

Osterbrunnen

Traditionelle Esskultur bewahrt das Kreßberger Backhaus in Leukershausen. Gruppen werden dort nach Voranmeldung zünftig mit duftendem „Blooz" und anderen regionalen Produkten aus dem Holzbackofen bewirtet. Im Rahmenprogramm „erfahren" die Gäste auf dem Planwagen Interessantes über die Bedeutung der Streuobstwiesen und der dortigen Tierwelt.

Freizeit und Sport

Die reizvolle Landschaft lädt zu ausgedehnten, genussvollen Wanderungen oder einer Radtour durch Auen und bewaldetete Höhen, vorbei an Streuobstwiesen, ein. Die E-Bikes kann man am Backhaus in Leukershausen mieten.

Im Winter laden bei günstiger Schneelage mehrere gespurte Loipen zum Skilanglauf ein und in Rudolfsberg ist dann sogar ein Schlepplift in Betrieb.

Eines der schönsten Freibäder liegt in der herrlichen Landschaft bei Bergertshofen. Das beheizte Waldfreibad lässt keine Langeweile aufkommen. Es bietet ein 50 m Schwimmbecken, ein Kinderplanschbecken mit Rutsche, eine 3 ha großen Liegewiese, Spielgeräte und ein Beachvolleyballfeld. Den Hunger und Durst kann man am Kiosk stillen.

Orts- und Infrastruktur

Kreßberg hat eine eigene regionale Produktmarke. Unter der Marke „Kreßberger Premium" werden hochwertige sortenreine Säfte und Bio-Fruchtgummis angeboten.

Für Feriengäste stehen eine Reihe von Übernachtungsgelegenheiten in Gasthöfen und Ferienwohnungen zur Verfügung. Gemütliche Gaststätten laden zur Einkehr ein.

Wichtige Adressen und Telefonnummern

Gemeinde Kreßberg
Untere Hirtenstraße 34
D-74594 Kreßberg
Tel. +49 (0)7957 9880 0,
Fax +49 (0)7957 9880 11
sekretariat@kressberg.de
www.kressberg.de

Grenzpfähle in Leukershausen

Langenburg

Kleinste Stadt in Baden-Württemberg

Auf einem Bergsporn hoch über der Jagst liegt Langenburg mit seinem imposanten Schloss. Sie ist mit rund 1900 Einwohnern die kleinste Stadt Baden-Württembergs und liegt etwa 50 km östlich von Heilbronn. Zur Stadt gehören auch die ehemals selbständige Gemeinde Bächlingen und weitere Dörfer und Weiler.

Der Luftkurort ist vor allem durch das berühmte Schloss ein beliebtes Ausflugsziel. Feriengäste finden hier ideale Bedingungen für einen abwechslungsreichen Urlaub mit attraktiven Sehenswürdigkeiten und kulturellen Veranstaltungen sowie vielfältige Freizeitmöglichkeiten in reizvoller Landschaft. Vom erstklassigen Hotel bis zur Ferienwohnung findet hier jeder Gast die passende Unterkunft. Restaurants, Gaststätten und Cafés laden zur Einkehr ein. Eine Langenburger Spezialität sind Wibele, ein kleines Biskuitgebäck.

Der Holunderzauber, ein sektähnliches Erfrischungsgtränk aus Holunderblüten wird in Bächlingen selbst hergestellt. Schaumweine aus Äpfel, Quitten und Birnen von Hohenloher Streuobstwiesen werden im Ortsteil Unterregenbach produziert und im Hofladen angeboten. Delikatessen von der Langenburger Schafskäserei können bei einer Hofführung verköstigt werden.

Langenburg ist Fairtrade-Stadt: verschiedene Verkaufsstellen, Cafes und Restaurants bieten fair gehandelte Waren an, in Bächlingen gibt es ein Fairkauflädchen.

Sehenswürdigkeiten

Die Geschichte Langenburgs ist untrennbar mit dem Schloss verbunden, dessen Ursprünge ins 12. Jahrhundert zurückreichen. Burg und Stadt wurden erstmals 1226 urkundlich erwähnt.

Seit 1253 gehörte Langenburg den Herren von Hohenlohe, die im 17. Jahrhundert die Burg zum Renaissance-Schloss umbauten. Von 1568

Jagsttal bei Bächlingen
(Bild Stadt Langenburg)

bis zur Eingliederung der Grafschaft in das Königreich Württemberg 1806 war Langenburg Residenzstadt der Grafen und Fürsten von Hohenlohe-Langenburg.

Die historische Altstadt ist unbedingt einen Besuch wert.

Die Carl-Julius-Weber-Gedenkstube im Rathaus erinnert an den hier geborenen Schriftsteller (1767-1832). Hier sind auch Bücher und Bilder der Schriftstellerin Agnes Günther ausgestellt, die von 1891-1907 in Langenburg lebte und den berühmten Roman „Die Heilige und ihr Narr" verfasste.

Die Löchnerschmiede ist eine vollständig erhaltene Huf- und Wagenschmiede aus der Zeit vor der Elektrifizierung der Arbeitsmaschinen. Der örtliche Geschichts- und Kulturverein bietet Führungen und Besichtigungstermine an. Bei Ausgrabungen in Unterregenbach wurden bedeutende frühe Sakralbauten entdeckt. Grabungsfunde, die Grundmauern und die freigelegte Krypta können in einer eindrucksvollen Führung besichtigt werden.

Hauptstraße
(Bild Ernst Engels)

Stadttor
(Bild Ernst Engels)

Freizeit und Sport

Langenburg liegt am Kocher-Jagst-Radweg und bietet lohnenswerte Wanderwege in der nahezu unberührten Natur. Gut ausgeschilderte Rundwanderwege und die „Pfade der Stille" führen in idyllische Teilorte und zu Zeugnissen der Vergangenheit.
Zu den Höhepunkten des Langenburger Veranstaltungskalenders zählt der Ostermontagsmarkt, die „Jagsttal Wiesen Wanderung" Mitte Mai, Konzerte des Hohenloher Kultursommers, die Fürstlichen Gartentage am ersten Septemberwochenende und die Langenburger Herbsttage am 1. Oktoberwochenende.

Wichtige Adressen und Telefonnummern

Fremdenverkehrsamt Langenburg
Hauptstraße 15
D-74595 Langenburg
Tel. +49 (0)7905 9102 0
Fax +49 (0)7905 491
post@langenburg.de
www.langenburg.de

Das fürstliche Ausflugsziel für die ganze Familie

Schloss Langenburg

Die Ursprünge von Schloss Langenburg, Stammsitz des Adelshauses Hohenlohe hoch über der Jagst, reichen bis in die Stauferzeit zurück. Im 17. Jahrhundert wurde die Burg zu einem weitläufigen Residenzschloss umgebaut, das heute zu den beliebtesten Ausflugszielen Hohenlohes gehört.

Mit Schlossmuseum, Deutschem Automuseum, Waldkletterpark und Schlosscafé im Rosengarten bietet Schloss Langenburg etwas für jeden Geschmack und jedes Alter. Zu den Veranstaltungshighlights gehören Konzerte im Rahmen des Hohenloher Kultursommers und die Fürstlichen Gartentage. Letztere finden immer am ersten Septemberwochenende statt und zählen mit ihrem umfangreichen Rahmenprogramm zu den schönsten Gartenmessen Süddeutschlands.

Schlossmuseum

Im Rahmen einer Führung erleben Besucher hautnah die Geschichte des noch heute bewohnten Schlosses und erfahren manches über die verwandtschaftlichen Verbindungen des Hauses Hohenlohe-Langenburg zum europäischen Hochadel, insbesondere zum englischen Königshaus.

Besichtigt werden unter anderem der prachtvolle Renaissance-Innenhof und der Barocksaal. Für Gruppen oder Schulklassen gibt es verschiedene Führungen in historischem Gewand.

Automuseum

Das 1970 von Fürst Kraft zu Hohenlohe-Langenburg und dem Motorsportjournalisten und Rennfahrer Richard von Frankenberg eröffnete Deutsche Automuseum ist eines der ersten Automuseen in Deutschland. Nicht nur technisch interessierten Besuchern wird unter dem Motto „Menschen, Autos & Geschichte" viel Wissenswertes über die ausgestellten Oltimer und die Geschichte des Automobilbaus vermittelt.

Waldkletterpark Hohenlohe

Ein spannendes Abenteuer wartet im Waldkletterpark des Schlosses auf sportliche Gäste. In einzigartiger Lage bieten acht verschiedene Kletterparcours Anfängern und Fortgeschrittenen Herausforderungen auf Wackelbrücken, Seilrutschen und vielen anderen Elementen sowie ein eindrucksvolles Naturerlebnis hoch oben in den Wipfeln der Bäume. Zuschauer können das Treiben auf der Panoramaterrasse des Blockhauses verfolgen.

Schlosscafé im Rosengarten

Nach einem erlebnisreichen Schlossbesuch können die Besucher auf der Sonnenterrasse des Schlosscafés Kaffee und Kuchen genießen und den Blick über das idyllische Jagsttal schweifen lassen.

Tagesaktuelle Öffnungszeiten:
www.schloss-langenburg.de
www.waldkletterpark-hohenlohe.de

Schloss Langenburg
Schloss 1
D-74595 Langenburg
Tel. +49 (0)7905 94190 34
Fax +49 (0)7905 94190 66
museum@schloss-langenburg.de
www.schloss-langenburg.de

Erholen und genießen mit herrlicher Aussicht

Hotel-Restaurant Krone Langenburg

Herzlich Willkommen im Hotel Krone in bester Lage in Langenburg. Es bietet ideale Bedingungen für einen erholsamen Urlaub in einer historischen Altstadt mitten in reizvoller Landschaft. Die malerische kleine Stadt Langenburg auf einem Hügel oberhalb des idyllischen Jagsttales ist ein beliebter Ferienort und durch das berühmte Schloss ein attraktives Ausflugsziel.

Das Hotel verfügt über sieben gemütliche Komfortzimmer und zwei großzügige Panoramazimmer mit tollen Ausblicken ins Jagsttal, die mit Flachbild-TV und W-LAN ausgestattet sind. Auch im Panoramarestaurant inklusive Sonnenterrasse können die Gäste die herrliche Aussicht genießen. Serviert werden leckere Speisen, hergestellt aus frischen Zutaten der Region und ausgesuchte Weine aus den Weinbaugebieten Hohenlohe-Franken. Ein Veranstaltungsraum mit Platz für 28 Personen steht für Festlichkeiten zur Verfügung.

Frisch gestärkt durch ein reichhaltiges Frühstück mit Blick auf den Sonnenaufgang können Gäste ihre Unternehmungen starten. Das Hotel ist günstiger Ausgangspunkt für Ausflüge zu den Sehenswürdigkeiten der Region, für Wanderungen und Radtouren.

Langenburg liegt am 330 km langen Kocher-Jagst-Fernwander-Radweg, einer der schönsten Radwege in Baden-Württemberg. Nach einem erlebnisreichen Tag gibt es nichts Schöneres als den abendlichen Genuss eines köstlichen Essens auf der Sonnenterrasse mit Blick auf das Jagsttal.

Hotel-Restaurant Krone

Hauptstr. 24, D-74595 Langenburg, Tel. +49 (0)7905-941770, Fax 9417728

info@krone-langenburg.de, www.krone-langenburg.de

Langenburg
(Bild Schloss Langenburg)

Mainhardt

Luftkurort am Limes

Der Luftkurort Mainhardt (rund 6.000 Einwohner) ist als westlichste Gemeinde im Landkreis Schwäbisch Hall etwa 15 km von der Kreisstadt entfernt. Mainhardt mit dem Mainhardter Wald gehört zum Naturpark Schwäbisch-Fränkischer Wald. Der Obergermanisch-Raetische Limes, der auf der Welterbeliste der UNESCO aufgeführt wird, verläuft durch das Gemeindegebiet. Zur Gemeinde gehören neben dem namengebenden Mainhardt die früher selbständigen Gemeinden Ammertsweiler, Bubenorbis, Geißelhardt und Hütten mit insgesamt 50 Dörfern und Weilern.

Das in einer Höhe von rund 500 Metern liegende Mainhardt wird geschätzt als Naherholungsgebiet in idyllischer Landschaft mit zahlreichen Freizeitmöglichkeiten. Es ist durch die Bundesstraße 14 von Schwäbisch Hall oder Stuttgart gut zu erreichen.

Die ländliche Gemeinde verfügt über eine moderne Infrastruktur mit Kindergärten, Schule, Arztpraxen, guten Einkaufsmöglichkeiten und nicht zuletzt touristischen Einrichtungen.

Für Gäste stehen vielfältige Übernachtungsmöglichkeiten in Hotels, Gasthöfen und Ferienwohnungen zur Verfügung. Die gastronomischen Betriebe laden mit abwechslungsreichen Angeboten und regionalen Spezialitäten zur Einkehr.

Kurzer Blick ins Geschichtsbuch

Das Mainhardter Gebiet war Teil der Römischen Grenzanlage des Obergermanischen Limes, der im Jahr 150 ein letztes Mal nach Osten vorgeschoben

Römermuseum und Schlössle
(Bilder Gemeinde Mainhardt)

Limesturm

wurde. Zur Grenzanlage gehörte ein großes Kastell in Mainhardt mit starker Besatzung, dessen Außenmauern weitgehend erhalten geblieben sind. Nach dem Rückzug der Römer im Jahr 260 verfiel der Grenzwall.

Urkundlich erwähnt wurde Mainhardt erstmals im Jahr 1027. Im Mittelalter war Mainhardt dank einer schwefelhaltigen Quelle, die noch heute das Mineralfreibad speist, als Bad sehr beliebt. Mainhardt an der Grenze von Franken und Schwaben erlebte im Lauf der Jahrhunderte wechselnde Besitzer. Weithin gefürchtet war im 18. Jahrhundert eine Räuberbande, die im Mainhardter Wald ihr Unwesen trieb.

Sehenswürdigkeiten

Das „Schlössle" im Ortszentrum, ehemaliges Jagdschloss der Fürsten zu Hohelohe-Bartenstein, beherbergt heute das Römermuseum, das mit interessanten Fundstücken über die Römerzeit in Mainhardt informiert. Das Museum ist vom 1. Mai bis 3. Oktober an Sonn- und Feiertagen von 14.00 bis 16.00 Uhr und nach Vereinbarung geöffnet.

Deutlich erkennbare Spuren der Limes-Trasse findet man am ausgeschilderten Limes-Wanderweg. Nördlich des Weilers Seehäuser dient der öffentlich zugängliche Nachbau eines römischen Wachtturms als beliebtes Wanderziel.

An der B 14 am Orteingang von Mainhardt findet man einen weiteren Hinweis auf die Römerzeit – eine Limes-Rekonstruktion mit Palisaden, Wall und Graben. Daneben kann man das Jahrhundertfenster zur Haller Landhege, der Grenze des Terriroriums der

Glasbläserbrunnen

Reichsstadt Schwäbisch Hall, bewundern. Dargestellt ist ein Grenzübertritt, der sogenannte „Schlupf", durch den lebensgroße Figuren der Mainhardter Räuber schreiten. Auf beeindruckende Weise werden hier gleich zwei wichtige historische Grenzen gezeigt.

Auf dem Marktplatz erinnert die moderne Skulptur des Glasbläserbrunnens von Hermann Koziol an die Glasindustrie im Mittelalter, die die Besiedlung des Mainhardter Waldes gefördert hat.

Die Evangelische Kirche in Mainhardt mit der Altarwand „predigende Steine", die Wehrkirche „St. Margarethen" in Bubenorbis mit Wendelinsaltar und die neoromanische Kirche in Geißelhardt sind einen Besuch wert.
Sehenswert ist auch das Pahl-Museum im Ortsteil Gailsbach, in dem Werke des Malers und Architekten Manfred Pahl (1900 -1994) gezeigt werden. Er hat das Gebäude von 1975 bis 1983 mit eigenen Mitteln errichtet. Das Museum ist vom 1. Mai bis 3. Oktober samstags von 13.00 bis 17.00 Uhr, an Sonn- und Feiertagen von 11.00 Uhr bis 17.00 Uhr geöffnet.

Freizeit und Sport

Der Mainhardter Wald ist mit 220 km Wanderwegen ein Paradies für Wanderer und Radfahrer. Eine Reihe von markierten Rundwanderwegen unterschiedlicher Länge führen durch die herrliche Landschaft. Sie sind in der Wanderbroschüre „Wandern im magischen Dreieck" beschrieben, die beim Bürgermeisteramt erhältlich ist. Im Winter werden bei entsprechenden Schneeverhältnissen Langlaufloipen gespurt.

Fuxi-Naturerlebnispfad

Für Familien empfiehlt sich die Erkundung des „Fuxi-Naturerlebnis-Pfads", der auf zwei Teilstrecken mit insgesamt 10 km Länge an 19 Stationen Spaß, Spiel und Information bietet. Die Mainhardter Gaststätten laden mit dem Fuxi-Teller für hungrige Wanderer zu einem günstigen Familienpauschalpreis zur Einkehr.

Ein besonders schönes Erlebnis ist die Teilnahme an einer Planwagenfahrt durch die romantische Waldlandschaft.

Das beheizte Mainhardter Mineralfreibad gehört zu den schönsten Freibädern der Region.

Außer einem 50 m Schwimmbecken mit Sprungturm und Wellenrutsche sowie Planschbecken für Kleinkinder verfügt das Bad über eine große Liegewiese mit Schatten spendenden Bäumen, sanitäre Anlagen, ein Beachvolleyballfeld und einen Biergarten.

Veranstaltungen

In Mainhardt gibt es über 40 aktive Vereine und Organisationen, die mit ihren Festen und Veranstaltungen zum abwechslungsreichen Jahresprogramm in der Gemeinde beitragen. Hierzu gehören unter anderem das Backofenfest, das Kastellfest und das Sommerfest der Hüttener Feuerwehr.

Der beliebte Mainhardter Krämer-, Vieh- und Schweinemarkt, der jedes Jahr am 8. August stattfindet, bietet mit rund 120 Marktständen eine große Auswahl an Angeboten. Auch der stimmungsvolle Weihnachtsmarkt am Samstag vor dem 1. Advent zieht zahlreiche Besucher an.

Lohnend ist der Besuch einer Aufführung der Mainhardter Laienschauspieler, die im Sommer unter freiem Himmel beim Gögelhof die Geschichte der Räuber vom Mainhardter Wald aufführen. Termine unter www.laienschauspiel-mainhardt.de

Wichtige Adressen und Telefonnummern

Bürgermeisteramt Mainhardt
Hauptstraße 1
D-74535 Mainhardt
Tel. +49 (0)7903 9150 0
Fax +49 (0)7903 9150 50
rathaus@mainhardt.de
www.mainhardt.de

Mineralfreibad

Michelbach an der Bilz

Attraktive Gemeinde am Fuße der Limpurger Berge

Michelbach an der Bilz ist eine immer noch ländlich strukturierte Gemeinde, welche am Rand der Limpurger Berge, 5 km südlich der Kreisstadt Schwäbisch Hall liegt. Die Gesamtgemeinde hat ca. 3.500 Einwohner. In den vergangenen drei Jahrzehnten hat hier eine rasante Entwicklung stattgefunden. Mehrere Baugebiete wurden erschlossen, Hallen gebaut sowie Grün- und Sportanlagen geschaffen. Der ländliche Charakter macht den liebenswerten Charme des Ortes aus. Hier hat ehrenamtliches Engagement in Vereinen und Organisationen, Nachbarschaftshilfe sowie allgemein ein gutes Miteinander noch einen hohen Stellenwert. Für die Michelbacher ist die Gemeinde die schönste im Landkreis Schwäbisch Hall.

Sehenswürdigkeiten

Die wohl bekannteste Sehenswürdigkeit ist das Michelbacher Schloss, in dem heute das evangelische Schulzentrum mit Internat untergebracht ist. Der Schlossbau dürfte um 1618 weitgehend fertig gestellt gewesen sein.

Der von Hermann Koziol gestaltete Schenkenbrunnen ziert den Platz vor der Rudolf-Then-Halle. Das Kunstwerk wurde der Bürgerschaft der Gesamtgemeinde von den Michelbacher Gipswerken gestiftet. Die einzelnen Motive des Brunnenrings zeigen wichtige Abschnitte aus der Entwicklung der Gemeinde, die 426 Jahre lang unter der Herrschaft der Schenken von Limpurg gestanden hat.

Michelbach an der Bilz
(Bilder Gemeinde Michelbach/Bilz)

Michelbacher Schloss

Freizeit und Sport

Eine Vielzahl an Vereinen in Michelbach sorgt dafür, dass für jeden Geschmack etwas dabei ist, um aktiv am Gemeindeleben teilzunehmen.

Für Wanderfreunde bietet die Gemeinde Michelbach reizvolle Wanderwege an, welche in Zusammenarbeit mit dem Schwäbischen Albverein und dem Naturpark entwickelt worden:
1. Bilzweg:
Länge 7,5 km, 221 Höhenmeter
2. Von Michelbach zum Einkorn:
Länge 10,5 km, 234 Höhenmeter
3. Schenkenbecher-Weg:
Länge 10,5 km, 260 Höhenmeter

Der Hausberg „Bilz" punktet mit einem herrlichem Rundblick und dem Naturdenkmal der drei Linden. Verschiedene Naherholungseinrichtungen wie z.B. der Aussichtspunkt „Jakobsruhe" mit Feuerstelle und Waldspielplatz bieten Freizeitspaß für die ganze Familie.

Für Radwanderer ist in der Gemeindeverwaltung ein Radwegflyer mit sechs attraktiven Tourenvorschlägen erhältlich. Für den „crossbegeisterten" Radler wurde in Gschlachtenbretzingen sogar ein Pump Track eingerichtet.

Den Gästen stehen neben Ferienwohnungen auch zwei kostenlose Wohnmobilstellplätze bei der Rudolf-Then-Halle zur Verfügung.

Veranstaltungen

Höhepunkte im Michelbacher Veranstaltungskalender sind das Bretzinger Gartenfest, das Feuerwehrfest, das Osterbrunnenfest, das Klingenwegfest, das Pfarrgartenfest, das Backhäuslefest, die Maibaumfeste in den jeweiligen Teilorten, der 3-Berge-Cup, der Schloss-Cup, sowie der kleine, aber feine Weihnachtsmarkt am ersten Adventswochenende im Michelbacher Schloss und die Bretzinger Dorfweihnacht.

Wichtige Adressen und Telefonnummern

Bürgermeisteramt Michelbach/Bilz
Hirschfelder Str. 13
D-74544 Michelbach/Bilz
Tel. +49 (0)791 93210 0
Fax +49 (0)791 93210 50
info@michelbach-bilz.de
www.michelbach-bilz.de

Schenkenbrunnen

Michelfeld

Natur und Kultur im Einklang

Blick auf Michelfeld (Fotos Gemeinde Michelfeld)

Die Gemeinde Michelfeld (rund 3.800 Einwohner) liegt ca. fünf Kilometer westlich der Kreisstadt Schwäbisch Hall. Die Gemeinde gehört zu den Naturräumen Schwäbisch-Fränkischer Wald und der Hohenloher Ebene. Zur Gemeinde mit insgesamt 34 Dörfern und Weilern gehören die Ortsteile Michelfeld, Gnadental, Rinnen, Neunkirchen, Witzmannsweiler und Büchelberg.

Michelfeld ist durch die günstige stadtnahe Lage und die herrliche Natur der Umgebung ein begehrter Wohnort in Hohenlohe. Auch Gäste fühlen sich in der Gemeinde wohl. Übernachtungsmöglichkeiten sind in Gasthöfen und Ferienwohnungen vorhanden. Die Gaststätten laden mit gastronomischer Vielfalt zur Einkehr.

Sehenswürdigkeiten

Einige sehenswerte Kirchen in der Gemeinde warten auf interessierte Besucher.

In Michelfeld beeindruckt die Peter und Paul Kirche, innerhalb eines mauerumwehrten Friedhofs (Wehrkirchenanlage) mit Ursprüngen aus dem 13. Jahrhundert. Die Johanneskirche in Neunkirchen aus dem 14. Jahrhundert zeigt Reste eines Freskos und ein Kruzifix von kulturgeschichtlicher Bedeutung.

Das 1245 gegründete Nonnenkloster Gnadental ist ein beeindruckendes Zeugnis der Zisterzienser Baukunst.

Oberhalb des Baierbacher Hofs an der Landesstraße 1046 verläuft ein Teilstück der 200 km langen Haller Landhege, die früher das Gebiet der Reichsstadt Schwäbisch Hall umschloss. Hier ist nach historischem Vorbild die Rekonstruktion eines Grenzdurchlasses in Form einer sogenannten „Falle" errichtet. Infos unter www.haller-landhege.de

Freizeit und Sport

Michelfeld ist Ausgangspunkt für viele lohnende Radtouren und Wanderungen in der naturreichen Umgebung. Eine Reihe von Rundwanderwegen bieten prächtige Ausblicke in die abwechslungsreiche Landschaft, interessante Sehenswürdigkeiten und Einkehrstationen. Hierzu gehört die 8,5 km lange Tour „Höhenluft und Ausblick", die am Dorfbrunnen Rinnen beginnt oder die 10 km lange Route „Wald und Weiher", die in Gnadental startet.

Besonders lohnend ist Historic Walking auf dem acht Kilometer langen Kulturlandschaftspfad ab Ausgangspunkt Baierbach. An 17 Stationen wird mit Schautafeln über die Landschaftsgeschichte informiert; immer begleitet von der kleinen Nonne Helena (www.kulturlandschaftspfad.de).

Die aktiven Vereine in Michelfeld bieten vielfältige Freizeitmöglichkeiten für alle Interessen in jedem Alter.

Wichtige Adressen und Telefonnummern

Rathaus Michelfeld
Haller Straße 35, D-74545 Michelfeld
Tel. +49 (0)791 97071 0
Fax +49 (0)791 97071 30
info@michelfeld.de, www.michelfeld.de

Jahrhunderfenster - Haller Landhege

Obersontheim

Zentrum im Oberen Bühlertal

Die Gemeinde Obersontheim (rund 5000 Einwohner) liegt zwischen der Kreisstadt Schwäbisch Hall und Ellwangen. Zur Gemeinde gehören Ober- und Untersontheim sowie Mittel- und Oberfischach. Das Gemeindegebiet mit den naturbelassenen Tälern der Bühler und der Fischach erstreckt sich von den Ellwanger Bergen im Osten bis zu den Limpurger Bergen im Westen.

Kurzer Blick ins Geschichtsbuch

Die Geschichte Obersontheims wurde durch die fortschrittlich gesinnten Schenken von Limpurg geprägt, die von 1541 bis 1713 Schloss, Rathaus und Kirche im historischen Ortskern bauten, für den Ort das Marktrecht erwirkten und soziale Einrichtungen wie ein Waisenhaus und ein Spital errichteten.

Sehenswürdigkeiten

Das Schloss Obersontheim aus dem 16. Jahrhundert liegt auf einer Anhöhe mitten im Zentrum von Obersontheim. In der Nähe des Schlosses am Rathausplatz steht die 1586 erbaute Evangelische Pfarrkirche. Sie beherbergt kunsthistorisch bedeutende Gräber der Schenken von Limpurg.

Freizeit und Sport

Obersontheim ist umgeben von den reizvollen Naherholungsgebieten des Bühler- und Fischachtals mit attraktiven Wander- und Fahrradwegen.

Schloss Obersontheim
(Bilder Gemeinde Obersontheim)

Hospitalgebäude

Die Bühlertalschwimmhalle liegt zwischen Obersontheim und Bühlertann. Die Gemeinde verfügt über mehrere Sportplätze sowie über eine Tennisanlage und eine Schießanlage des Schützenvereins. Die über 30 aktiven Vereine in Obersontheim bieten Freizeitmöglichkeiten für jeden Geschmack und tragen mit ihren Festen und Veranstaltungen zum abwechslungsreichen Jahresprogramm bei.

In der historischen Koppenmühle in der Haller Str. 14 wird ein breites Kulturprogramm geboten mit klassischer Musik, Jazz, Kabarett und vielem mehr.

Orts- und Infrastruktur

Obersontheim ist mit Auto gut zu erreichen. Hier kreuzen sich die zwei Landesstraßen von Crailsheim nach Gaildorf und von Schwäbisch Hall nach Ellwangen.

In der Schenk-Friedrich-Schule ist die Grundschule untergebracht. In Obersontheim und den Teilorten stehen ausreichend Betreuungsplätze für Kinder ab dem 1. Lebensjahr zur Verfügung.

In Obersontheim stehen mehr als 2.600 Arbeitsplätze und eine große Anzahl an Ausbildungsplätzen zur Verfügung. Dies liegt vor allem an der Ansiedlung der Weltfirma Kärcher in Obersontheim, die über 1300 Mitarbeiter beschäftigt.

Wichtige Adressen und Telefonnumern

Bürgermeisteramt
Rathausplatz 1
D-74423 Obersontheim
Tel. +49 (0)7973 696 0
Fax +49 (0)7973 696 13
info@obersontheim.de
www.obersontheim.de

Rathaus

Rosengarten

Stadtnah in reizvoller Landschaft

Die Gemeinde Rosengarten (rund 5.100 Einwohner) im Landkreis Schwäbisch Hall liegt zwischen den Städten Gaildorf und Schwäbisch Hall im Naturpark Schwäbisch-Fränkischer Wald.

Die Gemeinde, deren Name sich auf eine alte Landschaftsbezeichnung bezieht, entstand 1972 aus den zuvor selbstständigen Gemeinden Westheim, Uttenhofen mit Raibach und Tullau sowie Rieden mit Sanzenbach.

Westheim ist mit über 2.500 Einwohnern der größte und älteste Ortsteil von Rosengarten. Bereits im Jahr 788 wurde Westheim anlässlich einer Schenkung urkundlich erwähnt.

Rosengarten liegt am Kocher sowie am Kocherzufluss Bibers und gehört zu den Naturräumen Schwäbisch-Fränkische Waldberge und Hohenloher-Haller Ebene.

Die Gemeinde zeichnet sich aus durch die Vielfalt der sozialen und kulturellen Einrichtungen mit dem Schwerpunkt Familien und Kinder, die verkehrsgünstige Lage an der Bundesstraße B 19 von Schwäbisch Hall nach Gaildorf, durch ein reges Vereinsleben sowie die reizvolle Landschaft mit zahlreichen Freizeitmöglichkeiten.

Sehenswürdigkeiten

Die Gemeinde ist reich an sehenswerten Kirchen und Kapellen.

Die spätgotische, evangelische Marienkirche in Rieden wurde von 1436 bis 1469 als Wallfahrtskirche erbaut. Die prächtige Innenausstattung mit eindrucksvollem Hochaltar und Seitenaltar von 1510 sowie wertvolle Fresken aus dem 16. Jahrhundert sind von kunsthistorischer Bedeutung. Seit 1927 gehört die Kirche zu den Baudenkmälern in Württemberg.

Einen Besuch wert sind auch die weithin sichtbare evangelische Martinskirche von 1848 in Westheim mit Kirchhofkapelle aus dem 15. Jahrhundert, die 1516 errichtete Si-

Landturm

gismundkapelle in Uttenhofen sowie die Wolfgangskirche in Tullau von 1476 mit wertvollem Altar aus dem 16. Jahrhundert.

Auf keinen Fall versäumen sollte man einen Besuch des rekonstruierten Landturms mit „Zeitenfernrohr“ als Teil der 2015 errichteten „Jahrhundertfenster“ der historischen Haller Landhege. Man erreicht den Turm von Uttenhofen kommend auf der Landesstraße 1054, indem man der Ausschilderung folgt. Von der Plattform des neuen Turms hat man eine grandiose Aussicht bis zu den bewaldeten Höhenzügen der Limpurger Berge, des Mainhardter Waldes und der Waldenburger Berge.

Die rund 200 km lange, 1478 erstmals urkundlich erwähnte Haller Landhege mit bewachten Türmen umschloss bis 1802 das Gebiet der Reichsstadt Schwäbisch Hall. In den umliegenden Gemeinden Mainhardt, Michelfeld und Oberrot sind weitere Jahrhundertfenster und Infostationen (www.hallerlandhege.de) eingerichtet, die viel Wissenswertes über die Geschichte der Region und die seltene städtische Grenzbefestigung vermitteln.

Beim Bergwerk Wilhelmsglück, in dem im 19. Jahrhundert Salz gefördert wurde, erinnert der Stolleneingang, eine Lore und die sanierte, denkmalgeschützte Fußgängerbrücke über den Kocher an diese Zeit.

Schloss Tullau
(Bilder Gemeinde Rosengarten)

Freizeit und Sport

Am Wanderparkplatz vor dem Kochersteg in Wilhelmsglück östlich von Uttenhofen beginnen drei schöne ausgeschilderte Rundwanderwege von 2 bis 3 Stunden Länge mit teils prächtigen Ausblicken. Infos über diese und weitere lohnende Wandertouren auf www.rosengarten.de oder im Rathaus.

Rosengarten verfügt auch über gut angelegte Radwege in idyllischer Landschaft. Die Gemeinde liegt am beliebten über 300 km langen Kocher-Jagst-Radweg und am Jakobs-Pilgerweg.

Nach einer Rad- oder Wandertour bietet das Freibad Rieden willkommene Abkühlung mitten im Naturpark.
In der Gemeinde findet man zahlreiche Sport- und Spielplätze, ein Beachvolleyballfeld, eine Boulebahn, eine Skaterbahn beim Jugendhaus in Westheim und weitere Freizeiteinrichtungen.

Die über 40 lebendigen Vereine in Rosengarten bieten neben einem breiten sportlichen Angebot eine Reihe von Möglichkeiten zu sinnvoller Freizeitgestaltung vor allem im Bereich der Brauchtumspflege. Zu den ältesten Vereinen gehören die vier Gesangvereine und Liederkränze.

Veranstaltungen

Die Vereine in Rosengarten beteiligen sich aktiv an den zahlreichen Festen im Jahreslauf.

Hierzu gehören das Blooz- und Mostfest, das alle paar Jahre von der Dorf-

Kochersteg Wilhelmsglück

gemeinschaft Raibach gefeiert wird, der Rosengartentag, die Leistungsschau der Gewerbetreibenden und das Kultur- und Bürgerfest, die beide im Wechsel alle drei Jahre veranstaltet werden, und viele mehr.

Der Weihnachtsmarkt rund um die Westheimer Martinskirche am ersten Advent zeichnet sich durch eine familiäre und besonders heimelige Atmosphäre aus.

Orts- und Infrastruktur

Die Gemeinde Rosengarten bietet eine hohe Lebensqualität mit dem Vorzug des naturnahen Wohnens in Stadtnähe. Die Wirtschaftsstruktur besteht aus einer Mischung von Handwerk, Landwirtschaft, Gewerbe, Handel und Dienstleistungsbetrieben.

In den großen Ortsteilen Westheim und Uttenhofen bestehen Einkaufsmöglichkeiten für den täglichen Bedarf mit Apotheke, Bäckereien, Metzgereien, Lebensmittelmärkten, Friseur, Banken und Getränkehandlung.

Kapelle Westheim

Marienkirche Rieden

Die Gesundheitsversorgung in der Gemeinde ist durch zwei Allgemeinärzte und einen Zahnarzt sowie durch das Diakonie-Klinikum im nahen Schwäbisch Hall gewährleistet.

In Westheim gibt es eine Grundschule, die Schüler der weiterführenden Schularten besuchen Schulen in Schwäbisch Hall.

Für Gäste stehen in Rosengarten drei Gasthöfe mit Übernachtungsmöglichkeit sowie ein Café und urige Bistros teils mit Biergarten zur Verfügung.

Wichtige Adressen und Telefonnummern

Gemeinde Rosengarten
Hauptstraße 39
D-74538 Rosengarten
Tel. +49 (0)791 95017 0
Fax +49 (0)791 95017 27
gemeinde@rosengarten.de
www.rosengarten.de

Rot am See

Standort des größten Jahrmarkts in Hohenlohe-Franken

Die Gemeinde Rot am See (rund (5.300 Einwohner) liegt im östlichen Teil der abwechslungsreichen Hohenloher Ebene nördlich von Crailsheim. Zu Rot am See mit insgesamt 34 Dörfern, Weilern und Höfen gehören die 1972 eingemeindeten Orte Beimbach, Brettheim, Hausen am Bach und Reubach.

Über die Bundesstraße B 290 von Tauberbischofsheim nach Crailsheim ist die moderne, aufstrebende Gemeinde gut zu erreichen. Rot am See ist durch einen Bahnhof der Taubertalbahn an das regionale Schienennetz von Crailsheim nach Wertheim angeschlossen.

Gastfreundliche Unterkünfte in Hotels und Ferienwohnungen und ein breites gastronomisches Angebot sorgen für zufriedene Gäste.

Kurzer Blick ins Geschichtsbuch

Rot wurde 1139 erstmals urkundlich erwähnt. Der Ort gehörte im Mittelalter zum Herzogtum Franken. Den Namen verdankt Rot am See einem im 14. Jahrhundert angelegten Stausee des Seebachs nahe der Seemühle, der 1757 wieder trockengelegt wurde. Ab 1810 gehörte Rot am See zum Königreich Württemberg.

Die „Muswiese“
(Bilder Gemeinde Rot am See)

Sehenswürdigkeiten

Heimatmuseum

Das liebevoll gestaltete Heimat- und Bauernmuseum in der alten Dorfschule in Reubach lohnt einen Besuch. Es ist jeden ersten Sonntag im Monat von 14:00 bis 17:00 Uhr geöffnet. Das Museum zeigt eine Sammlung von bäuerlichem Mobiliar, ländlichem Hausrat und historischen Gebrauchsgegenständen.

Freizeit und Sport

Das großzügig ausgebaute Wander- und Radwegenetz rund um Rot am See lädt zu ausgedehnten Touren auf Wald-, Feld- und Wiesenwegen durch die reizvolle Landschaft ein.

Der für geringes Entgelt bei der Gemeindeverwaltung erhältliche Rad- und Wanderführer „Rund um Rot am See" beschreibt 17 interessante Touren.

Veranstaltungen

Der Veranstaltungskalender von Rot am See bietet ein vielfältiges Kulturprogramm, Vereinsfeste, sportliche Wettbewerbe und Märkte.

Höhepunkt des Jahres ist die seit dem 15. Jahrhundert traditionelle „Muswiese" im Weiler Musdorf, ein fünftägiger riesiger Jahrmarkt im Oktober, der weithin bekannt ist und alljährlich zigtausende Besucher anzieht, die das einzigartige Ambiente aus Brauchtum und modernem Zeitgeist genießen. Das Fest mit rund 280 Marktständen und 200 Ausstellern gilt als das größte Freilichtkaufhaus Süddeutschlands. Neben einem bunten Programm sorgen kulinarische Spezialitäten aus der Region, ein Vergnügungspark und musikalische Unterhaltung in der Festhalle für einen abwechslungsreichen Besuch.

Radweg am Seebach

Wichtige Adressen und Telefonnummern

Bürgermeisteramt Rot am See
Raiffeisenstraße 1
D-74585 Rot am See
Tel. +49 (0)7955 381 0
Fax +49 (0)7955 381 55
info@rotamsee.de
www.rotamsee.de

Satteldorf

Viel Luft zum Leben

Hammerschmiede
(Bilder Gemeinde Satteldorf)

Satteldorf (rund 5.400 Einwohner) ist eine Gemeinde im Osten des Landkreises Schwäbisch Hall. Die Gemeinde entstand 1974 durch Zusammenschluss der ehemaligen Gemeinden Ellrichshausen, Satteldorf und Gröningen mit insgesamt 31 Dörfern und Weilern. Satteldorf liegt an der Jagst auf der Hohenloher Ebene etwa 4 km nördlich von Crailsheim. Im Osten grenzt die Gemeinde an den Trauf der Frankenhöhe. Satteldorf ist durch die eigene Anschlussstelle der Autobahn A 6 von Heilbronn nach Nürnberg sowie die B 290 gut zu erreichen.

Satteldorf wird geprägt durch die abwechslungsreiche Landschaft der Umgebung mit romantischen Tälern, Burgen und Schlössern. Für Feriengäste stehen in der Gemeinde eine Reihe von Gasthöfen mit vielfältigen gastronomischen Angeboten zur Verfügung.

Sehenswürdigkeiten

Zu den sehenswerten Kirchen in der Gemeinde gehören die 1285 erstmals erwähnte Nikolauskirche im Hauptort Satteldorf, die Johanneskirche in der Ortsmitte von Ellrichshausen und die St. Kilian Kirche in Gröningen.

Einen eindrucksvollen Anblick bietet die „Anhäuser Mauer", ein 20 Meter hoher und 10 Meter breiter Überrest des Klosters Anhausen aus dem 15. Jahrhundert auf freiem Feld an der Kreisstraße von Bölgental nach Wallhausen.

Anhäuser Mauer

Die Schlösser in Gröningen und im Weiler Burleswagen sind in Privatbesitz.

Die 1804 erbaute Hammerschmiede mit Einkehrmöglichkeit im reizvollen Gronachtal ist als technisches Kulturdenkmal ein wichtiges Beispiel des Übergangs vom Handwerk zur industriellen Fertigung. Sie kann von April bis Oktober täglich außer montags von 10 bis 18 Uhr besichtigt werden. Führungen mit Schmiedevorführung sind nach Anmeldung unter Tel. +49 (0)7951 4700-14 möglich.

Ein Saisonhöhepunkt ist das beliebte Hammerschmiedefest am letzten Sonntag im August.

Der 1998 errichtete Heinzenmühlensteg über die Jagst ist als Fußgängersteg in überdachter Holzbauweise eine besondere Sehenswürdigkeit.

Freizeit und Sport

Wanderer und Radfahrer finden ein ausgedehntes Wegenetz durch die idyllische Landschaft. Eine Rad- und Wanderkarte ist gegen geringes Entgelt im Rathaus Satteldorf erhältlich.

Im Winter ist bei entsprechender Witterung eine Langlaufloipe gespurt. Der Eislaufweiher in Ellrichshausen wird von Groß und Klein gern genutzt.

Das Freibad in Satteldorf ist ein großes, beliebtes Familienfreibad mit beheiztem Schwimmbecken, einem neuen Kinderplanschbecken mit Rutsche und großer Liegewiese.

Die Vereine in Satteldorf sorgen mit einem breiten Angebot für vielfältige Möglichkeiten in der Freizeitgestaltung. Der Sportverein Gröningen-Satteldorf ist mit rund 1.600 Mitgliedern einer der größten Vereine im Landkreis.

Wichtige Adressen und Telefonnummern

Gemeinde Satteldorf
Satteldorfer Hauptstraße 50
D-74589 Satteldorf
Tel. +49 (0)7951 4700 0
Fax +49 (0)7951 4700 90
gemeinde@satteldorf.de
www.satteldorf.de

Freibad

Schrozberg

Kleinstadt mit hoher Lebensqualität

Schrozberg (ca. 5.750 Einwohner) in der Hohenloher Ebene ist die nördlichste Gemeinde im Landkreis Schwäbisch Hall. Eine vielseitige Kulturlandschaft mit sehenswerten Schlössern, Burgen und geschichtlich interessanten Städten reiht sich um die Stadt. Die Stadt umfasst mit den sieben ehemals selbständigen Gemeinden Bartenstein, Ettenhausen, Leuzendorf, Riedbach, Schmalfelden, Schrozberg und Spielbach insgesamt 52 Dörfer und Weiler.

Schrozberg ist durch die nahe Bundesstraße B 290, die Autobahnausfahrten der A6, A7 und A81 an das überregionale Straßennetz angeschlossen.

Verkehrslandeplätze gibt es in Niederstetten und Schwäbisch Hall. Außerdem liegt Schrozberg an der Bahnstrecke Crailsheim-Lauda-Wertheim.

Sehenswürdigkeiten

Das im 16. Jahrhundert erbaute Schloss Schrozberg ist heute Verwaltungssitz und Kulturzentrum mit Stadtbücherei und schöner Parkanlage.

Die Evangelische Kirche in Schrozberg, die 1614-1617 erbaut wurde, zeigt im Innenraum schwarzweiß ausgemaltes, dreidimensional wirkendes Roll- und Beschlagwerk aus der Renaissancezeit sowie sechs Grabdenkmäler.

Der Teilort Bartenstein ist ein einmaliges Beispiel einer geplanten, rein barocken Kleinresidenz. Die historische Ortsanlage mit Schloss, Barockkirche

Schrozberg mit Schloss
(Bilder Stadt Schrozberg)

Riedbacher Tor

und Hofgarten ist einen Besuch wert. Ein Rundweg erschließt den Ort mit Haustafeln an den Gebäuden. Sie erläutern die wechselvolle Entwicklung Bartensteins. Führungen sind auf Anfrage möglich.

Die 1785 erbaute Barockkirche in Ettenhausen sowie eine Reihe von Kirchen in den Dörfern von Schrozberg sind ebenfalls sehenswert.

Freizeit und Sport

Die reizvolle Umgebung von Schrozberg bietet auf rund 120 km ausgebauten Rad- und Wanderwegen vielfältige Möglichkeiten für die genussvolle Erkundung der Naturschönheiten und Sehenswürdigkeiten der Landschaft. Die Wege sind durch die beiden Jakobswege, die Wanderwege des Schwäbischen Albvereins und viele weitere Wander- und Radwege an das überörtliche Wegenetz angeschlossen.

Schrozberg bietet viele Freizeitmöglichkeiten und die zahlreichen Vereine in Schrozberg und den Ortsteilen ermöglichen verschiedenartige Gelegenheiten für sinnvolle Freizeitgestaltung.

Besuchern in Schrozberg stehen Übernachtungsmöglichkeiten in Gasthöfen und Ferienwohnungen zur Verfügung. Für das leibliche Wohl sorgt die örtliche Gastronomie mit gutbürgerlicher Küche und regionalen Gaumenfreuden.

Veranstaltungen

Zu den Höhepunkten im Schrozberger Veranstaltungsprogramm gehören neben den kulturellen Veranstaltungen im Schloss Schrozberg der Ostermarkt in Bartenstein, das Jacobi-Sommerfest im Juli, das Sommerfest mit Kunsthandwerkermarkt in Leuzendorf im August und der festlich geschmückte Weihnachtsmarkt rund um das Schrozberger Schloss am dritten Adventswochenende.

Wichtige Adressen und Telefonnummern

Stadt Schrozberg
Krailshausener Str.15
D-74575 Schrozberg
Tel. +49 (0)7935 707 0
Fax +49 (0)7935 707 50
info@schrozberg.de
www.stadt-schrozberg.de

Marktplatz

Schwäbisch Hall

Geschichte auf Schritt und Tritt

Die Stadt Schwäbisch Hall (rund 39.000 Einwohner) am Kocher etwa 70 km nordöstlich von Stuttgart ist größte Stadt und Kreissitz im Landkreis Schwäbisch Hall. Die Stadt mit einer der schönsten historischen Altstädte Süddeutschlands zieht viele Besucher an. Wer sich auf dem Marktplatz mit den prächtigen historischen Gebäuden umsieht, fühlt sich in frühere Jahrhunderte zurückversetzt.

Die Besichtigung der Sehenswürdigkeiten lässt sich ideal mit einem Einkaufsbummel durch die zahlreichen Fachgeschäfte und Boutiquen in der autofreien Altstadt verbinden. Straßencafés und gutbürgerliche Gaststätten laden zur Einkehr ein. Weitere Einkaufsmöglichkeiten mit zahlreichen Geschäften findet man im Kocherquartier oder in den Einkaufszentren der Stadt.

Für Gäste ist ein breites Angebot an Übernachtungsmöglichkeiten vom erstklassigen Hotel bis zur Ferienwohnung vorhanden.

Schwäbisch Hall ist mit dem Pkw über die Anschlussstelle der A6 von Heilbronn nach Nürnberg und die Bundesstraßen 14 von Stuttgart nach Nürnberg und B 19 von Ulm nach Würzburg gut zu erreichen.

Kurzer Blick ins Geschichtsbuch

Der Name Hall ist ein typischer Ortname der Salzgewinnung, die in der Region bereits in vorchristlicher Zeit von den Kelten an einer Salzquelle betrieben wurde. Die erste urkundliche Erwähnung stammt aus dem Jahr 1156. Hall entwickelte sich unter den Staufern zur bedeutenden Stadt und

Rathaus bei Nacht
(Bilder Achim Mende)

St. Michael

wurde 1280 Reichsstadt. Von der Blütezeit im 15. und 16. Jahrhundert zeugen viele gut erhaltene Gebäude in der Altstadt. Der Reformator Johannes Brenz, der seit 1522 Prediger an St. Michael war, führte 1523 in der Reichsstadt die Reformation ein. Bis ins 19. Jahrhundert blieb die Stadt rein protestantisch. 2015 erhielt Schwäbisch Hall die Auszeichnung „Reformationsstadt Europas".

Seit 1934 heißt die Stadt offiziell Schwäbisch Hall.

Sehenswürdigkeiten

Die Vielfalt der malerischen Altstadt erlebt man am schönsten bei einer öffentlichen Stadtführung, Infos bei der Tourist-Information. Dort können sich Gäste einen Audioguide ausleihen, mit dem man in eigenem Tempo die Stadt erkunden kann. Wegweiser und Erklärungstafeln an den historischen Gebäuden helfen beim Rundgang.

Ausgehend vom eindrucksvollen Marktplatz gibt es in der alten Salzsiederstadt mit Türmen, zahlreichen Treppen, überdachten Holzbrücken und mittelalterlichen Gassen viel zu entdecken.

Das Wahrzeichen der Stadt ist die 1156 geweihte Kirche St. Michael am Marktplatz mit vielen wertvollen spätmittelalterlichen Kunstwerken, die dank des Reformators Johannes Brenz von einem Bildersturm verschont blieben.

Freunde alter Meister sind begeistert von der kulturhistorisch bedeutenden Sammlung Würth von Altarbildern in der profanierten Johanniterkirche im Weiler 1, die bei freiem Eintritt dienstags bis sonntags von 11 bis 17 Uhr geöffnet ist.

Nicht versäumen sollte man einen Besuch des Hällisch-Fränkischen Museums für Stadtgeschichte im Keckenhof, das sich über sieben historische Gebäude erstreckt. Es vermittelt mit zahlreichen Exponaten interessante Einblicke in die Geschichte und Kultur der Stadt. Öffnungszeiten dienstags bis sonntags von 10 bis 17 Uhr bei freiem Eintritt.

Sulfersteg und Neubausaal

Kunsthalle Würth

Liebhabern moderner Kunst sei die Kunsthalle Würth in der Langen Straße 35 empfohlen. In wechselnden Ausstellungen werden Werke aus der Sammlung des Unternehmers Reinhold Würth gezeigt. Sie ist täglich von 10 bis 18 Uhr bei freiem Eintritt geöffnet.

Das Hohenloher Freilandmuseum im Stadtteil Wackershofen ist ein Museumsdorf mit über 70 originalgetreu wieder aufgebauten Gebäuden, die einen Eindruck von ländlicher Kultur in der Vergangenheit vermitteln.

Einen Besuch wert ist auch das Kloster Großcomburg in der Hessentaler Straße hoch über dem Kochertal in Sichtweite der Stadt. Die imposante Klosteranlage birgt wertvolle Kunstschätze und ist ein Kulturdenkmal von europäischem Rang. Sie kann im Rahmen von Kurzführungen besichtigt werden.

Freizeit und Sport

Schwäbisch Hall bietet vielfältige Möglichkeiten zur Freizeitgestaltung, die rund 60 lebendigen Sportvereine bieten ein abwechslungsreiches Programm.

Die schönste Art, Stadt und Umgebung kennen zu lernen, ist eine Wander- oder Radtour.

Zahlreiche ausgeschilderte Radwege laden zur genussvollen Erkundung ein. Schwäbisch Hall ist Station auf dem über 300 km langen Kocher-Jagst-Radweg, der vom AFDC mit 4 Sternen ausgezeichnet wurde. Infos unter www.kocher-jagst.de

Sibilla-Egen-Haus

Johanniterkirche und Fachwerkhäuser

Wanderern steht eine große Auswahl an schönen Rundwanderwegen zur Verfügung. Lohnend ist auch die Wanderung auf einem Abschnitt des Kocher-Jagst-Trails. Infos unter www.kocher-jagst-trail.de

Badespaß und Erholung bieten das Freizeitbad Schenkensee mit Rutschen, Sprungturm und weiteren Attraktionen sowie das Solebad an der Weilerwiese mit Salzgrotte und Wellness-Einrichtungen.

Veranstaltungen

Höhepunkt des reichhaltigen Veranstaltungsprogramms in Schwäbisch Hall mit hochwertigen Konzerten, Ausstellungen und kulturellen Events sind die weithin bekannten Freilichtspiele auf der großen Freitreppe vor St. Michael von Mitte Juni bis Ende August mit verschiedenen Theateraufführungen.

Eine Reihe von Festen und Märkten sorgen für einen abwechslungsreichen Jahresablauf. Hierzu gehören das Kuchen- und Brunnenfest an Pfingsten, der Jakobimarkt Ende Juli, das Sommernachtsfest Ende August und der 4-wöchige Weihnachtsmarkt auf dem historischen Marktplatz.

Wichtige Adressen und Telefonnummern

Tourist-Information
Stadt Schwäbisch Hall
Am Markt 9
D-74523 Schwäbisch Hall
Tel. +49 (0)791 751 246
Fax +49 (0)791 751 397
ebtouristik.service@schwaebischhall.de
www.schwaebischhall.de

Auf der Großen Treppe

Freilichtspiele Schwäbisch Hall

Auf einer der außergewöhnlichsten Bühnen der Welt finden seit dreiundneunzig Jahren Aufführungen der Freilichtspiele Schwäbisch Hall statt.

Von Juni bis August finden sich über 50.000 begeisterte Zuschauer jährlich auf dem historischen Haller Marktplatz am Fuße der Großen Treppe zur Kirche St. Michael ein, um die einmalige Theateratmosphäre zu genießen. Die Treppe hat vierundfünfzig Stufen, eine Höhe von acht Metern und eine Breite von bis zu achtundvierzig Metern. Bei den Aufführungen beweisen die engagierten Schauspieler*innen, dass man auf einer Treppe sogar Fußball spielen und tanzen kann.

Hier werden große Klassiker der Weltliteratur ebenso gezeigt wie attraktive Musicals und eigens für Schwäbisch Hall entwickelte Theaterproduktionen. So stehen zum Beispiel 2018 ein Stück von Schiller, eine Komödie, ein Tanzmusical und eine Revue auf dem Programm.

Meilenstein in der Geschichte der Freilichtspiele ist 2019 die Eröffnung des „Neuen Globe" im Park am Fluss Kocher, einer zweiten einzigartigen Spielstätte im Herzen der Stadt.

Das neue Freilichttheater verbindet Elemente des berühmten Shakespeare-Theaters in London und des griechischen Amphitheaters. Durch ein verschließbares, transparentes Dach kann sogar bei Regen und im Winter gespielt werden.

Die idealen Sichtverhältnisse im Theaterrundbau ermöglichen dem Publikum auf allen Plätzen des säulenfreien Zuschauerraums eine große Nähe zu den Darsteller*innen. Die dreistöckige Bühne erlaubt ausgefallene Bühnenbilder und unterschiedliche Arten der

Aufführung. Über eine großzügige Außenbühne öffnet sich das Neue Globe zum Park hin und lädt zu vielfältigen Veranstaltungen ein.

Die Zuschauer werden im Eingangsbereich des Foyers in angenehmem Ambiente bewirtet. Die Bühne im ersten Stock kann als oberes Foyer und Aufenthaltsraum mit prachtvollem Blick auf den Kocher umfunktioniert werden: ein idealer Ort für außergewöhnliche Events. Durch den temperierbaren Innenraum sind Proben, Vorstellungen und externe Vermietung zu jeder Jahreszeit möglich. Dadurch ist das alle zwei Jahre im April durchgeführte große Internationale Jugendtheaterfestival Schwäbisch Hall und die Produktion eines Kinderstücks in der Weihnachtszeit im neuen Theater möglich.

Freilichtspiele Schwäbisch Hall e.V.

Im Haal 14
D-74523 Schwäbisch Hall
Tel. +49 (0)791 943084 0
Fax +49 (0)791 943084 11
info@freilichtspiele-hall.de
www.freilichtspiele-hall.de

Entspannung pur in der Wellnessoase am Kocher

Solbad Schwäbisch Hall

In der alten Salzsiederstadt Schwäbisch Hall findet man neben dem Ringhotel Hohenlohe am Ufer des Kochers eine erstklassige Wellness-Einrichtung, die auf das Beste alles vereint, was der Gesundheit, dem Wohlbefinden und der Entspannung dient: das Solbad Schwäbisch Hall.
Gesundheit und Wohlgefühl, Entspannung, sogar Schönheit – viele Menschen schwören auf die positive Wirkung der Haller Sole – und das Solebad sitzt direkt an der Quelle. Die 2500 m² große Wellness-Oase mit Solebad und Sauna-Erlebniswelt steht deshalb allen offen, die etwas für ihre Gesundheit tun wollen. Das Angebot mit drei Innenbecken, einem Kneippbecken und einem Erlebnisfreibad (29°) im Sonnengarten mit Barfußpfad bietet ein breites Spektrum an Anwendungsmöglichkeiten.

Die Haller Sole hat einen Salzgehalt von 3,5 bis 4 % und birgt eine Schatzkammer an Mineralien. Sie macht die Haut samtweich, spendet Feuchtigkeit, stärkt die Abwehrkräfte, regt den Stoffwechsel an, ist gut für die Bronchien, für Gelenke, Knochen und das Nervenkostüm.
Die Luftperlbank im Vital-Rundbecken, die Massagedüsen im Sitzsprudelbecken und die Unterwassermusik im Bewegungsklangbad gehören zu den Attraktionen des Bades.
Ein zusätzliches Angebot ist die kostenlose Wassergymnastik unter fachlicher Anleitung, die Vitabar im Erdgeschoss lädt zu einer Badepause mit zuckerfreien Natursäften und gesunden Speisen wie Rohkostteller oder

Müsli ein. Auch Kuchen ist im Angebot. Für Abwechslung im Badeerlebnis sorgt ein Besuch der Sauna-Erlebniswelt, die über zwei Stockwerke verteilt acht verschiedene Saunen mit unterschiedlichen Düften und Temperaturen sowie ein Kalttauchbecken bietet. Beliebt ist die Panoramasauna unterm Dach mit freiem Blick auf die Altstadt.

In der Teelounge im 1. OG können sich die Saunagänger gratis mit frischem Kräutertee versorgen. Dazu werden leichte Snacks zum Verkauf angeboten. In den Salzgrotten des Solebads kann man 45 Minuten lang in eine warme Decke gehüllt bei leiser Musik im warmen Licht der Salzlampen die wohltuende Wirkung der Inhalation von bakterienfreier, ionisierter Salzluft genießen und dabei herrlich entspannen.

Insgesamt 60 Tonnen reines Natursalz, verteilt auf rund 120 m^2, liefern einen wahren Schatz an wertvollen Mineralstoffen. Mit jedem Atemzug inhaliert der Besucher diese Mineralstoffe. Die Salzluft lindert vielfältige Beschwerden wie Allergien, Bronchitis oder Hauterkrankungen und aktiviert die Selbstheilungskräfte. Besuchstermine in der Salzgrotte nur nach Voranmeldung – Terminvereinbarung über das Solebad. Infos über die Öffnungszeiten der verschiedenen Einrichtungen findet man im Bad oder auf der Internetseite.

Solebadbesucher parken kostenlos im Parkhaus Weilerwiese.

Zusätzliche Wellnessanwendungen wie Beauty, Klang- und Entspannungsmassagen bietet das benachbarte Ringhotel Hohenlohe. Terminvereinbarung am Solebad-Empfang.

Solbad Schwäbisch Hall

Weilerwiese 7
D-74523 Schwäbisch Hall
Tel. +49 (0)791 7587 130
Fax +49 (0)791 7587 84
info@solebad-hall.de
www.solebad-hall.de

Zeitreise in die frühere bäuerliche Welt

Hohenloher Freilandmuseum

Wie sah der Alltag der Menschen in vergangenen Jahrhunderten aus ohne Strom und Telefon, ohne Fernsehen und Computer?

Im Hohenloher Freilandmuseum in Schwäbisch Hall-Wackershofen erhalten die Besucher Antworten auf diese Fragen und können auf einer erlebnisreichen Zeitreise in die Welt unserer Vorfahren in der Zeit vom Spätmittelalter bis ins 20. Jahrhundert eintauchen.

Das 1983 eröffnete Museum zeigt auf dem 40 Hektar großen, landschaftlich reizvollen Gelände rund 70 historische Gebäude aus der Region Württembergisch Franken und ist damit das größte der sieben Freilandmuseen in Baden-Württemberg.

Die Häuser des Museums wurden aus verschiedenen Dörfern mit spezieller Technik nach Wackershofen umgesetzt mit dem Ziel, soviel originale Bausubstanz zu erhalten wie möglich. Die originalgetreu eingerichteten Gebäude wie Bauernhöfe, Handwerkerhäuser, Werkstätten, Scheunen, Mühlen, Kapelle, Schulhaus, Bahnhof, Forsthaus oder Gefängnis vermitteln authentische Eindrücke von den Lebensverhältnissen der Menschen in früheren Zeiten und laden zu einer Entdeckungsreise ein. Sie sind umgeben von Feldern und Gärten mit historischen Zier- und Nutzpflanzen sowie von Hunderten Nutztieren wie Schweinen, Rindern, Hühnern, Gänsen und Schafen die früher zum dörflichen Leben dazu gehört haben.

Bei einem Rundgang gibt es viel zu entdecken. Nach dem Verlassen des

Eingangsgebäudes werden die Besucher von den weithin bekannten Schwäbisch-Hällischen Landschweinen begrüßt, die bis zum Herbst Auslauf auf der Weide haben.

Neben Häusern aus dem 16. Jahrhundert verdient das Steigengasthaus aus dem Jahr 1750 mit Backhaus, Scheunen und Kegelbahn Aufmerksamkeit. Weiter geht der Weg Richtung Weinbauerndorf und der Gebäudegruppe Waldberge mit Sägemühle, Sommerkeller und Forsthaus. An Streuobstwiesen und einer Wassermühle vorbei gelangt man zum Hohenloher Dorf, das große Bauernhöfe ebenso wie die kleinen Häuschen ärmerer Bevölkerungsteile präsentiert. Am Ende des Rundgangs lädt das stattliche Gasthaus „Roter Ochsen“ aus dem 18. Jahrhundert zur Einkehr in einzigartigem Ambiente ein. Während der Saison von Mitte März bis Anfang November kommen zahlreiche Besucher zu den beliebten Veranstaltungen wie dem Süddeutschen Käsemarkt oder dem Pflanzenmarkt im Mai, dem Backofenfest im September oder dem Schlachtfest zum Saisonende. Außerdem gibt es verschiedene interessante Aktions-Sonntage zu Themen wie Imkerei, Handwerk, Mühlenwesen oder historische Landtechnik.

Für Schulklassen bietet das Museum ein vielfältiges museumspädagogisches Programm. Der Museumsladen hat kühle Getränke, Süßigkeiten, Andenken und Mitbringsel im Angebot.

Hohenloher Freilandmuseum
D-74523 Schwäbisch Hall-Wackershofen
Für Navi: Moorwiesenweg
Tel. +49 (0)791 97101 0
Fax +49 (0)791 97101 40
info@wackershofen.de
www.wackershofen.de

Wie in der guten alten Zeit

Gasthaus Roter Ochsen

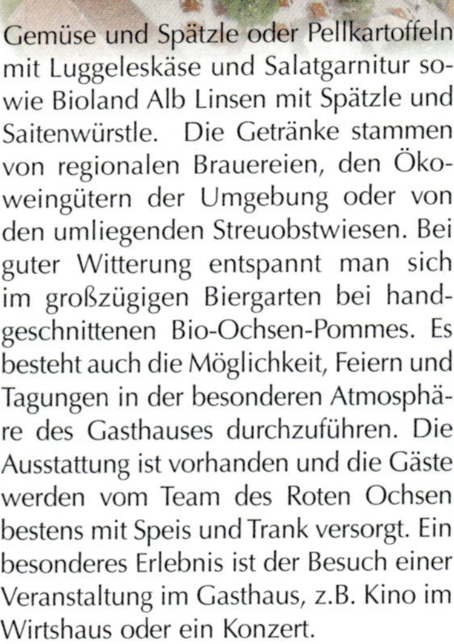

Der Gasthof Roter Ochsen im Freilandmuseum Wackershofen ist ein zertifizierter Bioland und SlowFood Betrieb – der es sich zur Aufgabe gemacht hat den Gästen eine unverfälschte, natürliche , bodenständige und gesunde Bio-Küche zu bieten. Die Lebensmittel dazu werden aus benachbarten Bioland und Demeter-Betrieben geliefert, das Wild kommt aus Wackershofen und den angrenzenden Jagden, das Fleisch von der Hofmetzgerei. Ganz wie früher wird alles selbst hergestellt, die Spätzle, die Kuchen und das Brot aus dem Backhaus. Der Weg der Lebensmittel ist nachvollziehbar, es wird handwerklich verarbeitet und serviert.

Das 1715 erbaute Gasthaus steht seit rund 30 Jahren auf dem Museumsgelände, ist aber auch von außen zugänglich. Die Innenausstattung der Gasträume im Obergeschoss entspricht der Zeit um 1830. Hier scheint die Zeit still zu stehen und man kann im gemütlichen, einzigartigen Ambiente das Leben in früheren Jahrhunderten nachempfinden und die leckeren Speisen genießen. Auf der Speisekarte stehen einfache, schmackhafte Gerichte wie Lamm mit buntem Gemüse und Spätzle oder Pellkartoffeln mit Luggeleskäse und Salatgarnitur sowie Bioland Alb Linsen mit Spätzle und Saitenwürstle. Die Getränke stammen von regionalen Brauereien, den Ökoweingütern der Umgebung oder von den umliegenden Streuobstwiesen. Bei guter Witterung entspannt man sich im großzügigen Biergarten bei handgeschnittenen Bio-Ochsen-Pommes. Es besteht auch die Möglichkeit, Feiern und Tagungen in der besonderen Atmosphäre des Gasthauses durchzuführen. Die Ausstattung ist vorhanden und die Gäste werden vom Team des Roten Ochsen bestens mit Speis und Trank versorgt. Ein besonderes Erlebnis ist der Besuch einer Veranstaltung im Gasthaus, z.B. Kino im Wirtshaus oder ein Konzert.

Öffnungszeiten:

Di. bis Sa. 10 bis 21 Uhr, So. von 10 bis 18 Uhr (warme Küche bis 15.30 Uhr).

Gasthaus Roter Ochsen

Familie Gehr

Dorfstraße 51, D-74523 Wackershofen

Tel. +49 (0)791 9468886

Fax +49 (0)791 97816413

gasthaus@roter-ochsen-wackershofen.de

www.roter-ochsen-wackershofen.de

Das SUDHAUS

an der Kunsthalle Würth

Das Sudhaus in der malerischen Stadt Schwäbisch Hall lädt zu einem Besuch ein. Auf vier Etagen im historischen Brauereigebäude wird schwäbische Gastronomie auf hohem Niveau geboten. Hier trifft man sich zum gemütlichen Frühstück, genießt nach der Arbeit entspannt ein Bier am Kamin oder lässt sich ein leckeres Abendessen mit Freunden in der Brasserie schmecken. Durch die unmittelbare Nachbarschaft zur Kunsthalle Würth ist das Brauhaus ein beliebter Treffpunkt für Liebhaber von Kunst und gepflegter Gastronomie.

In den Sommermonaten hat man bei entsprechenden Witterungsverhältnissen auf der Dachterrasse in exponierter Lage einen herrlichen Ausblick über die historische Altstadt. Dann ist auch der idyllische Biergarten geöffnet, indem man unter dem Schatten der Platanen ein rustikales Vesper und ein frisch gezapftes, selbstgebrautes Bier genießen kann. Küchenchef Michael Petautschnig bekocht seine begeisterten Gäste mit frisch zubereiteten Speisen aus regionalen Zutaten wie Schwäbischer Sauerbraten, geschmelzte Maultaschen oder Kässpätzle.

Das Sudhaus bietet in den stilvollen Speicherräumen des Hauses einen idealen Rahmen für gelungene Tagungen und Seminare. Erstklassige technische Ausstattung und perfekter Service sind selbstverständlich inbegriffen.

Auch für die Gestaltung und Durchführung von festlichen Anlässen wie Hochzeiten oder Jubiläen im romantischen Ambiente ist das kompetente Serviceteam bestens gerüstet.

Öffnungszeiten:

Dienstag bis Samstag 9 bis 22 Uhr
Sonn- und Feiertag 9 bis 18 Uhr
Montag Ruhetag (außer an Feiertagen)

Sudhaus an der Kunsthalle Würth

Lange Straße 35/1
D-74523 Schwäbisch Hall
Tel. +49 (0)791 94672 70
Fax +49 (0)791 94672 75
info@sudhaus-sha.de
www.sudhaus-sha.de

Qualitätsbier aus der Traditionsbrauerei

Löwenbrauerei Hall

Von 1724 bis heute wird in der Löwenbrauerei Hall seit zehn Generationen die Brautradition gepflegt. Der reine Familienbetrieb bevorzugt traditionelle, schonende Herstellung und setzt hochwertige Rohstoffe ein. In der Brauerei wird dem Bier beim Brauen die Zeit gegeben, die es braucht. Für dieses Verfahren steht slowBREWING e.V., ein Bierbrauverein, bei dem die Löwenbrauerei Mitglied ist. slowBREWING unterstützt auch den kulturellen Stellenwert des Bieres und die Wahrung der Biervielfalt. Mit modernster Technik und dem Brauwasser aus den Mineralwasserquellen der firmeneigenen Haller Wildbadquelle wird ein Sortiment von 16 hochwertigen Bieren hergestellt.

Hierzu gehören beispielsweise der Klassiker Meistergold Spezial, ein helles, würziges Vollbier und das Mohrenköpfle, ein Charakterbier mit Malzaroma. Empfehlenswert ist die Teilnahme an einer Brauereiführung. Hier erhalten Besucher einen Einblick in die Kunst des Bierbrauens in der

Löwenbrauerei Hall und die Bedeutung der Rohstoffe Wasser, Hopfen, Malz und Hefe für ein gelungenes Bier. Die Führung bietet eine perfekte Mischung aus Information und Freizeitvergnügen. Dazu gehört auch die Verkostung von frischem, ungefiltertem Zwickelbier direkt aus den Gär- und Lagertanks im Brauereikeller.

Brauerei-Führungen sind von Montag bis einschließlich Samstag möglich.

Löwenbrauerei Hall

Ritterstr. 6,
D-74523 Schwäbisch Hall
Tel. +49 (0)791 509 01
Fax +49 (0)791 509 355
info@loewenbrauerei-hall.de
www.haller-loewenbraeu.de

Gemütliche Gaststätte direkt am Kocher

Brauerei-Ausschank zum Löwen

Im Stammhaus der Löwenbrauerei in der Haller Altstadt gibt es im Brauerei-Ausschank zum Löwen leckere Speisen aus herzhaft-bodenständiger Küche. Serviert werden unter anderem der legendäre „Löwen-Rostbraten mit Spätzle und Soß'", der „Brauerbraten vom Schwäbisch-Hällischen Land schwein in Bierkümmelsauce mit Weißkrautsalat und Semmelknödel" ebenso wie das zünftiges „Brauervesper". Dazu schmeckt ein herrliches, frisch gezapftes Bier aus dem Sortiment der Haller Bierspezialitäten. Die Wände des gemütlichen Gastraums schmükken Fotos und Sammlerstücke aus der Geschichte der Brauerei sowie historische Emaille-Werbe-Schilder regionaler Brauereien.

Brauerei-Ausschank zum Löwen
Mauerstr. 17
D-74523 Schwäbisch Hall
Tel. +49 (0)791 2041622

Hier kocht der Chef selbst!

Gasthof Goldener Adler

Auch im Goldenen Adler, dem ältesten Gasthof in Schwäbisch Hall, der 1315 erbaut wurde, wird das leckere Bier der Löwenbrauerei Hall ausgeschenkt. In einem der schönsten Fachwerkhäuser der Stadt genießen die Gäste köstliche Gerichte aus der meisterlichen Küche: Ganz unter dem Motto "schwäbisch-hällisch - fränkisch - gut". Übernachtungsgäste in einem der 23 Gästezimmer im 3-Sterne superior Stadt-gut-Hotel schätzen die günstige zentrale Lage direkt am verkehrsberuhigten Marktplatz.

Stadt-gut-Hotel*s**
Gasthof Goldener Adler
Am Markt 11
D-74523 Schwäbisch Hall
Tel. +49 (0)791 946646 80
info@hotelgoldeneradler.de
hotelgoldeneradler.de

Freizeit angenehm gestalten

Hotel Restaurant Sonneck

Herzlich Willkommen im Hotel Restaurant Sonneck im kleinen idyllischen Ort Gottwollshausen im Westen der Kreisstadt Schwäbisch Hall. Hier können sich die Gäste abseits vom Alltagsstress wunderbar erholen und den freundlichen Service des Hauses in stilvollem Ambiente genießen. Die meisten der modern eingerichteten, behaglichen Nichtraucherzimmer haben einen Balkon oder eine Loggia, wo auch geraucht werden darf. Alle Zimmer sind mit Dusche/WC/Telefon sowie Kabel-TV auf Flachbildschirmen und kostenlosem W-LAN ausgestattet. Außerdem bieten vier hochwertig ausgestattete Appartements Raum für Familien mit Kindern. Die reizvolle Natur der Umgebung lädt zu Wanderungen, Radtouren oder anderen Freizeitaktivitäten ein. Der Tag im Hotel Sonneck startet mit einem reichhaltigen umfangreichen Frühstücksbüffet. In den gemütlichen Räumen des Restaurants oder bei gutem Wetter auf der Sonnenterrasse werden regionale, frisch zubereitete Gerichte der kreativen Küche des Hauses in reicher Auswahl täglich von 11:30 Uhr bis 23:30 Uhr serviert. Zusätzlich zu den Speisen à la Carte bietet das Restaurant Werktags von 11:30 Uhr bis 13:30 Uhr zum günstigen Tagesessenpreis Preis ein „all you can eat“ Büffet mit Suppe, Salaten, mehreren Hauptgängen und Dessert an. Dazu mundet ein ausgewählter Wein aus der Region oder eines von sechs verschiedenen Bieren vom Fass. Ein Geheimtipp sind die Kaffee-, Tee-, und Schokoladenspezialitäten, sowie leckere Eisbecher und das hausgemachte Tiramisu.

Das Hotel Sonneck bietet Räumlichkeiten für Feste und Feiern für bis zu 190 Personen. Dabei berät das erfahrene Serviceteam gern bei sämtlichen Fragen der Gestaltung und sorgt mit einem „Rundum-Sorglos-Paket“ bestens für die Gäste. Auch für die Durchführung von erfolgreichen Tagungen und Seminaren in ruhiger Atmosphäre ist das Hotel hervorragend geeignet. Die Seminarräume von 40 – 95 qm sind ruhig gelegen, barrierefrei und mit modernster Technik ausgestattet.

Hotel Restaurant Sonneck

Fischweg 2, D-74523 Schwäbisch Hall/
Gottwollshausen
Tel. +49 (0)791 97067 0
Fax +49 (0)791 97067 89
info@sonneck-klenk.de
www.sonneck-klenk.de

Neubausaal und Schmiedbrücke in Schwäbisch Hall
(Bild Achim Mende)

Stimpfach

Gemeinde in idyllischer Landschaft

Die Gemeinde Stimpfach (rund 3.100 Einwohner) im Nordosten von Baden-Württemberg liegt idyllisch eingebettet zwischen Jagsttal, Rottal und Reiglersbachtal etwa 10 Kilometer südlich von Crailsheim. Stimpfach gehört zu den Schwäbisch-Fränkischen Waldbergen. Zur Gemeinde zählen die ehemals selbständigen Gemeinden Rechenberg, Stimpfach und Weipertshofen mit 23 Dörfern und Weilern.

Die moderne, traditionsbewusste, im Jahr 1024 erstmals urkundlich erwähnte Gemeinde Stimpfach wird geprägt durch die schöne Landschaft der Umgebung mit vielseitigen Freizeitmöglichkeiten und guten Arbeits- und Wohnbedingungen. Als Familienferienort bietet Stimpfach angenehme Übernachtungsmöglichkeiten in mehrfach ausgezeichneten Gasthöfen und Ferienwohnungen auf dem Bauernhof sowie gastronomische Angebote.

Sehenswürdigkeiten

Die Pfarrkirche St. Georg in Stimpfach wurde von 1764-1768 errichtet. Die prächtige Innenausstattung im Barockstil ist sehenswert.

Auch die Evangelische Schlosskirche Rechenberg aus dem Jahr 1619 mit imposanter Rokokoausstattung aus dem Jahr 1783 lohnt einen Besuch. Sie liegt neben dem Schloss Rechenberg, das 1229 erstmals urkundlich erwähnt wurde. Im gut erhaltenen Schloss ist heute eine Jugendherberge untergebracht.

Schloss Rechenberg
(Bilder Gemeinde Stimpfach)

Rieglersbach-Stausee

Freizeit und Sport

Die reizvolle Stimpfacher Wald- und Hügellandschaft mit romantischen Flusstälern und Wacholderheiden ist ein Paradies für Wanderer und Radfahrer. Stimpfach hat Anschluss an den Kocher-Jagst-Radweg, ein beliebter 330 km langer Radfernwanderweg.

An Sommerwochenenden ist der Reiglersbach-Stausee in schöner Naturlandschaft ein bevorzugtes Ausflugsziel für Erholungssuchende und Wasserratten.

In der Gemeinde stehen moderne Sport- und Freizeitanlagen zur Verfügung. Hierzu gehören gut ausgeschilderte Wanderwege, Mehrzweckhalle, Tennisplätze, Reiterhof, Segelflugplatz und Angelmöglichkeiten.

Die 18 Vereine in Stimpfach bieten vielfältige Möglichkeiten der Freizeitgestaltung und sorgen mit ihren Festen und Veranstaltungen für ein abwechslungsreiches Jahresprogramm.

Orts- und Infrastruktur

Stimpfach liegt verkehrsgünstig an der B 290 von Aalen nach Crailsheim, die Autobahnen A 6 und A 7 sind nur wenige Kilometer entfernt.

Im Ortskern von Stimpfach liegt die Kaspar-Mettmann-Grundschule. Der katholische Kindergarten St. Georg liegt gegenüber der Schule, aber auch die Orte Rechenberg und Weipertshofen haben eigene Kindergärten.

Wichtige Adressen und Telefonnummern

Rathaus Stimpfach
Kirchstraße 22
D-74597 Stimpfach
Tel. +49 (0)7967 9001 0
Fax +49 (0)7967 9001 50
gemeinde@stimpfach.de
www.stimpfach.de

Sulzbach-Laufen

Idyllische Gemeinde im Kochertal

Die Gemeinde Sulzbach-Laufen (rund 2.500 Einwohner) im Naturraum Fränkisch-Schwäbische Waldberge besteht aus ca. 50 Dörfern, Weilern und Höfen. Der 1024 erstmals urkundlich erwähnte Ort liegt an der Idyllischen Straße, einer in Welzheim beginnenden, im Rundkurs durch den Schwäbisch-Fränkischen Wald führenden 130 km langen Ferienstraße mit zahlreichen Sehenswürdigkeiten. Auch der stark frequentierte Kocher-Jagst-Radweg führt durch die Gemeinde.

Das Kochertal im Gemeindegebiet liegt eingebettet in steile Hänge, die bis in die sieben großen Seitentäler hinein dicht bewaldet sind. Dieser Abschnitt des Tals wird deshalb auch als der „kleine Schwarzwald" bezeichnet. Sulzbach-Laufen ist durch seine schöne Umgebung ein attraktiver Erholungs- und Ausflugsort.

Sehenswürdigkeiten

Wahrzeichen des Ortes ist die weithin sichtbare Heerbergskirche aus dem 15. Jahrhundert auf einem Bergkamm. Die ehemalige Wallfahrtskirche wird oft als kostbares Kleinod des Kochertals bezeichnet.

Sehenswert ist auch das Schloss Schmiedelfeld aus dem 12. Jahrhundert mit der Schlosskirche, eines der wenigen sakralen Gebäude aus der Renaissance im Landkreis. Die Burgruine Kransburg auf dem Kransberg stammt aus dem 14. Jahrhundert.

Freizeit und Sport

Der Altenberg, mit 564 Metern höchster Berg des Landkreises, ist mit seinem ganzjährig offenen Aussichtsturm ein beliebtes Ausflugsziel. Die Fernsicht vom Turm bietet einen prachtvollen Rundblick von den Limpurger Bergen bis zur Hohenloher Ebene. Wanderer finden in der typischen Mittelgebirgslandschaft ein gut ausgebautes Wegenetz für abwechslungsreiche Touren. Rast - und Spielplätze sowie Grillmöglichkeiten mit Schutzhütten sind vorhanden.

Wichtige Adressen und Telefonnummern

Rathaus Sulzbach
Eisbachstraße 24
D-74429 Sulzbach-Laufen
Tel.+49 (0)7976 91075
Fax +49 (0)7976 91075 23
info@sulzbach-laufen.de
www.sulzbach-laufen.de

Sulzbach-Laufen
(Bild Gemeinde Sulzbach-Laufen)

Gastlichkeit aus Leidenschaft

Hotel Restaurant Krone

In Sulzbach-Laufen im idyllischen Kochertal, umgeben von einem Naturparadies mit ausgedehnten Wäldern und Weinbergen, lädt das Hotel Gasthof Krone zu einem erholsamen Aufenthalt ein. Das stilvoll eingerichtete Nichtraucherhotel ist fünf Gehminuten vom Ortskern entfernt und über die B 19 von Abtsgemünd nach Gaildorf bequem zu erreichen. Den Gästen stehen kostenlose Parkplätze zur Verfügung. Der beliebte Kocher-Jagst-Radweg verläuft 500 Meter entfernt.

Die 16 hellen, modern eingerichteten Zimmer des Hotels bieten mit Dusche, Bad, Flat-TV, Kaffee- und Teestationen sowie kostenfreiem WLAN alles, was man für einen angenehmen Aufenthalt braucht. Zu den Räumen des Hotels gehören ein gemütliches Kaminzimmer, eine Sauna und zwei Kegelbahnen. Das Pächterpaar Nicole Schlimpert und Marco Zietzschmann sorgt mit großer Leidenschaft für seine Gäste, bestens unterstützt von ihrem kompetenten Service-Team.

Das Restaurant des Hauses verwöhnt die Gäste mit frisch zubereiteten Köstlichkeiten aus der Küche, im Sommer auch im Biergarten. Serviert werden regional geprägte und saisonale Speisen wie herbstliche Wildgerichte auf hohem Niveau. Spezialität des Hauses ist der große Zwiebelrostbraten mit Spätzle und Soße.

Auch für Familienfeste wie Geburtstage oder Weihnachtsfeiern bieten die gemütlichen Räume des Hotels die passende Atmosphäre für gesellige Stunden in schwäbischer Gastlichkeit. Das Hotelteam berät gerne bei der Menüzusammenstellung und Festgestaltung. Zu den beliebten hauseigenen Events gehört auch der „Eisbach Sound-Garden“ im Sommer, der mit Live-Musik zum gemütlichen Verweilen und Genießen direkt am Eisbach einlädt.

Hotel Gasthof Krone

Hauptstraße 44
D-74429 Sulzbach-Laufen
Tel. +49 (0)7976 91191 0
Fax +49 (0)7976 91191 199
info@krone-sulzbach.com
www.krone-sulzbach.com

Untermünkheim

Zukunftsorientierte Gemeinde im Ländlichen Raum

Die Gemeinde Untermünkheim (rund 3000 Einwohner) liegt etwa fünf Kilometer nördlich der großen Kreisstadt Schwäbisch Hall im Kochertal. Sie ist 1972 aus den Gemeinden Enslingen, Übrigshausen und Untermünkheim entstanden und besteht aus 15 Dörfern und Weilern.

Kurzer Blick ins Geschichtsbuch

Enslingen wurde im Jahre 1095, Übrigshausen im Jahre 1361 und Untermünkheim im Jahre 1216 erstmals urkundlich erwähnt. Bereits im Mittelalter wanderte der Ortsadel von Enslingen und Untermünkheim nach Hall ab und zählte dort wie die Senft von Suhlburg und die Veldner zu den führenden Patriziergeschlechtern.

Die bekannte Schreinerfamilie Rößler lebte und wirkte im 18. und 19. Jahrhundert in Untermünkheim.

Sehenswürdigkeiten

Rößler Museum

Keinesfalls versäumen sollte man einen Besuch des Rößlermuseums. Hier sind die für Hohenlohe und das Haller Umland stiltypisch geltenden bemalten Bauernmöbel (nicht nur aus den Rößler-Werkstätten) auf 500 m² in einem anmutenden Ambiente ausgestellt. Zu sehen sind Schränke, Truhen und Kleinmöbel, eine Werkstatt und noch vieles mehr. Ergänzt mit Sonderausstellungen beginnt die Museumssaison an Ostersonntag und endet im Oktober. Das Museum ist an Sonn- und Feiertagen von 14:00 Uhr bis 17:00 Uhr geöffnet.

Untermünkheim
(Bilder Gemeinde Untermünkheim)

Sehenswert sind auch die frei zugängliche Burgruine Geyersburg auf einem Bergrücken südlich von Untermünkheim und die mit Rocaillen ausgemalte Kilianskirche mit einer prächtigen „Markgräfler-Altarwand".

Freizeit und Sport

Das Boot- und Kanufahren auf dem Kocher ist ein einmaliges Naturerlebnis. Voraussetzung ist ein ausreichender Wasserstand. Infos hierzu unter www.untermuenkheim.de

Untermünkheim liegt am beliebten Kocher-Jagst-Fernwanderradweg, hat einen frei zugänglichen Bike-Park und bietet beste Voraussetzungen für abwechslungsreiche Radtouren. Spazier- und Wanderwege runden das Angebot in einer wunderschönen Landschaft ab. Es gibt Mehrzweckhallen und verschiedene Sportplätze. Die etwa 30 Vereine bieten ein breites Programm zur Freizeitgestaltung und sorgen mit ihren Festen und Veranstaltungen für ein abwechslungsreiches Jahresprogramm.

Orts- und Infrastruktur

Untermünkheim hat die Möglichkeiten des Entwicklungsprogramms Ländlicher Raum positiv genutzt und zeichnet sich durch eine gute generationenübergreifende Infrastruktur, einen hohen Wohn- und Freizeitwert, gute Arbeitsmöglichkeiten und sehr gute Verkehrverbindungen aus.

Untermünkheim liegt an der B 19 zwischen Schwäbisch Hall und der nahen A6.

Die Gastronomie heißt ihre Gäste mit gemütlichen Unterkünften, einem breiten Angebot und regionalen Spezialitäten herzlich willkommen.

Wichtige Adressen und Telefonnummern

Bürgermeisteramt Untermünkheim
Hohenloher Straße 33,
D-74547 Untermünkheim
Tel. +49 (0)791 97087 0
Fax +49 (0)791 97087 30
rathaus@untermuenkheim.de
www.untermuenkheim.de

Vellberg

Kunst und Kulisse

Die Stadt Vellberg (rund 4.300 Einwohner) zwischen Schwäbisch Hall und Crailsheim ist ein staatlich anerkannter Erholungsort. Vellberg wird geprägt durch die sehenswerte historische Altstadt auf einem Hügel über der reizvollen Landschaft des Bühlertales.

Für Gäste stehen in Vellberg Übernachtungsmöglichkeiten in Gasthöfen, Ferienwohnungen und auf vier kostenlosen Wohnmobilstellplätzen zur Verfügung. Die Gaststätten bieten ein breites gastronomisches Spektrum mit regionalen Spezialitäten.

Kurzer Blick ins Geschichtsbuch

Im Jahr 1102 wurde die Familie von Vellberg erstmals urkundlich erwähnt. Im Jahr 1500 erhielt Vellberg das Marktrecht und 6 Jahre später das Stadtrecht.

Sehenswürdigkeiten

Unterirdischer Wehrgang

Ein Rundgang durch Vellberg beginnt am imposanten, 1466 erbauten Stadttorturm, der einzigen Zufahrt zur Altstadt. Hier befindet sich ein Eingang zum unterirdischen Wehrgang, der u. a. auch zum Natur- und Heimatmuse-

Vellberg
(Bilder Stadt Vellberg)

um führt. Der durch Renovierung gut erhaltene unterirdische Wehrgang ist einzigartig in Süddeutschland. Auf einer Länge von 150 m ist er zu weiten Teilen begehbar. Im Mittelalter verlief er rings um die Burganlage.

Das Natur- und Heimatmuseum an der Südseite des Burggrabens zeigt Exponate aus der Heimatgeschichte mit Funden aus der Keltenzeit, steinzeitliche Werkzeuge, Urkunden aus dem Mittelalter, ein Modell des Städtle von 1830, Fossilien und ein Hartlaub- und Gehring-Zimmer. Der Pfarrer Wilhelm Hartlaub war ein guter Freund des schwäbischen Dichters Eduard Mörike. Der Kunstmaler Albert Gehring hat lange in Vellberg gelebt, seine Ölgemälde sind hier ausgestellt.

Bei Ausgrabungen wurde in Vellberg die älteste Schildkröte der Welt entdeckt. Das Fossil einer 240 Millionen Jahre alten Ur-Schildkröte. Eine Nachbildung kann im Museum bestaunt werden. Das Museum ist bei freiem Eintritt sonntags von 14:00 – 16:30 Uhr von Ostern bis Ende Oktober geöffnet.

Auf dem weitläufigen, malerischen Marktplatz „Im Städtle“ gibt es viele schöne historische Gebäude zu entdecken. Hierzu gehören das Alte Amtshaus und das Obere Schloss, die um 1530 erbaut wurden und heute durch einen Steg aus Glas und Stahl miteinander verbunden sind. In beiden Gebäuden ist heute die Stadtverwaltung untergebracht. Das Ganerbenhaus ist von 1514 und damit das älteste Gebäude im Städtle. Die Bezeichnung Ganerbenhaus stammt von den Ganerben im Mittelalter als den gemeinsamen Erben der Herren von Vellberg.

Der schöne Marktbrunnen von 1720 ist alljährlich am ersten Juliwochenende Mittelpunkt des Vellberger Weinbrunnenfestes. Dann fließt Wein aus dem Brunnen.

Das Untere Schloss aus dem 16. Jahrhundert beeindruckt durch den Renaissance-Staffelgiebel. In der Schlosskapelle ist ein Freskenzyklus aus dem Jahr 1549 zu besichtigen, der die Passionsgeschichte darstellt. Es schließen sich an der Kanzleiturm mit dem Treppenabgang ins Bühlertal und der Museumsgasthof Ochsen mit sehenswerten Innenräumen.

Die Bastion auf der Spitze des Bergsporns bietet einen prächtigen Ausblick auf das Naturschutzgebiet Bühlertal. Rund um die Altstadt gruppieren sich als Teile der Stadtbefestigung Wehrtürme. Hierzu gehören der Pulverturm, der Kraftturm, der Geschützturm, der Kanonenturm sowie der Sixische Turm.

Der Rundgang im Städtle wird bereichert durch den Skulpturenweg mit einer Reihe von Werken zeitgenössischer Künstler aus der Region. Von Juli bis Oktober findet zusätzlich eine temporäre, jährlich wechselnde Ausstellung der Straßengalerie statt.

Lohnend ist die Teilnahme an einer öffentlichen Führung, bei der die Teilnehmer viel Wissenswertes über die Stadtgeschichte erfahren. Selbstverständlich gibt es nicht nur Führungen für Erwachsene sondern auch für Kinder. Kinderführungen gibt es für jede Altersgruppe von 5-12 Jahren oder man begleitet den Nachtwächter bei einer Fackel- oder Nachtwächterführung. Mehr Infos unter www.vellberg.de oder im Rathaus.

Nicht versäumen sollte man einen Besuch der bereits im Jahr 741 urkundlich erwähnten Stöckenburg mit der Martinskirche auf einem Hügel gegenüber dem Städtle. Die mit Fresken reich verzierte Kirche aus dem Jahr 1435 beeindruckt mit einem spätgotischen Altar aus der Riemenschneider-Schule.

Freizeit und Sport

Vellberg hat nicht nur attraktive Sehenswürdigkeiten zu bieten, sondern auch ein herrliches Wandergebiet im Naturschutzgebiet Bühlertal. Der 53 km lange Bühlertalwanderweg von Abtsgmünd nach Braunsbach/Geislingen verläuft durch das Stadtgebiet. Sechs markierte, zwischen 8 und 12 km lange Rundwanderwege erschließen die idyllische Landschaft, ausgehend von den Wanderwegtafeln bei der Schule am Fasanenweg und beim Sportzentrum im Stadtteil Talheim. Auch Radfahrer finden lohnende Touren in der Umgebung oder auf dem Bühlertalradweg „BühlerTour".

Weitere Freizeitmöglichkeiten in Vellberg bietet das malerisch gelegene Mineralfreibad mit solarbeheiztem Schwimmbecken, Planschbecken und Nichtschwimmerbereich es ist weithin bekannt und beliebt. Neben einer Liegewiese stehen auch ein Beachvolleyballfeld und eine Minigolfanlage zur Verfügung. Für die Jüngeren gibt es eine BMX-Bahn, eine Skaterbahn, verschiedene Bolzplätze und attraktive Spielplätze im Angebot. Golfspielern steht nur 5 Autominuten von Vellberg entfernt der 18-Loch Golfplatz in Dörrenzimmern zur Verfügung.

Die aktiven Vereine bieten vielfältige Gelegenheiten für sinnvolle Freizeitgestaltung und tragen mit ihren Festen und Veranstaltungen zu einem abwechslungsreichen Jahresprogramm bei.

Veranstaltungen

Neben dem weithin bekannten Weinbrunnenfest am ersten Juliwochenende gehören der Mittelaltermarkt im Frühjahr, der Trödelmarkt am ersten Septembersamstag und der Christkindlesmarkt am zweiten Dezemberwochenende zu den Höhepunkten im Veranstaltungskalender.

Wichtige Adressen und Telefonnummern

Stadt Vellberg
Im Städtle 28, D-74541 Vellberg
Tel. +49 (0)7907 877 0
Fax +49 (0)7907 877 12
stadt@vellberg.de, www.vellberg.de

Wallhausen

Hohenlohe von seiner besten Seite

Die Gemeinde Wallhausen (rund 3.600 Einwohner) liegt elf Kilometer nördlich von Crailsheim am Rand der Hohenloher Ebene. Wallhausen besteht aus den ehemaligen Gemeinden Hengstfeld, Michelbach an der Lücke und Wallhausen und den Dörfern und Weilern Asbach, Limbach, Roßbürg, Schainbach und Schönbronn.

Die Gemeinde wird geprägt durch die schöne Landschaft der Umgebung und die günstige Verkehrsverbindung mit einem Bahnhalt auf der Strecke „Crailsheim – Bad Mergentheim – Wertheim“ und der nahen Autobahnauffahrt der A 6 von Heilbronn nach Nürnberg.

Sehenswürdigkeiten

Wallhausen hat eine Reihe von Sehenswürdigkeiten zu bieten.

Hierzu gehören das 1709 erbaute Schloss in Michelbach an der Lücke, die romanische Jakobuskirche in Schainbach mit kunsthistorisch bedeutendem spätgotischen Altaraufsatz und die Kirche St. Lambert in Hengstfeld.

Die Synagoge in Michelbach wurde beim Novemberpogrom 1938 nicht zerstört und dient heute als Gedenkstätte und Museum. Auch das Dorfschulmuseum mit angegliedertem Julius-Wengert-Zimmer und einem

In der Synagoge Michelbach

Wallhausen
(Bilder Gemeinde Wallhausen)

Familienfreibad

Ortsarrest in Hengstfeld sind einen Besuch wert.

Die historische Pumpstation in Schainbach aus dem Jahr 1912 ist eine der ältesten Pumpstationen Württembergs.

Der 40 Meter hohe Wasserturm mit Aussichtsplattform bietet einen faszinierenden Rundblick. Der Schlüssel ist im Rathaus erhältlich.

Freizeit und Sport

Wallhausen ist idealer Ausgangspunkt für genussvolle Wanderungen und Radtouren durch die reizvolle Landschaft mit Mischwäldern und blühenden Wiesen. Gemütliche Dorfgaststätten bieten Einkehrmöglichkeiten an den Wegen.

Ein besonders erfrischendes und chemieloses Badeerlebnis im Sommer ist das Naturerlebnisbad welches sich ohne Einsatz von Chlor, allein durch einen Regenerationsteich biologisch reinigt – eine gern besuchte Besonderheit im Landkreis Schwäbisch Hall für die mancher Besucher einen langen Anfahrtsweg in Kauf nimmt. Außerdem kann im Teilort Hengstfeld ein kleines Familienfreibad besucht werden.

Eine Reihe von Sportplätzen für Fußball, Tennis und Basketball bieten Gelegenheit für sportliche Betätigung.

Wichtige Adressen und Telefonnummern

Gemeinde Wallhausen
Seestraße 2
D-74599 Wallhausen
Tel. +49 (0)7955 9381 0
Fax +49 (0)7955 9381 26
rathaus@gemeinde-wallhausen.de
www.gemeinde-wallhausen.de

Zwillingshäuser in Bad Mergentheim
(Bild Stadt Bad Mergentheim)

Main-Tauber-Kreis

Assamstadt

Das Ass im Ärmel Frankens

Die Gemeinde Assamstadt (rund 2.300 Einwohner) in der südwestlichen Ecke des fränkisch geprägten Main-Tauber-Kreises stellt die Verbindung zwischen dem Main-Tauber-Kreis, dem Neckar-Odenwald-Kreis und dem Hohenlohe-Kreis her. Sie bildet den Brückenschlag zwischen Tauber, Kocher und Jagst. Assamstadt ist über die zwölf Kilometer entfernte Anschlussstelle Boxberg der A 81 mit dem Fernstraßennetz verbunden. Zahlreiche attraktive Ausflugsziele in der näheren Umgebung wie die Schlösser in Langenburg und Weikersheim sowie die Städte Bad Mergentheim und Rothenburg o. T. sind schnell zu erreichen.

Urlaubsgäste schätzen die Naturlandschaft mit vielfältigen Freizeitmöglichkeiten rund um Assamstadt. Für das leibliche Wohl sorgen mehrere gemütliche Gaststätten im Ort.

Sehenswürdigkeiten

Die Alte Kilianskirche in der Ortsmitte stammt aus dem 12. Jahrhundert. Nach dem Bau der neuen Kirche St. Kilian dient sie heute als Gemeindezentrum. Ein beliebter Weg für Spaziergänger ist der holzgeschnitzte Kreuzweg mit vierzehn Stationen, der vom Wald oberhalb der Asmundhalle den Berg hinauf zum Steffeskirchle führt. Von dort gelangt man zu der einige hundert Meter entfernten Mariengrotte im Wald. Zudem sind verschiedene historische Bildstöcke um und im Ort zu bewundern.

Freizeit und Sport

Auf gut ausgebauten Wander- und Radwegen lässt sich die abwechslungsreiche Naturlandschaft rund um Assamstadt genussvoll entdecken. Alle Wanderwege sind über das Wan-

Assamstadt
(Bilder Gemeinde Assamstadt)

derwegenetz „Liebliches Taubertal" zertifiziert.

Über 30 aktive Vereine bieten ein breites Spektrum an Freizeitmöglichkeiten in den Bereichen Sport, Musik, Kultur oder Fasnacht. Beim TSV Assamstadt kann man Fußball, Tennis, Volleyball oder Tischtennis spielen sowie Turnen oder Leichtathletik betreiben.

Pferdefreunde können beim Reit- und Fahrverein Assamstadt e.V. oder bei örtlichen Pferdegestüten Reitunterricht nehmen, für die Kleinen wird Voltigieren angeboten.

Fasnachtsumzug

Veranstaltungen

Assamstadt ist eine weithin bekannte Fasnachtshochburg. Die Fasnachtsgesellschaft Assamstadt Schlackohren e.V. veranstaltet zur Faschingszeit neben drei Prunksitzungen auch einen großen Rosenmontagsumzug, der über 30.000 Zuschauer anzieht.

Orts- und Infrastruktur

Assamstadt ist eine familienfreundliche Gemeinde mit Kindergarten und eigener Grundschule. Gute Busverbindungen zu den weiterführenden Schulen in der Umgebung sind vorhanden. Die Geschäfte und Dienstleistungsanbieter im Ort sorgen für den täglichen Bedarf. Die Gesundheitsversorgung ist durch einen Allgemeinarzt, einer Zahnärztin und einer Apotheke gewährleistet. Die Betriebe in der wirtschaftlich gut entwickelten Gemeinde bieten rund 1.500 Arbeits- und Ausbildungsplätze.

Wichtige Adressen und Telefonnummern

Bürgermeisteramt Assamstadt
Bobstadter Str. 1
D-97959 Assamstadt
Tel. +49 (0)6294 4202 0
Fax 06294 1092
post@assamstadt.de
www.assamstadt.de

Bad Mergentheim

Die Urlaubs- und Gesundheitsstadt

Die Große Kreisstadt Bad Mergentheim an der Tauber (über 23.000 Einwohner) im fränkischen Nordosten Baden-Württembergs direkt an der Romantischen Straße ist die größte Stadt des Main-Tauber-Kreises. Sie liegt etwa 35 km südwestlich von Würzburg und 55 km nordöstlich von Heilbronn.

Eines der größten Heilbäder Baden-Württembergs ist geprägt durch eine der schönsten Kurparkanlagen Deutschlands und bietet ideale Voraussetzungen für einen erholsamen Kur- und Urlaubsaufenthalt. Zahlreiche hervorragend ausgestattete Hotels und Kurkliniken mit hochwertigen Wellnessangeboten sorgen für zufriedene Gäste. Den Urlaubern stehen vom Sternehotel bis zur gemütlichen Privatunterkunft vielseitige Übernachtungsmöglichkeiten zur Verfügung. Auch extravagante Angebote

hält Bad Mergentheim bereit, wie z.B. das Übernachten bei den Wölfen im Wildpark oder das Schlafen im Weinfass inmitten der Markelsheimer Weinberge. Bad Mergentheims Flair ist das einer quirligen, wachsenden Stadt, die es zu entdecken lohnt.

Durch die romantische Altstadt flanierend entdeckt man immer wieder reizvolle Sehenswürdigkeiten, die Atmosphäre ist beschwingt. Aus den Cafés duftet es nach köstlichem Kuchen und frisch geröstetem Kaffee, den sich Gäste bei schönem Wetter im Freien servieren lassen. Daneben lädt die Historische Altstadt zum Flanieren und Shoppen ein.

Um die verschiedenen Facetten und die interessante Geschichte Bad Mergentheims kennenzulernen, empfiehlt sich eine der täglich stattfindenden Stadtführungen. Infos gibt es bei der Tourist-Information Bad Mergentheim.

Das umfangreiche Freizeitangebot ist nicht nur für kulturell Interessierte eine wahre Fundgrube, auch Wanderer und Radfahrer finden rund um das idyllische Taubertal einzigartige Möglichkeiten zur Freizeitgestaltung.

Das Stadtgebiet Bad Mergentheims gliedert sich in die Kernstadt und 13 weitere Stadtteile, die nahezu kreisförmig um die Stadt gelegen sind. Edle

Marktplatz
(Bilder Stadt Bad Mergentheim)

Stadtführung

Tropfen kommen aus zwei charakteristischen Weinorten: Markelsheim und Dainbach, die die zwei Weinanbaugebiete Baden und Württemberg präsentieren. Die Reben werden auf Muschelkalkboden angebaut. Als Spezialitäten aus Markelsheim gelten der Silvaner und der Tauberschwarz. Weinproben und Führungen auf dem Weinlehrpfad werden angeboten. Unbedingt ein Besuch wert ist das Kunstwerk in der Seitenkapelle der Stuppacher Pfarrkirche Maria Krönung: Die sogenannte Stuppacher Madonna.

Die günstige Verkehrslage an den Bundesstraßen B 19 und B 290 sowie direkt an der Romantischen Straße bietet vielfältige Ausflugsmöglichkeiten zum nahen Schloss Weikersheim, in die Hohenlohe-Region, nach Würzburg oder Rothenburg ob der Tauber.

Kurzer Blick ins Geschichtsbuch

Die Region Bad Mergentheims war bereits in der Jungstein-, Bronze- und Eisenzeit besiedelt, wie archäologische Funde belegen. Im Jahr 1058 wurde Mergentheim als „Grafschaft Merginthaim im Taubergau" erstmals urkundlich erwähnt. Im Mittelalter kamen der Johanniterorden, der Deutsche Orden und der Dominikanerorden nach Mergentheim.

Durch die drei Orden stieg die Bedeutung von Mergentheim, das 1340 zur Stadt erhoben wurde. Von 1526 bis 1809 war die Stadt Residenz des Deutschen Ordens. 1624 bat der damalige Hochmeister die in Würzburg ansässigen Kapuziner in Mergentheim eine Niederlassung zu gründen – 1629 wurde das Kloster errichtet.

1809 wurde die Residenzstadt auf Befehl Napoleons dem Königreich Württemberg zugeordnet und Mergentheim wurde Oberamtsstadt.

Der Mergentheimer Schäfer Franz Gehrig entdeckte 1826 die spätere Wilhelmsquelle an der Tauber. Im Lauf der Zeit entwickelte sich der Kurbetrieb, der Mergentheim zunehmend prägte. 1926 erhielt die Stadt das Prädikat „Bad". Seit 1975 ist Bad Mergentheim Große Kreisstadt.

Sehenswürdigkeiten

Das mittelalterliche bis barocke Stadtbild von Bad Mergentheim ist gut erhalten.

Am Beginn eines Stadtrundganges auf dem Marktplatz richtet sich der Blick auf das 1562-64 im Stil der Renaissance errichtete Alte Rathaus. Die prachtvoll im frühklassizistischen Stil gestalteten so genannten Zwillingshäuser gegenüber dem Alten Rathaus stammen aus dem Jahr 1780.

Der 1548 vollendete Milchlingsbrunnen wurde anlässlich der 100-Jahrfeier der Entdeckung der Heilquellen 1926 auf dem Marktplatz wieder aufgebaut. Ursprünglich stand dieser vor dem Mörikehaus. Im Mörikehaus am Marktplatz 7 wohnte der schwäbische Dichter Eduard Mörike von 1844 bis 1851 nach einer Kur in Bad Mergentheim. Eduard Mörike war einer der bedeutendsten Dichter des 19. Jahrhunderts.

Ein Besuch wert ist auch der nach dem 1872 in Mergentheim geborenen Journalisten und Dichter benannte Hans-Heinrich-Ehrler-Platz mit dem Marienbrunnen von 1855, der Marienkirche und dem Lyceum, das 1702 als Gymnasium des Deutschen Ordens erbaut wurde. Einen ebenso bleibenden Eindruck hinterlässt der Deutschordenplatz mit Schalenbrunnen und Beethovenhaus, wo der Komponist 1791 musizierte.

Sehenswert sind auch der mittelalterliche Johanniterhof sowie der Hospitalhof mit dem Spital zum Hl. Geist aus dem 13. Jahrhundert. In der Mühlwehrstraße findet man schöne alte Fachwerkhäuser, die Pestsäule von 1740 und den beeindruckenden Gebäudekomplex St. Bernhard, in

Marktplatz mit Blick auf Engel Apotheke

dem heute eine von Franziskanerinnen geleitete private Grund- und Realschule untergebracht ist.

Sakralbauten

Schlosskirche

Das katholische Münster St. Johannes in der Kirchstraße mit weithin sichtbarem Glockenturm wurde im 13. Jahrhundert vom Johanniterorden erbaut und später mehrfach umgestaltet.

Der Innenraum beherbergt unter anderem wertvolle Plastiken, wie die Pietà aus dem Jahr 1400 und die Skulptur der Anna Selbdritt von 1525. 1983 wurde die Kirche zum Münster erhoben. Der Münsterschatz in der Eck'schen Kapelle zeigt liturgische Gefäße und Geräte von der Spätgotik bis zur Gegenwart.

Die beiden hoch aufragenden Türme der 1730-34 errichteten Schlosskirche neben dem Deutschordensschloss prägen das Stadtbild. Das Repräsentationsgebäude des Deutschen Ordens beeindruckt mit wertvoller Ausstattung, vor allem mit dem prächtigen Hochaltar. Die Kirche wurde durch den Beschluss des württembergischen Königs von 1817 der evangelischen Gemeinde überlassen.

Die Stuppacher Madonna von Matthias Grünewald gehört zu den bedeutendsten Werke der christlichen Kunst. Wohl kaum ein Marienbild ist farbenprächtiger gestaltet und dichter in seiner Symbolik. Die Stuppacher Madonna, gemalt 1516, ist eine Auftragsarbeit Grünewalds und bildete das Mittelbild des dreiflügeligen Altarwerks in der Maria-Schnee-Kapelle in der Stiftskirche zu Aschaffenburg. 1532 ging das Marienbild als Geschenk an den Deutschen Orden nach Bad Mergentheim über. Als die Residenz des Deutschen Ordens in Mergentheim endete, fand das Kunstwerk 1812 in der Pfarrkiche „Mariä Krönung" des kleinen Örtchens Stuppach im Süden Bad Mergentheims eine neue Heimat. In den Jahren 2011 und 2012 wurde die Stuppacher Madonna gründlich restauriert und ist seither in der Seitenkapelle der Kirche zu bewundern. Es wird empfohlen, eine der regelmäßig angebotenen Führungen zu nutzen.

Museen

Das Deutschordensmuseum ist seit 1927 im Deutschordensschloss untergebracht. Das prächtige Schloss entstand im 12. Jahrhundert als Wasserburg und gehörte seit 1219 dem Deutschen Orden. Im Museum werden die Geschichte des Deutschen Ordens, die Stadtgeschichte, das Mörike Kabinett und vieles mehr präsentiert.

Das Ottmar-Mergenthaler-Museum im Rathaus des Stadtteils Hachtel zeigt das Schaffen des 1854 in Hachtel geborenen Uhrmachers und Erfinders. 1886 erfand Ottmar-Mergenthaler die „Linotype" als die erste Setzmaschine. Mergenthaler wanderte mit 18 Jahren nach Amerika aus und revolutionierte mit seiner Erfindung die Zeitungspresse. Die Linotype wurde erstmals 1886 von der New York Times eingesetzt.

Parkanlagen

Der im englischen Stil gestaltete, frei zugängliche Schlosspark im Westen des Schlosses bietet mit künstlich angelegten Wasserläufen, einem See mit Insel, abwechslungsreich gestalteten Brücken, zwei Lusthäuschen und einem Kinderspielplatz das Ambiente für einen erholsamen Spaziergang.

Auf über 170.000 Quadratmetern eröffnet der Kurpark Bad Mergentheim mit seiner leuchtenden Blumenpracht, seinen mächtigen Bäumen und gepflegten Grünflächen eine Oase der Entspannung. Der Park zählt zu den zehn schönsten Parkanlagen Deutschlands.

Man spaziert entlang des malerischen Rosenbachlaufs, entdeckt den exotischen Japangarten mit illuminiertem Wasserlauf oder den duftenden Rosengarten. Die Architektur filigraner Gebäude, wie der Wandelhalle oder der Villa im Kurpark, versprüht den Charme einer glanzvollen Epoche. In Bad Mergentheim war schon Reichs-

Familie beim Entenfüttern im Schlosspark

präsident Friedrich Ebert zur Kur, später regenerierten hier unter anderem die Fußball-Weltmeister von 1954 oder der Torschütze des WM-Siegtores von 2014. Die drei wirkkräftigen Trinkquellen werden heute im Brunnentempel ausgegeben – hier darf jeder Gast probieren. Dazu gibt es anregende Kneipp-Becken für Arme und zum Wassertreten. Ein besonderes Highlight ist der Gradierpavillon: Die Paulsquelle perlt über Schwarzdornreisig und sorgt mit ihrer Sole für eine wohltuende Meeresbrise. Eine Auszeit vom Alltag bietet auch der separierte Klanggarten.

In der Konzertmuschel finden mehrmals täglich bei schönem Wetter Kurkonzerte mit dem Kur- und Salonorchester Hungarica statt. Eine besondere Attraktion sind die Wasserspiele vor der Konzertmuschel, die auf die Musikstücke abgestimmt sind, besonders stimmungsvoll abends, wenn die Spiele illuminiert sind.

Für die aktive Erholung stehen ein Barfußpfad, ein Bouleplatz, ein TrimmDichParcours mit Rückenstreckgeräten, ein Volleyballplatz sowie Schach- und Spielfelder im Äußeren Kurpark bereit.

Der Park ist durchgehend geöffnet, von Mitte April bis Ende September ist er in der Zeit von 14:30 bis 17:00 Uhr außer dienstags und donnerstags gegen geringes Entgelt eintrittspflichtig. Kurkarteninhaber haben kostenfreien Eintritt.

Kurbetrieb

Bad Mergentheim ist mit seiner hervorragenden medizinischen Infrastruktur bestens gerüstet, den Ansprüchen der zahlreichen Kurgäste für jeden medizinischen Bedarf zu entsprechen.

Das Veranstaltungsprogramm des Instituts für Bad Mergentheimer Kurmedizin, Gesundheitsbildung und medizinischer Wellness im Haus des Kurgastes bietet eine Fülle von Veranstaltungen mit Vortragsreihen zu medizinischen Themen sowie abwechslungsreiche Angebote zur Bewegungstherapie und Seminare zur gesunden Ernährung und Stressbewältigung.

Haus das Gastes im Kurpark

Freizeit und Sport

Auf einem bewaldeten Hügel im Südosten der Kernstadt lädt der Wildpark auf 35 ha mit über 70 europäischen Tierarten einschließlich des größten Wolfsrudels Europas und Koboldburg, zum Besuch ein.

Die Solymar Therme in Bad Mergentheim im Erlenbachweg ist eine beliebte Therme mit Sport- und Familienbad mit spektakulären Rutschen, einem Vital- und Solebad aus der Paulsquelle, einer 5-Sterne Saunalandschaft mit fünf verschiedenen Saunen und einem exklusiven Spa-Bereich.

In Bad Mergentheim stehen zahlreiche Freizeiteinrichtungen zur Verfügung. Hierzu gehören drei Freibäder, eine Reithalle, Tennisplätze, eine Indoor-Kartbahn, ein Golfplatz, zwei Minigolfplätze, Angebote für Kanutouren, Segway-Touren, GPS-Touren durch die Stadt und eine Reihe von Vereins-Sportplätzen. Außerdem bietet das Kino in Bad Mergentheim in fünf Sälen mit über 550 Plätzen ein abwechslungsreiches Programm.

Die Umgebung Bad Mergentheims mit dem Lieblichen Taubertal ist ein Paradies für Fahrradtouristen. Die gut ausgeschilderten Radwege laden zu genussvollen Touren ein.

Der 76 km lange Rundweg der Kultur-Tour östlich von Bad Mergentheim berührt unter anderem die prachtvolle Anlage des Schloss Weikersheim.

Bad Mergentheim ist Station auf dem 104 km langen Radweg-Klassiker „Liebliches Taubertal" von Rothenburg ob der Tauber bis Wertheim. Dieser Radweg ist eine ADFC-Qualitätsroute und wurde als einer von drei Radwegen in Deutschland mit 5 Sternen ausgezeichnet.

Auch Wanderer kommen in Bad Mergentheim voll auf ihre Kosten. Das gut ausgebaute Wanderwegenetz bietet zahlreiche attraktive Routen wie den 9 km langen Weg auf den Spuren des deutschen Ordens, die 4-stündige Wanderung über Markelsheim nach Weikersheim, den 2-stündigen Weinlehrpfad in Markelsheim. Auch der Panoramawanderweg des Lieblichen Taubertals als „Qualitätsweg Wander-

Milchlingsbrunnen am Marktplatz

bares Deutschland" führt direkt durch Bad Mergentheim. Infos gibt es bei der Tourist-Information.

Veranstaltungen

Der Veranstaltungskalender von Bad Mergentheim bietet eine einmalige Auswahl von zahlreichen attraktiven Festen, Märkten und kulturellen Veranstaltungen.

Kunstausstellungen und Ausstellungen zu kulturgeschichtlichen Themen im Deutschordensmuseum und im Kulturforum runden das Angebot ab.

Zu den zahlreichen Festen gehören der Pferdemarkt Anfang März, die St.-Georgs-Tage Ende April, das Bockbierfest Ende Mai im Stadtteil Herbsthausen, das Markelsheimer Weinfest im Juni, das Stadtfest Ende Juni, das große Kurparkfest im Juli und das Volksfest Ende Juli mit Fahrgeschäften, Biergarten und Feuerwerk. Zweimal jährlich findet eine lange Einkaufsnacht mit Illumination statt.

Beliebte Märkte sind der Kunsthandwerkermarkt im Kurpark im Mai, der regionale Bauernmarkt im Kurpark im Juni, der Träubelesmarkt Markelsheim im Oktober sowie der Weihnachtsmarkt in Markelsheim Anfang Dezember und der prachtvolle Weihnachtsmarkt auf dem historischen Marktplatz Mitte Dezember mit über 70 Marktbuden, einmaliger Atmosphäre und einem vielfältigen Bühnenprogramm.

Orts- und Infrastruktur

Bad Mergentheim ist mit dem Pkw über die Bundesstraßen B 19 von Würzburg nach Ulm und die B 290 von Tauberbischofsheim nach Aalen

Hans-Heinrich-Ehrler-Platz

sowie über die Anschlussstellen Boxberg, Ahorn oder Tauberbischofsheim der Autobahn A 81 von Würzburg nach Stuttgart gut zu erreichen.

Die Stadt liegt an der Taubertalbahn von Crailsheim nach Wertheim, die Züge fahren werktags im Stundentakt. Bad Mergentheim wird im öffentlichen Personennahverkehr von mehreren Buslinien der Verkehrsgemeinschaft Main-Tauber (VGMT) bedient.

Als Bildungseinrichtungen stehen in Bad Mergentheim neben einer Reihe von Kindertagesstätten, allgemeinbildende Schulen, von der Grundschule bis zum Gymnasium zur Verfügung. Weitere Bildungsmöglichkeiten bieten eine Jugendmusikschule, eine Volkshochschule und ein Zweig der dualen Hochschule Baden-Württemberg Mosbach mit betriebswirtschaftlichen Studiengängen. Im beruflichen Schulzentrum Bad Mergentheim gibt es ein breites Angebot an berufskundlichen Ausbildungsgängen.

Für Gäste ist in Bad Mergentheim bestens gesorgt. In den zahlreichen Unterkünften von Privatzimmern und Ferienwohnungen bis zu Gasthöfen und erstklassigen Hotels findet hier jeder das Passende. Gaststätten, Restaurants und Cafés bieten eine reiche gastronomische Auswahl. Vielfältige Einkaufsmöglichkeiten für jeden Bedarf sind ebenfalls vorhanden.

Und egal welche Jahreszeit – in Bad Mergentheim findet man immer engagierte Gastgeber, exzellente regionale Küche und eine entspannte Atmosphäre der Freundlichkeit.

Wichtige Adressen und Telefonnummern

Stadt Bad Mergentheim
Tourist-Information, Marktplatz 1
D-97980 Bad Mergentheim
Tel. +49 (0)7931 574815
Fax +49 (0)7931 574901
tourismus@bad-mergentheim.de
www.bad-mergentheim.de

Grüner Markt

Vielfältiger Blick in die Vergangenheit

Deutschordensmuseum

Die weitläufige Schlossanlage in Bad Mergentheim verbindet die Altstadt mit dem Schloss- und Kurpark. Das vermutlich im 12. Jahrhundert als Wasserburg erbaute Schloss wurde 1219 von den Herren von Hohenlohe dem neu gegründeten Deutschen Orden geschenkt. Seit 1927 ist im Schloss das Deutschordensmuseum untergebracht, das auf rund 3000 m² Ausstellungsfläche seine reichhaltigen Sammlungen präsentiert. Grundlage ist die umfangreiche Altertumssammlung, die der Freiherr von Adelsheim 1864 der Stadt vermachte. Gezeigt werden zahlreiche Exponate aus der bewegten Geschichte des Deutschen Ordens von den Anfängen bis in die Gegenwart anhand von Kunstwerken, Objekten und Texten.

Einen breiten Raum nimmt die Stadtgeschichte Bad Mergentheims ein mit der Entwicklung von der fränkischen Siedlung bis zum heutigen Heilbad mit einem großen Modell im Maßstab 1:500, das die Stadt im Jahr 1750 zeigt. Die Schlacht bei Herbsthausen nahe Mergentheim 1645 wird in einem großen Diorama mit über 2000 Zinnfiguren präsentiert. Die Stadt stand bis 1809 unter der Herrschaft des Deutschen Ordens. Die Altertumssammlung des Freiherrn von Adelsheim präsentiert mittelalterliche Skulpturen, Tafelmalerei, Fayencen, Alabaster- und Marmorreliefs aus der Renaissance und dem Barock, kostbare Möbel und vieles mehr. Das 2004 eingerichtete Mörike-Kabinett erinnert an die Zeit von 1844 bis 1851, als der Dichter Eduard Mörike mit seiner Schwester Klara in Mergentheim lebte. An Lebenswelten im Kleinen kann man sich in der Sammlung von Puppenstuben und -küchen, Kaufläden aus dem 19. und 20. Jahrhundert erfreuen. Prunkstücke der Sammlung von interessanten Dokumenten der

Foto: © Holger Schmitt

Foto: © Jens Hackmann

Foto: © Holger Schmitt

Kulturgeschichte sind ein Haubenladen aus der Biedermeierzeit um 1830 und ein Puppenhaus von 1858.

Beim Rundgang durch die Ausstellungen ist den Besuchern auch ein besonders eindrucksvoller Blick von der Empore der Schlosskirche in das Kirchenschiff mit prachtvollen Deckenfresken erlaubt.

Keinesfalls versäumen sollte man den Besuch der 2015 eingerichteten aufschlussreichen Ausstellung zur Jungsteinzeit im Taubertal, die in zwei Gewölbekellern des Schlosses ihren Platz gefunden hat. Sie dokumentiert die Lebensbedingungen der Menschen in der Region vor 4.500 Jahren. Höhepunkt der Präsentation ist eine anrührende Vierfachbestattung, das Hockergrab von Althausen, ein sensationeller Fund aus dem Jahr 1939.

Das Museum bietet neben mehreren Sonderausstellungen pro Jahr auch ein abwechslungsreiches Veranstaltungsprogramm für Kinder und Erwachsene an. Zu den Höhepunkten gehören die Museumskonzerte im Schloss und die Reihe „Literatur im Schloss“, bei der bedeutende Autoren zu Gast sind.

Deutschordensmuseum gGmbH

Schloss 16, D-97980 Bad Mergentheim
Tel. +49 (0)7931 52212
Fax +49 (0)7931 52669
info@deutschordensmuseum.de
www.deutschordensmuseum.de

Tiere sehen und erleben

Wildpark Bad Mergentheim

Besonders während der Ferien lohnt sich ein Besuch des Wildpark Bad Mergentheim, denn nach dem Motto „Tiere sehen und erleben" steht hier alles unter dem Leitbild Spaß, Spiel und Erholung für die ganze Familie: Frische Luft, der direkte Kontakt mit der Natur und Tieren, Bewegung oder Faulenzen im Wald, Spaß für die Kinder im Ferienprogramm (online buchbar unter www.wipaki.de) oder auf den einzigartigen Spielplätzen; dazu entspannendes Genießen in gemütlichen Biergärten. Hier freut man sich auf einen ganzen Tag lang voll abwechslungsreicher Unterhaltung und Kurzweil!

Über 70 Tierarten sind in naturnah gestalteten Freisichtanlagen zu bestaunen – mit kaum wahrnehmbaren Begrenzungen für „ganz viel Sehen und Erleben". Auf dem idyllischen Rundweg können zweimal am Tag die Tierpfleger begleitet werden und man erlebt präzise jagende Eulen, spielende Fischotter, schleichende Luchse und Wildkatzen bei der „Jagd" am Beutesimulator. Mächtige Braunbären balancieren Futter grazil auf ihren Tatzen, zwei gelassene Elche kreuzen den Weg und ein riesiger Weißkopfseeadler fischt seine Beute während des Fluges direkt vor den Besuchern aus dem Wasser.

Die Fütterung der Geier und der anschließende Besuch des 30-köpfigen Wolfsrudels gehören sicherlich zu den Höhepunkten der ca. zweieinhalbstündigen Führung. Das größte Wolfsrudel Europas erscheint beim ersten Ruf der Tierpfleger und beeindruckt mit strengen Regeln beim Fressen – Verstöße gegen die Etikette werden von ranghöheren Tieren sofort geahndet!

Im Biergarten unter altem Baumbestand genießt man den Schatten, gute und preiswerte Mahlzeiten sowie Kaffee und Kuchen, während die Kinder im Streichelzoo Ziegen und Zwergrinder füttern oder auf dem Waldspielplatz mit Wasser planschen – weit genug weg, um nichts abzubekommen, aber natürlich immer in Sichtweite! Inmitten der Natur können sich Groß und Klein mit Leckereien versorgen und, mit Blick auf die Vorführweide und in das Tal nach Bad Mergentheim, den Tag genießen.

Am Ende des Rundwegs wartet dann die berühmte „Koboldburg" auf die jungen Besucher – ein einzigartiges

bauliches Highlight: Verstecke, Zimmer, Rutschen, Tunnel, Labyrinthe und Kletterbalken gilt es zu entdecken und auszuprobieren. Die Koboldburg ist ein kleines Dorf, umgeben von acht Türmen: sie beherbergt eine Tierarztpraxis, die Zauberschule, den Kaufladen und viele weitere Spielnischen, die zu Rollenspielen verführen... Dort können Gäste mit ihren Kindern auch bei einem der speziellen Familientermine übernachten und gemeinsam mit Klabauke den Kobolden der Nacht lauschen – oder selbst belauscht werden!

Öffnungszeiten

Mitte März bis Anfang November:
Tägl. geöffnet von 9 bis 18 Uhr,
letzter Einlass: 16:30 Uhr.
Mit den Tierpflegern unterwegs: 9:45 und 13:30 Uhr.
Im Winter ist der Wildpark nur an Wochenenden und Feiertagen geöffnet ab 10:30 bis 17 Uhr, letzter Einlass 16 Uhr.

Wildpark Bad Mergentheim

Wildpark 1,
D-97980 Bad Mergentheim
Tel. +49 (0)7931 56305 0
Fax +49 (0)7931 56305 28
info@wildtierpark.de
www.wildtierpark.de

Creglingen

Natur und Urlaub pur!

Die Stadt Creglingen (4.700 Einwohner) als flächenmäßig größte Gemeinde des Main-Tauber-Kreises liegt an der Romantischen Straße im Lieblichen Taubertal im Nordosten von Baden-Württemberg zwischen den Städten Bad Mergentheim und Rothenburg ob der Tauber.

Zu Creglingen gehören neben dem Hauptort mit der romantischen mittelalterlichen Altstadt, der im Jahr 1045 erstmals urkundlich erwähnt wurde, zwölf kleinere Ortschaften mit vorwiegend ländlicher Prägung. Der Erholungsort zeichnet sich aus durch zahlreiche Sehenswürdigkeiten und ein vielseitiges Freizeitangebot. Creglingen verfügt über eine Reihe von Übernachtungsgelegenheiten in Gasthöfen, Ferienwohnungen, Urlaub auf dem Bauernhof, Jugendherberge, Campingplatz und Übernachten im Stadtturm sowie über gastfreundliche Einkehrmöglichkeiten. Infos unter www.creglingen.de

Sehenswürdigkeiten

Beim Rundgang durch die Altstadt entdeckt man eine Reihe von gut erhaltenen historischen Gebäuden. Hierzu gehört die evangelische Stadtkirche mit Ursprüngen im 12. Jahrhundert, die mit ihrem imposanten Kirchturm das Stadtbild bestimmt.

Im Lindleinturm im Stadtgraben 12, der zur spätmittelalterlichen Befestigungsanlage gehörte und ab 1795

Romschlössle
(Bilder Gemeinde Creglingen)

bewohnt war, ist ein kleines Museum untergebracht.

Das Jüdische Museum in der Badgasse 3 dokumentiert das jüdische Leben in Creglingen.

Im Kloster im Teilort Frauental zeigt das Museum „Vom Kloster zum Dorf" die Entwicklung vom Zisterzienserinnenkonvent bis zum landwirtschaftlich geprägten Dorf.

Keinesfalls versäumen sollte man den Besuch der Herrgottskirche etwa 1 km südlich der Stadt. Sie beherbergt den weltberühmten Marienaltar, der Anfang des 16. Jahrhunderts von Tilman Riemenschneider geschaffen wurde, ein Höhepunkt mittelalterlicher Holzbildhauerkunst.

Gegenüber der Herrgottskirche kann man das einzigartige Fingerhutmuseum besuchen.

Infos zu Museen findet man bei www.herrgottskirche.de, www.fingerhutmuseum.de, www.klosterkirche-frauental.de, www.juedisches-museum-creglingen.de und www.kelten-creglingen-finsterlohr.de

Freizeit und Sport

Die Münsterseen im Ortsteil Münster sind ein weithin beliebtes Freizeit- und Erholungsgebiet. Der Badesee hat einen Nichtschwimmerbereich, eine große Liegewiese mit Kiesstrand, Wasserspielplatz, eine Sonnenterrasse und einen Grillplatz. Der See ist durch einen abwechslungsreichen Barfußpfad mit dem vom Herrgottsbach gespeisten oberen Stausee verbunden. Das Gebiet mit Fischereilehrpfad, Wiesen und Wald lädt zum Entdecken und Entspannen ein. Infos unter www.muensterseen.de

Eine weitere Bademöglichkeit bietet das Freibad im Ortsteil Freudenbach. Zu den zahlreichen Wanderwegen in Creglingen gehört auch der interessante 2,4 km lange Kulturlandschaftspfad.

Veranstaltungen

Der traditionelle Creglinger Pferdemarkt mit regem Markttreiben am zweiten Mittwoch im Februar ist ein Festtag in Creglingen.

Im Romschlösslegarten am südlichen Stadtrand findet im Juni das sehr beliebte Rosenblüten- und Lichterfest statt. Die Kunstausstellungen und Konzerte im Romschlössle gehören zum abwechslungsreichen Veranstaltungsprogramm in Creglingen.

Auch die traditionellen Oster- und Weihnachtsmärkte ziehen zahlreiche Besucher an.

Wichtige Adressen und Telefonnummern

Touristinformation
Bad Mergentheimer Straße 14
D-97993 Creglingen
Tel. +49 (0)7933 631
touristinformation-creglingen(@)t-online.de, www.creglingen.de

Campingplatz in idyllischer Landschaft

Camping Romantische Straße

Der Campingplatz „Romantische Straße“ in Creglingen, der als „vorbildlicher Campingplatz in der Landschaft“ ausgezeichnet wurde, liegt in einem idyllischen Tal, das vom Herrgottsbach durchflossen wird. Der Platz auf dem 6 ha großen vielgestaltigen Gelände bietet Campingfreunden einen großen Freiraum zur Entfaltung persönlicher Vorlieben in freier Natur. Kinder können sich unbeschwert auf dem Platz bewegen, während ihre Eltern den ungezwungenen Urlaub genießen.

Auf den zwei Campingplatzhälften stehen insgesamt 100 Stellplätze, drei Schlafräume mit Hängematten und sieben Mobilheime zur Verfügung. Die Mobilheime sind modern eingerichtet und bieten mit zwei separaten Schlafzimmern, gemütlichem Wohn- und Essbereich, mit Bad, WC sowie einer kompletten Küche inklusive E-Herd, Kühlschrank und Mikrowelle alles, was das Camperherz begehrt.

Die Einrichtung der sanitären Anlagen besteht aus Dusch- und Einzelwaschkabinen, Waschbecken, Toiletten und Behindertentoilette sowie Waschmaschine und Trockner.

Außerdem stehen zwei Spülküchen mit insgesamt sechs Spülbecken, ein Sommerwaschhaus und ein Babywickelraum mit Kindertoilette zur Verfügung.

Ein SB-Laden und WLAN gehören ebenfalls zur Ausstattung des Platzes.

Neben dem Badesee gibt es ein Kneippbecken und einen Wasserspielplatz mit Floß, der ideal für kleine Kinder ist. Das Hallenbad inklusive Sauna bietet zusätzlichen Badekomfort.

Ein Spielplatz, Tischtennis und Freilandschach sind ebenfalls vorhanden. Die Spielgolfanlage ist eine Mischung von Golf und Minigolf, sie folgt der Topographie des Geländes.

Gaststätte „Alte Brechscheuer“

Campingfreunde, die sich gerne mal

verwöhnen lassen, statt selbst zu kochen, sind in der Gaststätte mit Biergarten auf dem Campinggelände herzlich willkommen. Bei leckeren Speisen und entspannter Atmosphäre lernt man hier nette Leute kennen. Die „Alte Brechscheuer" ist auch für auswärtige Gäste geöffnet.
Das große Nebenzimmer mit Platz für 60 Personen eignet sich hervorragend für Familienfeiern.

Das erfahrene Serviceteam hilft bei der Auswahl der Speisen und Getränke. Außerdem stehen Festgästen alle Freizeiteinrichtungen des Platzes kostenlos zur Verfügung.

Öffnungszeiten

Die Gaststätte ist von Dienstag bis Samstag ab 18 Uhr sowie an Sonn- und Feiertagen von 11:30 bis 14 Uhr und ab 18 Uhr geöffnet.
Montag ist Ruhetag!

Camping Romantische Straße

Gaststätte „Alte Brechscheuer"
Münster 67, D-97993 Creglingen
Tel. +49 (0)7933 20289
Fax +49 (0)7933 990019
camping.hausotter@web.de
www.camping-romantische-strasse.de

Lauda-Königshofen

Die Weinstadt im Taubertal

Die Weinstadt Lauda-Königshofen liegt im Herzen des Taubertals verkehrsgünstig an der Romantischen Straße zwischen Bad Mergentheim und Tauberbischofsheim.

Der traditionelle Weinbauort in der reizvollen Landschaft des Taubertals bietet vielfältige Freizeit- und Erholungsmöglichkeiten.

Freunden von Kulturgeschichte seien Spaziergänge durch die romantischen Altstädte von Lauda und Königshofen empfohlen, wo man viele gut erhaltene historische Gebäude bewundern kann.

Weinstadt

Der Weinbau im Taubertal existiert schon seit Jahrhunderten. In Lauda-Königshofen gibt es fünf familiengeführte Weinbaubetriebe sowie die Becksteiner Winzergenossenschaft, die hochwertige Weine herstellen. Die Stadt gehört zum Weinanbaugebiet Tauberfranken, einem Bereich des Weinanbaugebietes Baden. Aufgrund der historischen Gebietszugehörigkeit zu Franken dürfen badischen Weine aus Tauberfranken in den traditionellen Bocksbeuteln abgefüllt werden.

Lauda-Königshofen
(Bilder Stadt Lauda-Königshofen

Den berühmten „Tauberschwarz", eine hiesige Rebsorte, sollte man unbedingt probieren!

Zwei Weinlehrpfade von 1,5 km und 3,6 km Länge führen durch die Weinberge und informieren auf zahlreichen Schautafeln über Weinbau und Rebsorten.

Das Laudaer Weinfest am zweiten Wochenende im Juni mit abwechslungsreichem Programm ist Treffpunkt für Freunde eines guten Tropfens aus nah und fern. Erlesene Weine und kulinarische Köstlichkeiten, die an den Weinständen und in den Kellergewölben angeboten werden, lassen keine Wünsche offen.

Freizeit und Sport

Wanderer und Radfahrer haben eine reiche Auswahl an schönen Touren in der Umgebung von Lauda-Königshofen und im Taubertal. Der 5 Sterne-Radfernwanderweg „Liebliches Taubertal"gehört zu den schönsten in Deutschland. Der als Qualitätsweg „Wanderbares Deutschland" ausgezeichnete Panoramaweg Taubertal führt durch das Stadtgebiet. Sehr beliebt ist der Augustinus-Wanderweg rund um den Stadtteil Messelhausen, der von Mönchen des ehemaligen Augustinusklosters angelegt wurde.

Veranstaltungen

Höhepunkt im Veranstaltungskalender ist die zehntägige Königshofer Messe um die Tauberfrankenhalle ab dem dritten Septemberwochenende. Die Messe ist das größte tauberfränkische Volksfest mit Vergnügungspark, Verkaufsmesse und einer Gewerbeausstellung. Sie feierte 2015 ihr 600-jähriges Bestehen. Alljährlich erfreuen sich rund 200.000 Besucher am umfangreichen Angebot der zahlreichen Marktbeschicker.

Wichtige Adressen und Telefonnummern

Tourist-Information
Marktplatz 1,
D-97922 Lauda-Königshofen
Tel. +49 (0)9343 501 128
Fax +49 (0)9343 501 100
tourist.info@lauda-koenigshofen.de
www.lauda-koenigshofen.de

Niederstetten

Historisch, innovativ, naturverbunden

Die Stadt Niederstetten (rund 4.800 Einwohner) im südlichen Main-Tauber-Kreis liegt mit ihren neun Teilgemeinden im Hohenloher Land im Vorbachtal zwischen Tauber und Jagst nahe Bad Mergentheim und Rothenburg ob der Tauber.

Durch die Bundesstraße 290 von Tauberbischofsheim nach Crailsheim ist Niederstetten gut zu erreichen. Der Bahnhof liegt an der Bahnlinie Aschaffenburg-Crailsheim. Die Öffentlichen Nahverkehrsverbindungen sorgen für eine gute Anbindung an die angrenzenden Orte und Regionen.

Niederstetten ist geprägt von einem lebendigen Vereinsleben, einer sehr guten Infrastruktur, guten Einkaufsmöglichkeiten im Stadtkern, einen interessanten Arbeits- und Ausbildungsmarkt sowie von vielfältigen Freizeitmöglichkeiten für Erholung, Sport und Kultur.

Für Gäste stehen unterschiedliche Übernachtungsgelegenheiten in Hotels und Ferienwohnungen zur Verfügung. Die gastfreundliche Gaststätten und Restaurants bieten gastronomische Vielfalt für jeden Geschmack.

Kurzer Blick ins Geschichtsbuch

Erstmals urkundlich erwähnt wurde Niederstetten bereits im Jahr 780. Im 12. Jahrhundert wurde auf einer Anhöhe über dem Ort die Burganlage Haltenbergstetten erbaut, die in späteren Jahrhunderten zum Schloss umgestaltet wurde. 1367 erfolgte die Verleihung des Stadtrechts. Niederstetten entwickelte sich zu einem der bedeutendsten Winzerorte in der Region. Nach wechselnden Besitzern fiel die Stadt 1806 an das Königreich Württemberg.

Die ansässige jüdische Gemeinde hatte wesentlichen Anteil an der wirtschaftlichen Blütezeit von Niederstetten im 19. Jahrhundert als Standort des Pelz-, Wein-, Textil- und Viehhandels.

Niederstetten
(Bild Uwe Weil)

Niederstetten (Bild Uwe Weil)

Der letzte dt. Luftschiff-Kommandant Albert Sammt (1889-1982) wurde in Niederstetten geboren, ihm ist eine Ausstellung im K.U.L.T. gewidmet.

Sehenswürdigkeiten

In Niederstetten sind bei einem Stadtrundgang viele sehenswerte historische Gebäude zu entdecken. Empfehlenswert ist die Teilnahme an einer Stadtführung, die beim Kulturamt gebucht werden kann. Info: Kulturamt Niederstetten, +49 (0)7932 6066712

Auch die Kirchen im Stadtgebiet sind einen Besuch wert. Hierzu gehören die Wehrkirche im Ortsteil Rüsselshausen mit bedeutenden Fresken und einem Pestsarg und die Stadtpfarrkirche St. Jakob.

Das Schloss Haltenbergstetten ist im Privatbesitz der fürstlichen Familie zu Hohenlohe und kann nicht besichtigt werden.

Das Kelter- und Weinbaumuseum, im Ortsteil Wermutshausen zeigt mit 200 Exponaten interessierten Besuchern die Bedeutung des Weinbaus in Niederstetten und die Bedingungen für Winzer im 19. Jahrhundert.

Das Heimatmuseum im Weingärtnerhaus zeigt die Lebensumstände der Bevölkerung am Beginn des 20. Jahrhunderts.

Das Albert-Sammt-Zeppelin-Museum in der Hauptstraße 52/1 (K.U.L.T.) ist mit einer großen Zeppelin-Ausstellung dem Ehrenbürger der Stadt und der großen Zeit der Luftschifffahrt gewidmet. Im ehemaligen Pfarrhaus in Wermutshausen ist eine Gedenkstube für den schwäbischen Dichter Eduard Mörike (1804-1875) eingerichtet, der hier bei seinem Freund Pfarrer Wilhelm Hartlaub von September 1843 bis April 1844 lebte.

Infos zu Öffnungszeiten der Museen beim Kulturamt unter +49 (0)7932 6066712

Freizeit und Sport

Romantische Tauberlandschaft
(Bild Stadt Niederstetten)

Niederstetten ist günstiger Ausgangspunkt für Ausflüge, Wanderungen und Radtouren im hervorragend ausgebauten Wegenetz der romantischen Tauberlandschaft. Niederstetten ist Station auf mehreren Fernwanderwegen und Fernwanderradwegen wie dem Panoramaweg entlang der Tauber oder dem Main-Tauber-Radweg. Empfehlenswert ist der 4,5 km lange als Rundweg angelegte Naturlehrpfad, der am Parkplatz bei der Sporthalle beginnt.

Die fast 90 aktiven Vereine sorgen mit ihren Angeboten für vielfältige Möglichkeiten für sportliche und kulturelle Freizeitgestaltung.

Veranstaltungen

Die Stadt Niederstetten beeindruckt mit einem reichhaltigen Veranstaltungsprogramm.

Hierzu gehören beliebte Märkte wie der Rossmarkt am Donnerstag nach dem zweiten Montag im Januar und das Herbstfest am letzten Septemberwochenende.

Das hochwertige, vielfältige Kulturprogramm in der Stadt, organisiert und gefördert durch das aktive Kulturamt, ist einzigartig in der Region. Neben den Museen mit ihren Ausstellungen bietet das Kulturzentrum „K.U.L.T." ein abwechslungsreiches Programm. Die „Alte Schule" wartet mit einem vielseitigen Seminar- und Kursprogramm auf, das von der Mal- und Schneiderwerkstatt bis zur Ballettschule reicht.

Die rege Theaterszene in Niederstetten verfügt über vier Theaterbühnen. In der Theaterbühne im Amtshaus im Ortsteil Oberstetten führt das Russlanddeutsche Theater seine Stücke auf, das 2016 den RußlandDeutschen Kulturpreis erhielt. Laientheatergruppen in den Ortsteilen Herrenzimmern, Adolzhausen und Oberstetten ergänzen mit humorvollem Dorftheater das Angebot.

Freilichtspiele Niederstetten

Absoluter Höhepunkt des Theaterprogramms in Niederstetten sind die Freilichtspiele im Tempele. Das „Tempele", eine zauberhafte Tuffsteinformation an einem kleinen Bachlauf gelegen, ist Spielort für die bildgewaltigen, hochprofessionellen Produktionen des FreilichtTheaters Niederstetten. So ist der romantischen Ausläufer des ehemaligen Schlossgartens von Schloss Haltenbergstetten seit 1991 im Zwei-Jahres-Rhythmus Anziehungspunkt für zahlreiche Theaterfans aus Nah und Fern.

Unter dem Einfluss professioneller Theaterschaffender hat sich das FreilichtTheater, dem Kultur- und Theaterschaffende eine Strahlkraft weit über die Region hinaus bescheinigen, zu einer semiprofessionellen Bühne mit ganz besonderem Charme entwickelt.
An den aufwändig inszenierten Produktionen sind auch rund 100 Ehrenamtliche aus der Region beteiligt, deren Engagement sich, verbunden mit der großen Leidenschaft und Spielfreude auf der Bühne, auf die begeisterten Zuschauer überträgt.

Unter der Leitung von Regisseur Ulrich Schulz, hat sich das FreilichtTheater Niederstetten in den letzten zwei Jahrzehnten zu einer Bühne mit professionellem Anspruch entwickelt. Es erhielt 2017 den Landesamateurtheaterpreis von Baden-Württemberg.

Dieser spiegelt sich auch in der Auswahl der Stücke wider, zuletzt mit Shakespeares „Sommernachtstraum", dem die Jury des baden-württembergischen Staatspreises „wegweisende Theaterkunst" attestierte.

Große Erfolge feierte das Freilichttheater im Tempele aber auch vor allem mit seinen musikalischen Stücken wie dem Singspiel „Im Weißen Rössl", das die Zuschauer mit einer schräg-modernen Version verblüffte und gleichzeitig begeisterte. In dieser Tradition steht das Stück des Jahres 2018, wenn „Kohlhiesels Töchter", zu sehen sein werden.

Infos beim Kulturamt, Tel. +49 (0)7932 6066717

Freilichtspiele (Bild brconcept)

Genießermarkt Niederstetten

In der Genießerregion Hohenlohe haben sich seit Jahren viele erfahrene Erzeuger von Nahrungsmitteln und engagierte Direktvermarkter einem hohen Qualitätsanspruch verpflichtet. Diese Feinkostproduzenten stellen mit großem Arbeitsaufwand, Idealismus und Fachwissen hochwertige Lebensmittel her. Hierzu gehören auch hervorragende Weine, deren Produktion durch den wärmespeichernden Muschelkalkboden begünstigt wird.

Die Stadt Niederstetten bietet den besten Feinkostlieferanten der Region , immer zwei Wochen nach Ostern, mit ihrem Genießermarkt eine Plattform, um ihre Erzeugnisse zu präsentieren. Der Markt will zum Probieren und Kaufen der regionalen Produkte einladen und dem wachsenden Bedürfnis der Verbraucher nach ausgezeichneten Lebensmitteln Rechnung tragen.

Zu der Verlockung, bewusst zu genießen, tragen auch eine Reihe von erstklassigen Köchen der Region mit ihren Schaukochvorführungen bei.
Die persönliche, herzliche Marktatmosphäre wird von Ausstellern und Besuchern gleichermaßen sehr geschätzt. Uns so hat sich der Genießermarkt zu einer kleinen „Hohenloher Slowfood-Messe“ entwickelt.

Info: Kulturamt Niederstetten, Tel. +49 (0)7932 6066717

Genießermarkt (Bild Stadt Niederstetten)

Weihnachtsmarkt (Bild Roland Bauer)

Märchenhafter Weihnachtsmarkt Niederstetten

Der beliebte Weihnachtsmarkt in Niederstetten, der am 2. Adventswochenende von Donnerstag bis Sonntag seine Pforten öffnet, zeichnet sich durch die einzigartigen lebensgroßen Märchenbilder aus. Tausende von Besuchern, vor allem Kinder, sind beeindruckt von den liebevoll gestalteten Szenen mit Dornröschen, Frau Holle, dem Froschkönig und vielen bekannten Märchenfiguren mehr.

Eine Dampfeisenbahnfahrt durch den glitzernden Märchenwald ist eine besondere Attraktion für die Kinder. In der „Märchenscheune" am Schimmelturm können Kinder und Erwachsene Vorlesungen der gezeigten Märchen lauschen und in der „Himmelswerkstatt" können die Kleinen am Samstag und Sonntag Weihnachtsgeschenke und Weihnachtsschmuck basteln.

Rund um das Rathaus, den Marktplatz und die Jakobskirche sind die beleuchteten, geschmückten Holzhäuschen aufgebaut, die Geschenke, Weihnachtsschmuck, Glühwein und weihnachtliches Gebäck anbieten und eine stimmungsvolle Atmosphäre verbreiten.

Laut Radiosender SWR 1 gehört der Märchenhafte Weihnachtsmarkt zu den schönsten in Baden Württemberg.

Info: Kulturamt Events&Tourismus +49 (0)7932 6066717

Wichtige Adressen und Telefonnummern

Stadtverwaltung Niederstetten
Albert-Sammt-Str. 1
D-97996 Niederstetten
Tel. +49 (0)7932 9102 0
Fax +49 (0)7932 9102 40
info@niederstetten.de
www.niederstetten.de

Weikersheim

Sehen und Erleben

Die Stadt Weikersheim (rund 7400 Einwohner) im Taubertal im Nordosten von Baden-Württemberg liegt ca. 10 km östlich von Bad Mergentheim. Zu Weikersheim gehören die ehemals selbstständigen Gemeinden Elpersheim, Haagen, Honsbronn/Bronn, Laudenbach, Nassau, Neubronn, Queckbronn und Schäftersheim.

Der staatlich anerkannte Erholungsort an der Romantischen Straße wird geprägt durch den denkmalgeschützten historischen Stadtkern mit dem schönen Marktplatz und dem weithin bekannten Schloss sowie durch hervorragende Freizeitmöglichkeiten im idyllischen Taubertal.

Kurzer Blick ins Geschichtsbuch

Weikersheim blickt auf eine über 1180-jährige Geschichte zurück. Der Ort an der Romantischen Straße wird erstmals im Jahr 837 zur Zeit des Frankenkönigs Ludwig des Frommen in einer Schenkungsurkunde des Klosters Fulda genannt. Damals hieß Weikersheim noch „Wighartesheim".

Sehenswürdigkeiten

Die Gassen in der Altstadt Weikersheims mit vielen gut erhaltenen historischen Gebäuden führen zum großzügig angelegten Marktplatz mit einladenden Cafés und Restaurants, dem barocken Rathaus, dem Rokokobrunnen und der Stadtkirche St. Georg aus dem Jahr 1419.

Marktplatz Weikersheim
(Bild Christel Nowak)

Gänsturm
(Bild Christel Nowak)

Im ehemaligen Kornbau aus dem 16. Jahrhundert direkt am Marktplatz zeigt das Tauberländer Dorfmuseum auf drei Stockwerken Möbel, Trachten und Arbeitsgeräte aus dem 18. und 19. Jahrhundert, die größte Sammlung ländlichen Kulturguts in Tauberfranken. Im 1320 erbauten Gänsturm, der 2003 restauriert wurde, ist heute das Stadtmuseum untergebracht.

Seit 2008 zeigt die Stadt Weikersheim Skulpturenausstellungen unter dem Titel „Skulpturen.SCHAU". Die in der Stadt aufgestellten Figuren von jährlich wechselnden Bildhauerinnen und Bildhauer, können von Mitte Mai bis Mitte September besichtigt werden.

Freizeit und Sport

Weikersheim ist idealer Ausgangspunkt für Wander- und Radtouren. Wanderer haben die Auswahl zwischen 15 reizvollen Rundwanderwegen unterschiedlicher Länge. Eine Wanderkarte ist gegen geringe Gebühr bei der Tourist-Information erhältlich. Radwanderer nutzen den beliebten 5-Sterne-Radweg „Liebliches Taubertal – Der Klassiker".

Veranstaltungen

Der reich ausgestattete Weikersheimer Veranstaltungskalender bietet neben hochkarätigen kulturellen Events wie Konzerten und Theater eine Reihe von beliebten Wein- und Straßenfesten und Märkten. Feste Termine im Jahreskalender sind die traditionelle „Kärwe" am ersten Sonntag im September, eine Kirchweih mit einem Umzug, bei dem die Geschichte der Stadt dargestellt wird, die viele Besucher anzieht.

Am 1. Juliwochenende findet der beliebte Markt für hochwertiges Kunsthandwerk zeitgleich mit dem Musikfest auf Schloss Weikersheim im Rahmen des Hohenloher Kultursommers statt. Ein weiteres besonderes Ereignis ist die Junge Oper der Jeunesses Musicales International im zweijährigen Turnus. Romantisch wird es zum Jahresende bei dem am 3.Adventswochenende stattfindenden Weihnachtsmarkt im Weikersheimer Schloss.

Wichtige Adressen und Telefonnummern

Stadt Weikersheim
Tourist-Information, Marktplatz 2
D-97990 Weikersheim
Tel. +49 (0)7934 102 55
Fax +49 (0)7934 102 58
tourismus@weikersheim.de
www.weikersheim.de

Schloss Weikersheim

Schloss und Schlossgarten Weikersheim – das sind zwei ganz besondere Juwelen. Und das will etwas heißen in einer Region wie Hohenlohe, wo sich ein Kleinod ans andere reiht.

Mitten in der lieblichen Weinlandschaft des Taubertals gelegen, entfaltet das Schloss seinen Dornröschen-Zauber schon von weitem. Die genussreichste Form der Annäherung ist die mit dem Fahrrad auf den gut ausgebauten Radwegen.

Stolz zeigt das Schloss seine Geschichte: Weithin sichtbar ist der hohe Turm, der noch von der Wasserburg des Mittelalters erhalten ist. Was man heute vom Schloss sieht, ist eine geniale Erfindung der Renaissance: Aus der Zeit um 1600 stammen etwa die Schlossfassade mit ihren berühmten Giebeln und der stimmungsvolle Innenhof des Schlosses, Schauplatz für Feste und Märkte und die mitreißenden sommerlichen Opernaufführungen der „Jeunesses Musicales". Eine Seltenheit ist der Grundriss. Das Schloss sollte als Dreieck errichtet werden! Im Hof erkennt man das noch gut, obwohl das gräfliche Bauprojekt niemals fertig wurde.

Große Persönlichkeiten erlebt man bei den Führungen der Staatlichen Schlösser und Gärten in Schloss und Garten: etwa das Grafenpaar Wolfgang II. von Hohenlohe und seine Frau Magdalena, die um 1600 das Renaissanceschloss erbauen ließen. Nicht verpassen: Den Rittersaal, in dem damals spektakuläre Feste gefeiert wurden, muss man erlebt haben. Wer einmal dort war, vergisst den Eindruck nicht. Das liegt auch an der Dekoration des

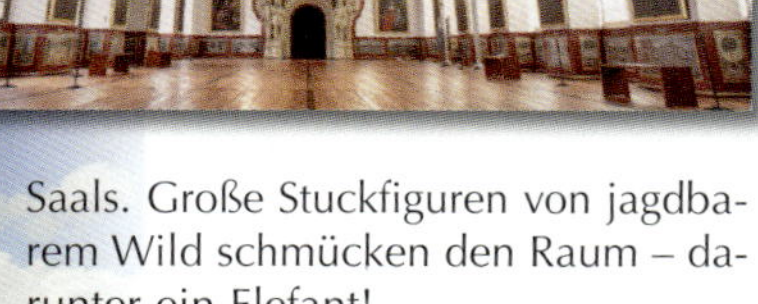

der Südseite des Schlosses, reich geschmückt mit funkelnden Wasserbecken und Fontänen, vielfarbig blühenden Rabatten und beschnittenen Bäumchen – und mit einem Überschwang an steinernen Göttern und Helden. Unbedingt besuchen sollte man die Weikersheimer Zwerge, originelle Karikaturen der gräflichen Bediensteten. Man trifft sie auf einer Balustrade, gleich an der Schlossterrasse.

Saals. Große Stuckfiguren von jagdbarem Wild schmücken den Raum – darunter ein Elefant!

Gut 100 Jahre später war es wieder ein Herrscherpaar, das Schloss und Stadt zur barocken Residenz umbaute: Carl Ludwig und Elisabeth Friederike Sophie. Aus ihrer Zeit haben sich die detailreich ausgestatteten gräflichen Wohnräume erhalten – und vor allem: der einzigartige Schlossgarten. In perfekter Symmetrie entfaltet er sich vor

Schloss und Schlossgarten sind voller Leben: Bei regionalen Märkten, Messen und Festen und bei den hochkarätigen Musikereignissen im Sommer füllen sich der historische Schlosshof und der Garten mit fröhlichen Menschen. Und bei den außergewöhnlichen Führungen und Sonderführungen taucht man ein in die Geschichte der Grafenresidenz Weikersheim.

Schloss und Schlossgarten Weikersheim
Marktplatz 11
D-97990 Weikersheim
Tel. +49 (0)7934 99295 0
Fax +49 (0)7934 99295 12
info@schloss-weikersheim.de
www.schloss-weikersheim.de

Wandergruppe bei Gundelsheim
(Bild Sadt Gundelsheim)

Ausflugsziele

Willkommen zur art KARLSRUHE

Internationale Messe für Klassische Moderne und Gegenwartskunst

„Kunst wäscht den Staub des Alltags von der Seele“ (Pablo Picasso)

Jedes Jahr im Februar öffnen die Karlsruher Messehallen ihre Pforten für Kunstliebhaber, Sammler und Kunstvermittler. Die art KARLSRUHE gilt inzwischen als eine der wichtigsten Messen für Klassische Moderne und Gegenwartskunst und ist beim fachkundigen Publikum weit über die Region hinaus bekannt. Sogar aus den USA reisen Sammler an, um hier Kunst zu erwerben.

Beim Rundgang durch die von Licht durchfluteten Hallen fasziniert die lebendige Präsentation von Kunstwerken an den über 200 Ständen. Farben und Formen soweit das Auge reicht, darunter Werke von weltberühmten Künstlern wie Markus Lüpertz, der jedes Jahr persönlich auf der art KARLSRUHE vorbeischaut. Die Atmosphäre ist locker, man kommt leicht ins Gespräch und kann sich bei den renommierten internationalen Galeristen über die jeweiligen Kunstwerke infor-

mieren. Auch Nachwuchs-Künstler präsentieren auf der Messe ihre Gemälde, Skulpturen und Objekte zu erschwinglichen Preisen. Hat man sich in ein Kunstwerk verliebt, kann man es problemlos erwerben und - sofern tragbar – gleich mitnehmen.

Traditionell wird die art KARLSRUHE vom zweitägigen, öffentlich zugänglichen Symposium ARTIMA art meeting begleitet, das sich den Fragen des Kunstbetriebes widmet. Daneben gibt es ein buntes Rahmenprogramm sowie interessante Sonderausstellungen. Mehrere Restaurants und Cafés sorgen für den kulinarischen Genuss.

Zusammenfassend beschreibt ein Besucher der art KARLSRUHE seine Eindrücke in einem Satz: ***„Kunst macht einfach glücklich"***.

Öffnungszeiten art KARLSRUHE:
11:00 bis 19:00 Uhr täglich für 4 Tage jährlich (Ende Februar, nähere Informationen siehe www.art-karlsruhe.de)

Messe Karlsruhe
Messeallee 1, D-76287 Rheinstetten
Tel. +49 (0)721 3720 5000, Fax +49 (0)721 3720 5494

Bad Friedrichshall

Die Salzstadt an Neckar, Jagst und Kocher

Bad Friedrichshall kann ohne Übertreibung behaupten, die einzige Drei-Flüsse-Salzstadt in Deutschland zu sein. In der Stadt münden der Kocher und die Jagst in den Neckar und machen die Drei-Flüsse-Landschaft ebenso einzigartig, wie das einzige besuchbare Salzbergwerk Baden-Württembergs.

Die Welt des „weißen Goldes" im Salzbergwerk

Die faszinierende Welt des „weißen Goldes" erwartet die Besucher in 180 Meter Tiefe. In gewaltigen unterirdischen Kammern erleben die Gäste beeindruckende Lichtinszenierungen, den grandiose Kuppelsaal und werden mit modernster Präsentation in die Salzentstehung, -gewinnung und -verwendung eingeführt.

Radfahren und Wandern

Bad Friedrichshall ist das Tor zum Kocher-Jagst-Radweg und optimaler Einstiegspunkt in den Neckartalradweg und viele Radfernwege. Querverbindungen vom Kocher- ins Jagsttal oder Neckartal bilden ein engmaschiges Radwegenetz und machen die Stadt zum Radwegeknotenpunkt im Heilbronner Land. Auf dem Salzwanderweg begibt man sich auf die Spuren des weißen Goldes. Der Weg führt durch die Geschichte der Salzgewinnung und des Salzabbaus.

Vier Schlösser vor Ort

André'sches Schlösschen

Mit den drei dicht beieinanderliegenden Schlössern St. André'sche Schlösschen, Schloss Lehen und dem Greckenschloss, bietet es sich an, den historischen Stadtteil Kochendorf bei einer Stadtführung besser kennenzulernen. Auch dem vierten Schloss, dem Schloss Heuchlingen, lohnt es, einen Besuch abzustatten.

Bad Friedrichshall
(Bilder Stadt Bad Friedrichshall)

Schloss Heuchlingen

Freizeitangebote in Bad Friedrichshall

Erholung findet der Besucher im Solefreibad. Rund 2.000 Quadratmeter Wasserfläche erwarten die kleinen und großen Besucher, ein Sole-Sportbecken, Wellenbecken, Riesenrutsche, Massagebrunnen, Spaßbecken, Kleinkinderbereich und wunderschöne Liegewiese unter großen Bäumen.

Kultur pur!

Kultur pur ! ist Bad Friedrichshalls Kulturreihe, die von Oktober bis April für ein unterhaltsames und vielseitiges Bühnenprogramm sorgt. Auch kleine Stadtdetektive können hier viel erleben. Ob eine spannende Kinderführung im Salzbergwerk, eine Schlösserführung zu den Schlossgespenstern, Kindertheater in den Schlössern, Puppentheater ... Kinder können einiges erleben und entdecken.

Wichtige Adressen und Telefonnummern

Stadtmarketing, Tourismus & Kultur Bad Friedrichshall
Rathausplatz 1
D-74177 Bad Friedrichshall
Tel. +49 (0)7136 832 106
tourist@friedrichshall.de
www.friedrichshall-tourismus.de

Freibad

Bad Wimpfen

Kurstadt mit historischer Altstadt

Die Kurstadt Bad Wimpfen (rund 7.000 Einwohner) am Neckar im Landkreis Heilbronn ist mit ihrer sehenswerten Altstadt ein attraktives Ausflugsziel auch für Radwanderer auf dem 330 km langen Kocher-Jagst-Fernradweg. Beim Rundgang durch die romantischen Gassen laden zahlreiche Gaststätten und Weinstuben zur Einkehr.

Sehenswürdigkeiten

In der ehemaligen mittelalterlichen Stauferpfalz sind zahlreiche historische Bauten erhalten geblieben. Die Stadtkerne von Wimpfen am Berg und Wimpfen im Tal stehen als Gesamtanlage unter Denkmalschutz.

Die bedeutendste Sehenswürdigkeit ist die um 1200 errichtete Kaiserpfalz, von der in der östlichen Altstadt der rote Turm, die Pfalzkapelle, das Steinhaus, das Hohenstaufentor sowie große Teile der Umfassungsmauern erhalten sind. Der Bergfried der Pfalz, der „Blaue Turm" ist Wahrzeichen der Stadt und kann besichtigt werden mit prächtigem Ausblick auf die Stadt und Umgebung. Seit 650 Jahren residiert hier ununterbrochen ein Türmer.

Interessenten der Kunstgeschichte können mehrere sehenswerte Kirchen in der Stadt besichtigen.

Die evangelische Stadtkirche mit Ursprüngen im 13. Jahrhundert wurde um 1520 als spätgotische Hallenkirche erbaut. Auf dem Kalvarienberg neben der Kirche findet man eine Kreuzigungsgruppe aus dem 16. Jahrhundert.

Die katholische Dominikanerkirche aus dem 13. Jahrhundert erhielt ihre heutige barocke Gestalt im 18. Jahrhundert. Sie ist durch einen kunstvollen Kreuzgang mit dem ehemaligen Kloster verbunden.

Kaiserpfalz Bad Wimpfen
(Bilder Tourist-Information Bad Wimpfen)

Weitere sehenswerte Kirchen sind in Wimpfen im Tal die Stiftskirche St. Peter, deren Anfänge ins 7. Jahrhundert zurück reichen und die Cornelienkirche von 1476 mit kunstvoll geschmücktem Portal und Fresken aus dem 15. Jahrhundert.

Stadtführung

Beim Rundgang durch die Stadt sind zahlreiche weitere gut erhaltene historische Gebäude zu entdecken, darunter mehrere Fachwerkhäuser aus dem 15. und 16. Jahrhundert. Das Museum im Steinhaus und das Reichsstädtische Museum zeigen Exponate zur Geschichte der Stadt.

Sehr zu empfehlen ist die Teilnahme an einer öffentlichen Stadtführung, Termine findet man bei www.badwimpfen.de/stadtfuehrungen

Veranstaltungen

Die beliebten traditionsreichen Wimpfener Märkte und Feste ziehen zahlreiche Besucher an. Hierzu gehören der große Wimpfener Faschingumzug, der Wimpfener Talmarkt Ende Juni, einer der ältesten Märkte Deutschlands und größtes Volksfest im Unterland, das Reichsstadtfest, das in den ungeraden Jahren gefeiert wird, der Kunsthandwerkermarkt am letzten Augustwochenende und der wunderschöne Altdeutsche Weihnachtsmarkt an den ersten drei Adventswochenenden, der die Gassen der historischen Altstadt in ein stimmungsvolles Weihnachtsparadies aus früheren Zeiten verwandelt.

Zu den beliebten kulturellen Veranstaltungen gehört die Lange Kunstnacht Anfang Mai mit Ausstellungen zahlreicher Künstler und buntem Programm sowie der Kunstmarkt „Montmartre“ im Hochsommer und die Veranstaltung „Brunnen und Gärten“ an einem Wochenende im Juni, wobei die Altstadt durch ein Blumenmeer verzaubert wird.

Wichtige Adressen und Telefonnummern

Tourist-Information Bad Wimpfen
Hauptstraße 45
D-74206 Bad Wimpfen
Tel. +49 (0)7063 9720 0
Fax +49 (0)7063 9720 20
info@badwimpfen.org
www.badwimpfen.de

Feuchtwangen

Festspielstadt Feuchtwangen

Die ehemalige Reichsstadt Feuchtwangen (rund 12.500 Einwohner) an der Romantischen Straße ist facettenreich und belohnt mit fränkischem Flair. Im mittelfränkischen Landkreis Ansbach gelegen, ist sie als anerkannter Erholungsort ein beliebtes Ausflugsziel. Sie wird geprägt durch die liebenswerte historische Altstadt mit ihren Sehenswürdigkeiten, netten Geschäften sowie charmanten Cafés und Gaststätten, die zur Einkehr einladen.

Sehenswürdigkeiten

Ein Rundgang durch die romantischen Gassen der historischen Altstadt beginnt idealerweise am Marktplatz, der auch als „Festsaal Frankens" bezeichnet wird. Er wird umsäumt vom ehemaligen Rathaus (heute Tourist Information), imposanten Bürgerhäusern und altfränkischen Fachwerkbauten. Schmuckstück des Platzes ist der 1727 erbaute Röhrenbrunnen. Vom Marktplatz führt eine Treppe in den romanischen Kreuzgang aus dem 12. Jahrhundert, Schauplatz der Freilichtaufführungen der berühmten Kreuzgangspiele.

Weiter geht es zur Stiftskirche, der ehemaligen Klosterkirche, die vermutlich bereits Ende des 8. Jahrhunderts gegründet wurde und eines der Wahrzeichen der Stadt ist. Sehenswert sind der Marienaltar aus dem Jahr 1484 von Michael Wolgemut, dem Lehrer Albrecht Dürers, und das geschnitzte Chorgestühl aus der Zeit um 1500. Einen Besuch lohnt auch die benachbarte Johanniskirche mit Bemalungen des Chorgewölbes aus der Zeit um 1400.

Marktplatz
(Bilder Andreas Strunz)

Fränkisches Museum

Das Fränkische Museum Feuchtwangen ist eines der schönsten und ältesten Volkskunstmuseen Süddeutschlands. Thema ist das Leben und Wohnen in den kleinen Städten Frankens. Die reichhaltige Fayencensammlung ist besonders sehenswert. Öffnungszeiten unter www.fraenkisches-museum.de

Veranstaltungen und Kulinarische Spezialitäten

Das Veranstaltungshighlight in Feuchtwangen sind die beliebten Kreuzgangspiele, ein professionelles Freilichttheater, das von Mitte Mai bis Mitte August klassische Theaterstücke sowie Kindertheater zur Aufführung bringt.

Zahlreiche Besucher kommen neben anderen Festen und Märkten jährlich zu Frankens schönster Wiesenkirchweih - dem Volksfest auf der Mooswiese in der zweiten Septemberhälfte. Anfang November dreht sich bei den Fisch- und Wildtagen immer alles um heimischen Fisch und Wild.

Der fränkische Karpfen ist eine regionale Spezialität, der traditionell in den Monaten mir „r" auf den Tisch kommt.

Das ganze Jahr über gibt es von einer Feuchtwanger Chocolatière verführerische Pralinen und handgeschöpfte Schokoladentafeln zu kaufen. Auch das Urgetreide Emmer, eine der ältesten von Menschen kultivierten Getreidearten, ist in Feuchtwangen zu Hause und wird von den Feuchtwanger Gastronomen gerne verwendet.

Den Abschluss des Veranstaltungsreigens bildet der malerische Weihnachtsmarkt an den Adventswochenenden. Er besticht durch seine romantische und gemütliche Atmosphäre.

Wichtige Adressen und Telefonnummern

Tourist Information Feuchtwangen
Marktplatz 1, D-91555 Feuchtwangen
Tel. +49 (0)9852 904 55
Fax +49 (0)9852 904 250
touristinformation@feuchtwangen.de
www.feuchtwangen.de

Stiftskirche

Gundelsheim

Deutschordensstadt am Neckar

Gundelsheim
(Bilder Stadt Gundelsheim)

Die Stadt Gundelsheim (rund 7.300 Einwohner) liegt umgeben von Weinbergen am rechten Neckarufer nördlich von Bad Wimpfen und ist durch die Bundesstraße 27 bequem zu erreichen. Ein Ausflug in die liebenswerte Kleinstadt mit zahlreichen Sehenswürdigkeiten lohnt sich. Sie wird geprägt durch die historische Altstadt mit der beeindruckenden Silhouette am Neckarufer und dem oberhalb liegenden Schloss Horneck aus der Zeit des Deutschen Ritterordens, das das Stadtbild beherrscht.

Gundelsheim blickt auf eine reiche Geschichte zurück und wurde bereits 766 urkundlich erwähnt. Im 13. Jahrhundert gehörte Gundelsheim dem Deutschen Orden, 1378 erhielt der Ort das Stadtrecht, 1398 das Marktrecht.

Die im 12. Jahrhundert erbaute Burg Horneck war seit 1438 Residenz der Deutschmeister des Deutschen Ordens. Zur beeindruckenden Anlage des Schlosses, das im 16. Jahrhundert auf den Trümmern der im Bauernkrieg zerstörten Burg errichtet wurde, gehören mehrere spätmittelalterliche Wehrtürme und das prachtvolle Prunktor zur Schlossstraße.

Heute beherbergt das Schloss das Siebenbürgische Kultur- und Begegnungszentrum mit dem Siebenbürgischen Museum, das kulturelle Zentrum der Siebenbürger Sachsen. Das Museum ist täglich außer montags von 11 bis 17 Uhr geöffnet.

Die romantische Altstadt lässt sich am besten durch den Historischen

Wandern am Neckarsteig

Pfad kennen lernen, der beginnend in der Schlossstraße auf 17 Stationen mit Infotafeln durch die Gassen mit zahlreichen gut erhaltenen Fachwerkhäusern führt. Gemütliche Gaststätten und Straßencafés laden zum Verweilen ein.

Zu den sehenswerten Gebäuden gehört die katholische Stadtpfarrkirche St. Nikolaus, die ehemalige Spitalkirche des Deutschen Ordens mit prächtig ausgestatteten Innenraum und mehreren eindrucksvollen Barockaltären.

Sehr zu empfehlen ist die Teilnahme an einer öffentlichen Stadtführung, die von April bis Oktober am 1. Sonntag und am 3. Dienstag im Monat stattfindet. Start ist jeweils um 11 Uhr bzw. am Dienstag um 18.50 Uhr beim Rathaus. Außerdem werden interessante Stadtführungen zu unterschiedlichen Themen angeboten.

Für Genießer bietet Gundelsheim mit der feinen Schokolade der Schokoladenmanufaktur Schell und den köstlichen Weinen aus dem Anbaugebiet Himmelreich am Neckar besonders verführerische Spezialitäten.

Wanderer und Radfreunde finden in Gundelsheim ein Wanderparadies in den bewaldeten Hügeln der Umgebung und am Neckar. Lohnend sind die Wanderungen auf dem Neckarsteig und die Radtouren auf dem Salz- und Soleradweg sowie dem Neckartalradweg.

Ein besonders schönes Erlebnis ist eine beschauliche Planwagenfahrt nach Bad Wimpfen mit Stadtbesichtigung und Rückkehr mit einem Schiff auf dem Neckar.

Wichtige Adressen und Telefonnummern

I-Punkt bei der Stadtverwaltung Gundelsheim
Tiefenbacher Str. 16
D-74831 Gundelsheim
Tel. +49 (0)6269 96 19
Fax +49 (0)6269 96 96,
tourismus@gundelsheim.de
www.gundelsheim.de

Stadtführung

Jagsthausen

Heimat des Götz von Berlichingen

Die Gemeinde Jagsthausen (rund 1.900 Einwohner) mit ihrem Teilort Olnhausen liegt am Unterlauf der Jagst nordöstlich von Heilbronn. Jagsthausen zeichnet sich aus durch die reizvolle Verbindung von Natur und Kultur. Das idyllische Jagsttal mit schönen Rad- und Wanderwegen zieht Besucher ebenso an wie die attraktiven Sehenswürdigkeiten und das reiche kulturelle Angebot mit den Burgfestspielen als Höhepunkt.

Kurzer Blick ins Geschichtsbuch

Im 2. Jahrhundert lag im Gebiet Jagsthausen eine römische Siedlung mit Kastell und Bad am Obergermanisch-Raetischen Limes.

Jagsthausen wurde 1090 erstmals urkundlich erwähnt. Der berühmte fränkische Reichsritter Götz von Berlichingen (um 1480 – 1562) wurde in Jagsthausen geboren und verbrachte seine Kindheit hier. Jagsthausen war lange in reichsritterschaftlichem Besitz der Familie von Berlichingen. Es wurde 1806 dem Königreich Württemberg zugeordnet.

Sehenswürdigkeiten

In Jagsthausen kann man eine Reihe von sehenswerten Gebäuden bewundern.

Die Burg Jagsthausen, heute auch Götzenburg genannt, geht auf die historische Burg aus dem 14. Jahrhundert zurück, in der Götz von Berlichingen einen Teil seiner Kindheit verbrachte. Sie dient heute als Kulisse für die Burgfestspiele. Im Gebäude ist ein Hotel, ein Restaurant und ein

Radler vor der Götzenburg
Bilder Gemeinde Jagsthausen

Bronzeskulptur des Götz von Berlichingen

Museum, das die originale „Eiserne Hand" des Ritters Götz von Berlichingen beherbergt, untergebracht. Auch das Rote und Weiße Schloss befinden sich in Familienbesitz der Familie von Berlichingen.

Die im gotischen Stil erbaute Jakobuskirche aus dem 15. Jahrhundert beeindruckt mit dem imposanten achteckigen Turm. Sie wurde 1646 im Dreißigjährigen Krieg vom schwedischen Heer niedergebrannt, bald darauf aber mit schwedischer Finanzhilfe wiederaufgebaut.

Im Zentrum von Jagsthausen wurde in den 1990er Jahren das Römerbad wiederentdeckt und als Freilichtmuseum mit den rekonstruierten Fundamenten und Informationstafeln mit viel Wissenswertem aus römischer Zeit neu gestaltet. Weitere Fundstükke aus römischer Zeit sind im Museum „Beständige Begleiter – Römische Alltagskeramik aus der Sammlung Krapf" im Alten Rathaus ausgestellt.

Freizeit und Sport

Jagsthausen liegt am Kocher-Jagst-Radweg, einem der schönsten Radfernwanderwege in Baden-Württemberg.

Durch Jagsthausen führen der deutsche Limes-Wanderweg und ein Teil des Jakobsweges von Rothenburg ob der Tauber nach Speyer. Acht idyllische Rundwanderwege von 3,5 km bis 19 km Länge rechts und links der Jagst erschließen die Landschaft rund um Jagsthausen. Zusammen mit den Wanderwegen der Nachbargemeinden Schöntal und Widdern bilden sie ein Wegenetz von 240 km Länge, das zu vielen Naturschönheiten und Sehenswürdigkeiten führt.

Das Weiße Schloss

Wichtige Adressen und Telefonnummern

Bürgermeisteramt Jagsthausen
Hauptstraße 3, D-74249 Jagsthausen
Tel. +49 (0)7943 9101 0
Fax +49 (0)7943 9101 50
info@gemeinde.jagsthausen.de
www.jagsthausen.de

Schauplatz der Weltliteratur

Burgfestspiele Jagsthausen

Burgfestspiele Jagsthausen – jedes Jahr im Sommer!

Seit dem Jahr 1950 bieten die Burgfestspiele Jagsthausen jährlich anspruchsvolles, unterhaltsames Profitheater vor der traditionsreichen Kulisse der Götzenburg. Die Götzenburg war Stammsitz des Götz von Berlichingen, ist somit Schauplatz der Weltliteratur. Denn dort lassen die Burgfestspiele Jagsthausen Jahr für Jahr Goethes Götz am Originalschauplatz lebendig werden.

Die vielbesuchten Festspiele locken ihre Besucher mit der hohen Qualität der Theater-Inszenierungen und einer authentischen, einzigartigen Spielstätte an. Unter freiem Sommerhimmel verschwimmen alljährlich Dichtung und Wahrheit, Gegenwart und ausgehendes Mittelalter. Auf künstlerisch hohem Niveau wird bei den Burgfestspielen Jagsthausen ein brei-

Bilder Burgfestspiele Jagsthausen

tes, engagiertes und professionelles Kulturprogramm geboten. Jedes Jahr freuen sich die Besucher auf die Genres Drama, Schauspiel, Musik- und Kindertheater.

Der Festspielort Jagsthausen eignet sich durch seine reizvolle Lage im Jagsttal, durch das ausgewogene Klima, mit seinen landschaftlichen Reizen sowie seiner kulturstättenreichen Umgebung vortrefflich für die sommerlichen Aktivitäten rund um die Burgfestspiele Jagsthausen. Landschaft, Geschichte und Kultur sind wesentlicher Bestandteil dieser abwechslungsreichen Region. Im herrlichen Jagsttal, das an die römische Besiedlung aus dem 2. Jahrhundert nach Christus erinnert, ist die traditionsreiche Geschichte zum Greifen nah.

Die Open-Air-Saison der Burgfestpiele beginnt jedes Jahr Anfang Juni und dauert bis Ende August. Vor dem Start der Freiluftsaison gibt es in den Wintermonaten Einzeltermine im Gewölbekeller der Götzenburg Jagsthausen.

Das gesamte Programm sowie weitere Informationen kann man der Website der Burgfestspiele Jagsthausen unter www.burgfestspiele-jagsthausen.de entnehmen.

Burgfestspiele Jagsthausen
Schlossstraße 12
D-74249 Jagsthausen
Tel. +49 (0)7943 9123 45
Fax +49 (0)7943 9124 40
burgfestspiele@jagsthausen.de
www.burgfestspiele–jagsthausen.de

Dinieren bei den Freiherrn von Berlichingen

Rotes Schloss Jagsthausen

Der berühmte Reichsritter mit der „eisernen Hand“, Götz von Berlichingen, verbrachte in Jagsthausen seine Kindheit. Das Rote Schloss ist bis heute im Besitz der Familie Freiherr von Berlichingen, die 2007 das rustikal ausgestattete Restaurant im zugehörigen Pferdestall und der Kutschenremise einrichtete. Zwischen historischen Gebäuden und einem prächtigen Schlosspark lädt das „Rote Schloss“ mit hervorragender Küche und unvergleichlichem Ambiente zum Wohlfühlen ein.

Gekocht wird im Roten Schloss ohne Geschmacksverstärker und künstliche Aromen. Verwendet werden hauptsächlich Produkte aus der Region und dem jahreszeitlichen Angebot. Alle Gerichte wie Gebratene Wildmaultaschen, Rehbraten in Wacholderrahm oder Zwiebelrostbraten mit Lembergersoße werden in der offenen Schauküche frisch zubereitet.

Wildgerichte stammen vorwiegend aus der eigenen Jagd und heimischen Wäldern. Auch die Weine von privaten württembergischen Weingütern und die hausgemachten Säfte stammen aus der Region. Das „Rote Schloss“ bietet in wundervollen hergerichteten, restaurierten Räumen wie der Remise oder dem ehemaligen Pferdestall einen passenden Rahmen für Feierlichkeiten aller Art.

Das Team des Roten Schlosses beantwortet alle Fragen rund um das Fest und steht Gästen mit umfassendem professionellem Service zur Verfügung. Der nahe gelegene ehemalige Gast hof zur Krone wird von der Familie seit 2016 als Gästehaus geführt. Gäste können hier übernachten und frühstücken.

Rotes Schloss

Schlossstraße 17
D-74249 Jagsthausen
Tel. +49 (0)7943 943765
Fax +49 (0)7943 944928
info@rotesschloss.de
www.rotes-schloss.de

Kirchturm der Jakobuskirche
Bild Gemeinde Jagsthausen

Faszination Mittelalter

Kloster Maulbronn

Vor über 800 Jahren gegründet und heute noch bis ins Detail erhalten: Kloster Maulbronn atmet den Geist des Mittelalters und zugleich ist das einstige Zisterzienserkloster voller Leben, an jedem Tag des Jahres. Vor 25 Jahren wurde Maulbronn von der UNESCO zum Welterbe erhoben: als die am besten erhaltene mittelalterliche Klosteranlage der Zisterzienser nördlich der Alpen.

Ab 1147 errichtet, versammelt Maulbronn in Klosterkirche und Klausur eindrucksvolle Kunstwerke und Bauten von der Romanik bis zur Spätgotik. Etwas ganz Besonderes kommt in Maulbronn noch dazu: Hier sind nicht nur die Bauten der Mönche erhalten, sondern auch die, in denen gewirtschaftet und gearbeitet wurde,

von der Bäckerei bis zum riesigen Speicher, in dem die Vorräte lagerten. Das Wirken der Zisterziensermönche reichte weit in die Umgebung, das lässt sich bis heute sehen und erleben: etwa die Kanäle und Teiche, die der Wasserversorgung und der Fischzucht dienten. Ein genussreiches Vermächtnis ist der Weinbau: Die steilen Terrassen steigen gleich hinter den Dächern des Klosters auf – und sie tragen bis heute renommierte Weine. Vollends berühmt wurde Maulbronn mit der Reformation. Denn damals richtete der Herzog von Württemberg hier eine Klosterschule ein. Fast alle Geistesgrößen im Südwesten drückten die Schulbank im ehemaligen Kloster – bis hin zum Literaturnobelpreisträger Herrmann Hesse.

Ja – und eine Geschichte darf man in Maulbronn nicht vergessen: Der Legende nach ist hier die süddeutsche Spezialität schlechthin erfunden worden, die Maultasche. Ein schlauer Mönch soll sie sich ausgedacht haben, als dem Kloster ein gutes Stück

Fleisch geschenkt wurde – allerdings in der strengen Fastenzeit. Kleingehackt und mit Kräutern in der Teighülle versteckt umgingen die Maultaschen das Verbot.

Das lebendige Programm im einstigen Kloster macht den Besuch zu allen Jahreszeiten zum Erlebnis. Besonders viele Erlebnisse bietet das Programm für Kinder und Familien! Wer ein bisschen Zeit mitbringt, kann die Weinberge und die Teiche der Zisterzienser in der Umgebung entdecken: Gut ausgeschilderte Spazier- und Wanderwege beginnen direkt am Kloster. Das ganze Jahr hindurch begleiten Feste und Märkte die Jahreszeiten, vom Ostereiermarkt bis zum Weihnachtsmarkt.

Öffnungszeiten:

1. März bis 31. Oktober:
Mo. bis So. 9 – 17:30 Uhr,
letzter Einlass 16.45 Uhr.
1. November bis 28. Februar:
Di. bis So. 9:30 – 17 Uhr,
letzter Einlass 16.15 Uhr

Kloster Maulbronn

Klosterhof 5
D-75433 Maulbronn
Tel. +49 (0)7043 9266 10
Fax +49 (0)7043 9266 11
info@kloster-maulbronn.de
www.kloster-maulbronn.de

Neudenau

Die Fachwerkstadt an der Jagst

Marktplatz
(Bilder Stadt Neudenau)

Die Stadt Neudenau (rund 5.200 Einwohner) im idyllischen Jagsttal zwischen Bad Friedrichshall und Möckmühl ist bequem über die Autobahnabfahrt Möckmühl der A 81 zu erreichen. Umgeben von herrlichen Wäldern, die zu genussvollen Wanderungen einladen, ist die sehenswerte Stadt ein beliebtes Ausflugsziel am Kocher-Jagst-Radweg.

Das idyllisch und sehr ruhig direkt am Jagsttalweg gelegene und vom Verein der „Freibadfreunde Neudenau" äußerst gepflegte Freibad lädt zu einer Rast und Erholung ein.

Sehenswürdigkeiten

Der mittelalterliche Stadtkern von Neudenau ist reich an historischen Fachwerkhäusern, vor allem rund um den schönen Marktplatz mit Rathaus aus dem Jahr 1587 und Marktbrunnen. Zu den gut erhaltenen Gebäuden gehört auch das Sturmfeder'sche Haus von 1479 bei der Kelter und Teile der mittelalterlichen Stadtmauer mit Wehrtürmen. An vielen der behutsam und sachkundig sanierten und restaurierten Gebäude sind Informationstafeln zur Geschichte des jeweiligen Gebäudes angebracht.

Freibad

Gänslauf

Sehenswerte Kirchen im Ort sind die barocke Stadtpfarrkirche sowie die Gangolfskapelle außerhalb des Ortes, die mit Fresken aus dem 14. und 15. Jahrhundert und prachtvollen Altären beeindruckt. Weitere Kunstdenkmäler sind die Ölberggruppe und eine Kreuzigungsgruppe bei der Pfarrkirche sowie zahlreiche historische Bildstöcke.

Das aus dem 13. Jahrhundert stammende Schloss Neudenau beherbergt heute das Josefine-Weihrauch-Heimatmuseum, das eine volkskundliche Sammlung von großer Bedeutung aus der Regionalgeschichte sowie wechselnde Ausstellungen lokaler Künstler präsentiert. Es ist von April bis September sonntags von 14 bis 17 Uhr geöffnet. Im Sommer werden im Schloss auch Konzerte angeboten.

Veranstaltungen

Zu den beliebten Festen in Neudenau gehört der so genannte traditionelle Gangolfsritt immer am zweiten Sonntag im Mai, eine Pferdewallfahrt von der Stadt zur St. Gangolfskapelle.

Beim Dorffest im Stadtteil Herbolzheim, das seit 1977 in zweijährigem Rhythmus im Juli gefeiert wird, verwöhnen die teilnehmenden Vereine die Besucher mit kulinarischen Köstlichkeiten, Darbietungen von Musikkapellen und einer illuminierten Festmeile am Abend.

Im Juli findet im Ortsteil Herbolzheim der „Gänslauf" statt. Der Gänslauf ist Bestandteil des jährlich in der Region stattfindenden „3-Flüsse-Cups" (insg. 6 Laufveranstaltungen von 6 an Kocher, Jagst und Schefflenz liegen Städte/Gemeinden).

Wichtige Adressen und Telefonnummern

Stadtverwaltung Neudenau
Hauptstraße 27, D-74861 Neudenau
Tel. +49 (0)6264 92780 0
Fax +49 (0)6264 92780 49
zentrale@neudenau.de
www.neudenau.de

Obersulm

Wein, Wald, See, Berge

Obersulm Sülzbach, Klosterhof
(Bilder Gemeinde Obersulm)

Die Gemeinde Obersulm (rund 13.500 Einwohner) liegt östlich von Heilbronn am Rande des Naturparks Schwäbisch-Fränkischer Wald am Fuß der Löwensteiner Berge. Die reizvolle Landschaft des Gemeindegebiets inmitten von Weinbergen, Wald und idyllischen Tälern, auch „Schwäbische Toskana" genannt, bietet vielfältige Freizeitmöglichkeiten, vor allem im Naherholungsgebiet Breitenauer See. Die Württemberger Weinstraße führt durch das Gebiet von Obersulm.

Gastfreundliche Restaurants und Weinstuben laden mit regionalen Spezialitäten und vollmundigem Württemberger Wein zur Einkehr. Obersulm ist sowohl über die Stadtbahnlinie S4 (Karlsruhe/Öhringen), als auch über das nahe Autobahnkreuz Weinsberg der A 6 und A 81 gut zu erreichen.

Sehenswürdigkeiten

In den Ortsteilen Obersulms gibt es eine Reihe von sehenswerten Kirchen, Schlössern und historischen Fachwerkbauten zu entdecken.

Die Synagoge im Ortsteil Affaltrach aus dem Jahr 1851 dient heute als Museum zur Geschichte der Juden im Kreis Heilbronn.

Im Ortsteil Weiler ist im alten Schulgebäude von 1791 und mehreren angeschlossenen Nebengebäuden ein Schulmuseum mit Spielzeugmuseum eingerichtet, das größte seiner Art in Baden-Württemberg. Die Entwicklung der Schulgeschichte aus sechs Jahrhunderten wird mit zahlreichen Exponaten zu verschiedenen Themen dokumentiert. Es ist eine alte Schulmeisterwohnung, eine Sonntagsschule und vieles mehr zu besichtigen. In einem der Nebengebäude zeigt das Spielzeugmuseum auf drei Etagen Spielzeug aus dem 19. und 20. Jahrhundert wie Kaufläden und Puppenstuben. Das Museum ist sonntags und an Feiertagen von 14 bis 17 Uhr geöffnet.

Freizeit und Sport

Der 40 Hektar große Breitenauer See, der zum Teil auf Obersulmer Gebiet liegt, ist ein vor allem bei Familien weithin bekanntes und beliebtes Ausflugsziel. Der in der herrlichen Landschaft des Naturparks gelegene See bietet Schwimmern, Seglern, Surfern, Radfreunden und Wanderern ideale Bedingungen zur Freizeitgestaltung. Ein 4,3 km langer Seerundweg lädt zu einer gemütlichen Wanderung ein.

Ein breiter Sandstrand und gepflegte Liegewiesen ermöglichen ungetrübtes Badevergnügen, Kinder finden viel Platz zum Spielen. Abenteuerspielplätze mit Trampolin, Spielwiesen und ein Beachvolleyballplatz bieten viel Raum, um sich auszutoben. An den See grenzt ein 16,5 Hektar großer Fünf-Sterne-Campingpark.

Auch das beliebte Mineralfreibad mit einer tollen Breitwellenrutsche in Affaltrach bietet Badegästen Erholung in schöner Lage.

Ein lohnender Wanderweg ist der Weinerlebnispfad Obersulm, der mit dem Walderlebnispfad verbunden ist. Ausgehend vom Parkplatz am Zeilberg oder von der S-Bahnhaltestelle Affaltrach führt der Weg mit zahlreichen Informationstafeln zum Weinbau durch die Weinberge. Der Walderlebnispfad im Eichswald bietet ebenfalls auf Tafeln und an Erlebnisplätzen Interessantes zu Bäumen und Waldtieren.

Wichtige Adressen und Telefonnummern

Gemeindeverwaltung Obersulm
Bernhardstraße 1
D-74182 Obersulm
Tel. +49 (0)7130 28 0
Fax +49 (0)7130 28 199
Gemeinde@Obersulm.de
www.obersulm.de

Breitenauer See

Einer der schönsten Campingplätze Deutschlands

Campingpark Breitenauer See

Der Breitenauer See bei Obersulm im Naturpark Schwäbisch-Fränkischer Wald ist mit 38 Hektar die größte Wasserfläche in Nord-Württemberg. Er liegt rund 15 km östlich von Heilbronn und ist über die Bundesstraße B 39 gut zu erreichen.

Direkt am See lädt der 16,5 Hektar große, ökologisch orientierte 5*-Campingpark zur aktiven Freizeitgestaltung und Erholung ein. Er liegt ruhig in der reizvollen Landschaft des Weinsberger Tals, umgeben von Wald, Weinbergen und dem Breitenauer See. Das Naherholungsgebiet bietet ideale Bedingungen für Segeln, Surfen, Baden, Wandern und Radeln und ist günstiger Ausgangspunkt für attraktive Ausflüge.

Im „ausgezeichneten" 5*-Campingpark erleben Urlaubsgäste alle Vorzüge eines modernen Campingurlaubs. Hierzu gehören, Komfortstandplätze, topausgestattete Ferienblockhäuser, Zeltplätze und Dauercampingplätze.

Hervorzuheben sind die nach modernsten Anforderungen behindertengerecht ausgestatteten vier Sanitärgebäude, die mit Kinderspaßbädern, Familienduschen, Babywickelräumen, Kochgelegenheiten, Waschmaschinen, Wäschetrockner und Bügelgelegenheiten erstklassigen Komfort bieten. Gepflegte Liegewiesen und ein breiter Badestrand sorgen für unbeschwertes Badevergnügen. Kajak-, Ruder- und Tretboote können ausgeliehen werden. Auf Petrijünger wartet vom 15. Mai bis 30. September ein sehr gutes Angelrevier.

Für Sport und Spiel stehen Ballspielflächen, drei Beachvolleyball-Turnierfelder, Abenteuerspielplätze für Kinder, Outdoor-Fitness und ein Aufenthaltsraum mit Großkicker zur Verfügung.

Der Park ist nicht nur im Sommer ein Urlaubsparadies für Kinder und Erwachsene. Eine großzügige Rezeption, Minishop mit Brötchenservice, ein Seerestaurant mit griechischen Spezialitäten und mehrere Kioske mit Seeterrasse runden das Angebot des Campingparks und des Naherholungsgebietes ab. Internetecke und W-Lan auf einem Großteil der Plätze sind ebenfalls vorhanden. Hunde (1 Hund je Standplatz) sind auf dem Campingplatz und im Naherholungsgebiet an der Leine zu führen. Im Badebereich herrscht vom 15.4.–30.9. eines jeden Jahres Hundeverbot.

Besuche in den umliegenden Gastronomiebetrieben und den zahlreichen Besenwirtschaften lohnen sich. Sie halten regionale Spezialitäten und ein breites Angebot an Weinen aus den umliegenden Weinbergen bereit.

5*-Campingpark Breitenauer See

Breitenauer See 2
D-74245 Löwenstein
Tel. +49 (0)7130 8558
Fax +49 (0)7130 3622
info@breitenauer-see.de
www.breitenauer-see.de

Rothenburg ob der Tauber

Kleinod deutscher Romantik

Rothenburg ob der Tauber gilt bei Touristen aus aller Welt als eine der schönsten mittelalterlichen Städte Deutschlands. Die ehemalige Reichsstadt und ihre zahlreichen Sehenswürdigkeiten im romantischen Stadtkern sind von einer begehbaren Stadtbefestigung umrahmt. Rothenburg im idyllischen Taubertal ist außerdem ein beliebter fränkischer Weinort mit einer Reihe von gemütlichen Weinschänken.

Sehenswürdigkeiten

Beim Rundgang durch die romantischen Gassen der Stadt lassen sich viele sehenswerte historische Gebäude entdecken. Hierzu gehört das imposante Rathaus am Marktplatz mit einem gotischen Gebäudeteil neben dem vorderen Renaissancebau.

Lohnend ist die Teilnahme an einer erlebnisreichen Stadtführung, bei der die Teilnehmer viel Wissenswertes über die Stadtgeschichte erfahren.

Unbedingt zu empfehlen ist ein Besuch der Stadtpfarrkirche St. Jakob, die zwischen 1311 und 1484 erbaut wurde. Hier befindet sich der bedeutende Heiligblut-Altar des berühmten Bildschnitzers Tilman Riemenschneider. Die wertvollen mittelalterlichen Glasgemälde im Ostchor leuchten vor allem morgens in voller Farbenpracht.

Rothenburg besitzt mehrere beachtliche Museen: Das Mittelalterliche Kriminalmuseum zeigt als wichtigstes deutsches Rechtskundemuseum spannende Exponate aus der Rechtsgeschichte, unter anderem Folterinstrumente und Geräte zum Vollzug von Leibes- und Lebensstrafen.

Rothenburg ob der Tauber
(Bilder Rothenburg Tourismus Service, W. Pfitzinger)

Sehenswert ist auch das märchenhaft bunte Weihnachtsmuseum von Käthe Wohlfahrt. Im ganzjährig geöffneten „Weihnachtsdorf" (im selben Gebäude wie das Museum) lassen sich zahlreiche Kostbarkeiten für jeden Geschmack finden.

Das Reichsstadtmuseum im ehemaligen Dominikanerinnenkloster zeigt Sammlungen mit wertvollen Kunstwerken zur Kulturgeschichte der Stadt. Besonders eindrucksvoll ist die Begehung des 4 km langen aussichtsreichen Rothenburger Turmweges mit 22 thematischen Info-Stationen rund um die Altstadt. Er führt teilweise über die begehbare überdachte Stadtmauer, die mit Türmen und Toren gespickt ist.

Veranstaltungen

Das Rothenburg Veranstaltungsprogramm bietet eine Reihe von beliebten Märkten und Festen.

Ende April lädt Rothenburg zur Frühlings-Stadtatmosphäre ein, dem weithin bekannten Stadtfest mit buntem Unterhaltungsprogramm.

An Pfingsten wird das Historische Festspiel „Der Meistertrunk" aufgeführt.

Im August lockt das Taubertal-Festival Musikbegeisterte aus Nah und Fern und das Rothenburger Weindorf verführt mit kulinarischen Genüssen.

Während der Reichsstadt-Festtage Anfang September wird die gesamte Stadtgeschichte durch zahlreiche Mitwirkende dargestellt.

Höhepunkt im Festkalender ist der über 500 Jahre alte Reiterlesmarkt, ein Weihnachtsmarkt vom ersten Freitag vor dem 1. Advent bis 23. Dezember, der die Altstadt in ein romantisches Wintermärchen verwandelt.

Wichtige Adressen und Telefonnummern

Rothenburg Tourismus Service
Marktplatz 2
D-91541 Rothenburg ob der Tauber
Tel. +49 (0)9861 404 800
Fax +49 (0)9861 404 529
info@rothenburg.de
www.rothenburg.de/tourismus

Röttingen

Wein und Spiele

Röttingen (rund 1700 Einwohner) ist die südlichste Stadt im unterfränkischen Landkreis Würzburg. Der fränkische Weinort an der Tauber in der Nähe der Grenze zu Baden-Württemberg liegt etwa 35 km südlich von Würzburg und ist eine Station auf der „Romantische Straße" genannten touristischen Route von Würzburg nach Füssen. Der staatliche anerkannte Erholungsort Röttingen ist durch seine historische Altstadt und attraktiven Veranstaltungen ein beliebtes Ausflugsziel.

Röttingen wurde 1103 erstmals urkundlich erwähnt und erhielt im Jahr 1275 die Stadtrechte.

Die Stadt gehörte ursprünglich den Edlen von Hohenlohe und ging dann in den Besitz des Hochstiftes Würzburg über. Röttingen nennt sich seit der Proklamation 1953 „Europastadt", weil sich die Röttinger Stadtjugend in den Nachkriegsjahren für den Europagedanken begeisterte.

Sehenswürdigkeiten

Rund um den Marktplatz und in der gesamten Altstadt kann man eine Reihe von sehenswerten Fachwerkhäusern bewundern. Das prächtige barocke Rathaus von 1750 wird von zwei Wasserspeiern, einem beliebten Fotomotiv, geziert. Bemerkenswert ist die fast vollständig erhaltene Stadtmauer mit sieben mittelalterlichen Wehrtürmen aus dem 14. und 15. Jahrhundert: Mühlenturm, alter und neuer Hundheimer Torturm, Schweinehirtenturm,

Rathaus und Marktplatz
(Bild H-J Hummel)

Sonnenuhr
(Bild H-J Hummel)

Rippacher Turm, Schneckenturm und Jakobsturm, welcher eine Ferienwohnung beherbergt.

Die hochmittelalterliche Burganlage der Burg Brattenstein ist seit 1984 Schauplatz der Röttinger Festspiele. Auch die Pfarrkirche St. Kilian aus dem 13. Jahrhundert und das Weinmuseum in der Burg Brattenstein sind einen Besuch wert. Der zwei Kilometer lange Sonnenuhren-Rundweg zeigt 25 einzigartige und aufwendige Zeitmesser, daher ist Röttingen auch bekannt als „Stadt der Sonnenuhren".

Freizeit und Sport

Zu den Freizeiteinrichtungen der Stadt gehören die Naherholungszone am Mühlbachgrund, die Röttinger Spielscheune, die eibe Abenteuerspielplätze, der eibe fit Active Parcours, der Kneipp-Vital-Weg mit Paracelsus-Gärtchen und der Weinwanderweg inkl. Museumsweinberg. Röttingen liegt unter anderem am 5-Sterne-Radweg „Der Klassiker".

Museumsweinberg
(Bild Evelyn Lorenz)

Veranstaltungen

My Fair Lady
(Bild Evelyn Lorenz)

Die alljährlichen Frankenfestspiele (www.frankenfestspiele.de) im Hof von Burg Brattenstein von Mai bis Mitte August mit Theaterstücken, Konzerten und Jungem Theater ziehen zahlreiche Besucher aus nah und fern an. Auch das Weinfest zu Pfingsten, das Röttinger Gauvolksfest Ende August, die Kulturtage im Herbst sowie der Röttinger Winterzauber (Kunsthandwerker-Markt mit Eisbahn) sind bei den Besuchern sehr beliebt.

Wichtige Adressen und Telefonnummern

Tourist-Information
Marktplatz 1
D-97285 Röttingen
Tel. +49 (0)9338 9728 55
Fax +49 (0)9338 9728 49
touristinfo@roettingen.de
www.roettingen.de

Schloss- und Wasserstadt Schillingsfürst

... immer auf der Höhe

Die Stadt Schillingsfürst mit ihren 540 m ü. M. (rund 3.000 Einwohner) liegt im Naturpark Frankenhöhe sowie an der Romantischen Straße und in direkter Verbindung zum Autobahnkreuz der A 7 und der A 6.

Als staatlich anerkannter Erholungsort bietet Schillingsfürst vielfältige Freizeitmöglichkeiten für Urlauber und Ausflugsgäste. Gasthöfe, Hotels und eine Reihe gemütlicher Ferienwohnungen laden zum Übernachten ein.

Kurzer Blick ins Geschichtsbuch

Die Geschichte von Schillingsfürst, das bereits im Jahr 1000 urkundlich erwähnt wurde, ist eng mit dem Schloss Schillingsfürst verbunden. Nach wechselnden Besitzern gehörte die Gemeinde seit 1806 zum Königreich Bayern. In Schillingsfürst lebten bedeutende Persönlichkeiten der Familie Hohenlohe-Schillingsfürst wie der Reichskanzler Chlodwig und der Kardinal Prinz Gustav Adolf. 1959 wurde dem Markt Schillingsfürst das Stadtrecht verliehen.

Sehenswürdigkeiten

Neben dem Schloss mit seiner attraktiven Inneneinrichtung (siehe Seite ...) und dem fürstlichen Jagdfalkenhof hat die Stadt eine Reihe von interessanten Sehenswürdigkeiten zu bieten. Das Stadtbild wird geprägt von dem imposanten, 1902 errichteten Wasserturm, der heute stillgelegt ist. Die Wendeltreppe im Innern des Turms führt an Gemälden des französischen Malers Michel Leroux vorbei.

Schillingsfürst
(Bilder Stadt Schillingsfürst)

Lohnend ist der Besuch des Brunnenhausmuseums im Brunnenhausweg 25 mit der in Deutschland einzigen erhaltenen Ochsentretanlage. Die 1702 erbaute Anlage diente der Wasserversorgung des Schlosses. Das noch vollkommen funktionsfähige hölzerne Pumpwerk wurde von Ochsen angetrieben, die auf einer rotierenden, schief gelagerten Scheibe die Pumpe antrieben. Neben diesem Stück Technikgeschichte zeigt das Museum Wohnkultur des 18. Jahrhunderts und altes Handwerk. Das Brunnenhaus kann vom 1. April bis 31. Oktober auf Anfrage besichtigt werden.

Das Ludwig-Doerfler-Museum in der Neuen Gasse 1 zeigt neben dem Lebenswerk des heimischen Künstlers Ludwig-Doerfler (1905-1992) mit impressionistischen Gemälden aus der fränkischen Heimat und Südeuropa auch wechselnde Ausstellungen anderer Künstler. Das Museum genießt durch seine internationalen Künstler und durch eigene Ausstellungen in China einen einzigartigen Ruf. Es ist Mittwoch bis Sonntag (April bis Oktober) von 12:00 bis 18:00 Uhr geöffnet.

Freizeit und Sport

Das Fischhausbad mit Liegewiese, Nichtschwimmerbereich, Sanitäranlagen, Kiosk und Sprungbrett ist ein Naturbad am Waldrand mit allerbester Wasserqualität (EU-Anforderung). Es ist von Pfingsten bis zum zweiten Septemberwochenende geöffnet.

Schloss Schillingsfürst

Die Umgebung von Schillingsfürst bietet schöne Wandermöglichkeiten im Naturpark.

Radfahrer können rund um die Frankenhöhe auf fünf Premiumfahrradwegen die wunderschöne Landschaft erkunden.

Veranstaltungen

Zu den beliebten Veranstaltungen in der Stadt gehört der Mittelaltermarkt Ende April, die Veranstaltung Gartenlust Mitte Juni, das Historische Lagerleben Ende Juni, das Liszt-Konzert-Festival im Juli und der Fürstliche Weihnachtsmarkt am ersten Adventswochenende.

Wichtige Adressen und Telefonnummern

Info-Center Schillingsfürst
Rothenburger Str. 2
D-91583 Schillingsfürst
Tel. +49 (0)9868 222
Fax +49 (0)9868 253
info@frankenhoehe.de
www.schillingsfuerst.de

Barockschloss im Naturpark Frankenhöhe

Schloss Schillingsfürst

Das Barockschloss der Fürsten zu Hohenlohe-Schillingsfürst liegt weithin sichtbar auf einem Bergsporn der Frankenhöhe und ist Wahrzeichen der Stadt Schillingsfürst. Die Stadt im mittelfränkischen Landkreis Ansbach im Naturpark Frankenhöhe liegt rund 15 km südlich von Rothenburg ob der Tauber und ist über die nahe Anschlussstelle Wörnitz der A 7 von Würzburg nach Ulm gut zu erreichen.

Geschichte

Bereits um das Jahr 1000 wurde Schillingsfürst erstmals urkundlich erwähnt. Die Burg wurde im Lauf der Geschichte mehrfach zerstört und wieder aufgebaut. Das heutige Schloss wurde zwischen 1705 und 1740 errichtet und bietet das typische Bild einer kleinen fürstlichen Residenz. Es ist bis heute in Familienbesitz. Fürst Chlodwig zu Hohenlohe-Schillingsfürst (1819 – 1901) war von 1894 bis 1900 Reichskanzler.

Museum

Zur barocken Schlossanlage gehören ein Museum, ein weitläufiger Schlosspark sowie ein Falkenhof. Das Museum kann im Rahmen von Führungen besichtigt werden. Sie finden von April bis Anfang November täglich außer montags um 12, 14 und 16 Uhr statt.

Zu sehen sind beim Rundgang das prächtig stuckierte Treppenhaus, die Ahnengalerie im Westgang mit zahlreichen Familiengemälden, der Damensalon mit reich verzierten Stuckdecken, der Rote Salon mit einem wunderbaren Ofen der Porzellanmanufaktur Nymphenburg, der Billardsalon mit dem mit Schnitzwerk verzierten Billardtisch, der Empfangssalon mit prächtigem Intarsienboden, das Speisezimmer mit

beeindruckender Glas- und Porzellansammlung sowie das Arbeitszimmer des Reichskanzlers.

Hochzeiten
Das Schloss bietet die Möglichkeit, im historischen Ambiente und festlicher Atmosphäre den schönsten Tag des Lebens fürstlich zu feiern. Infos unter www.fuerstliche-hochzeit.de

Falkenhof
Der Fürstliche Falkenhof mitten im Naturpark Frankenhöhe bietet eine unvergessliche Flugshow mit faszinierenden Greifvögeln. Öffnungszeiten April bis Anfang November täglich außer montags von 10:30 bis 17 Uhr, letzter Einlass um 16 Uhr.
Zum Abschluss eines erlebnisreichen Tages auf Schloss Schillingsfürst lädt das Schloss-Café zur Einkehr.
www.falkenhof-schillingsfuerst.de

Liszt-Akademie
Im 19. Jahrhundert bestanden familiäre Bindungen zum berühmten Komponisten Franz Liszt.
Die 2012 gegründete Liszt-Akademie hat das Ziel, junge Talente von weltbekannten Pianisten im Rahmen von Meisterkursen zu unterrichten. Die Kurse finden alljährlich im Juli statt und sind mit einer Konzertreihe verbunden, die Musikliebhaber aus nah und fern anzieht.

Schloss Schillingsfürst
Am Wall 14, D-91583 Schillingsfürst
Tel. +49 (0)9868-201
Fax +49 (0)9868-811
office@schloss-schillingsfuerst.de
www.schloss-schillingsfuerst.de

Spannende Reise durch die Automobilgeschichte

Mercedes-Benz Museum

Das Mercedes-Benz Museum in Stuttgart ist eines der faszinierendsten Museen in der Region, ein Fest für Autoliebhaber und ein Topausflugsziel für Besucher aus nah und fern. Nach der Fahrt mit den futuristisch anmutenden Aufzügen von der riesigen Eingangshalle in die oberste Etage kann die barrierefreie, erlebnisreiche Entdeckungsreise durch die mehr als 130-jährige Geschichte des Automobils beginnen.

Auf neun Ebenen mit 16.500 Quadratmetern Fläche können 160 Fahrzeuge und mehr als 1.500 Exponate bestaunt werden. Das Gebäude ist der Doppelhelix einer DNA-Spirale nachempfunden. Zwei entsprechend kombinierbare Rundgänge führen in weiten Kurven sanft absteigend durch die eindrucksvolle Sammlung zum Ausgangspunkt zurück. Der erste Rundgang zeigt sieben so genannte Mythosräume, die die Geschichte der Marke Mercedes von den Anfängen 1886 bis heute in chronologischer Reihenfolge erzählen und die Faszination der Marke erlebbar machen.

Der zweite Rundgang führt durch verschiedene Collectionsräume, in denen die zahlreichen Fahrzeuge einzelnen Themengalerien wie Galerie der Reisen, Galerie der Lasten, Galerie der Helfer und Galerie der Namen zugeordnet sind. In der Galerie der Namen kann man beispielsweise den Dienst-

mercedes von Bundeskanzler Adenauer aus den 1950er Jahren bewundern. Die einzelnen Abschnitte der Rundgänge enden jeweils in einer Steilkurve mit dem Thema „Silberpfeile – Rennen und Rekorde" und Präsentation der Mercedes-Rennwagen von damals bis heute. Für Kinder und Familien hält das Museum ein besonders vielfältiges Angebot bereit: vom Technik-Workshop für Grundschüler bis zur Mitmach-Ausstellung an Wochenenden, bei der Kinder unter Anleitung ihre Idee vom Auto der Zukunft gestalten können.

Im Shop des Museums kann nach Herzenslust eingekauft werden. Die Auswahl ist groß: unterschiedliche Modellfahrzeuge, Literatur zur Mercedes-Geschichte, Geschenkideen und vieles mehr. Der Museumsshop ist auch ohne Museumsbesuch zugänglich. Die anspruchsvolle Küche des Museumsrestaurants bietet abwechslungsreiche regionale Spezialitäten und internationale Speisen.

Das Programm beinhaltet eine Fülle von attraktiven Veranstaltungen, die im Außenbereich vor dem Museum stattfinden und vom besonderen Flair der einzigartigen Kulisse profitieren. Zu den Publikumslieblingen gehören das Open Air Kino, der Oldtimertreff Cars & Coffee und der Konzertsommer mit dem Kinder- und Familientag.

Öffnungszeiten:

Di. bis So. von 9 Uhr bis 18 Uhr, Kassenschluss: 17 Uhr, Mo. geschlossen. Das Museum ist barrierefrei.

Mercedes-Benz Museum

Mercedesstraße 100
D-70372 Stuttgart
Tel. +49 (0)711 17 30000
classic@daimler.com
www.mercedes-benz.com/museum

Fotos: © Daimler AG

Faszination Porsche

Porsche Museum

Das Porsche Museum in Stuttgart-Zuffenhausen ist das perfekte Ausflugsziel für Autoliebhaber. Seit 2009 präsentiert das vom Wiener Architekturbüro Delugan Meissl entworfene, beeindruckende Museumsgebäude im Stammsitz des Unternehmens die Automobilgeschichte und Faszination von Porsche auf einzigartige Weise. Über einen spektakulären Aufgang gelangt man vom Foyer in den weitläufigen Ausstellungsraum und erhält einen ersten Überblick über die eindrucksvolle Sammlung von Fahrzeugen.

© Porsche AG

Begeisterten Besuchern aus aller Welt werden rund 80 Fahrzeuge und diverse Exponate aus der Geschichte von Porsche gezeigt. Hierzu gehören unter anderem Modelle wie dem 356, 550, 911 und 917 sowie viele hochinteressante technische Entwicklungen des Professors Ferdinand Porsche aus dem frühen 20. Jahrhundert. Schon damals stand der Name Porsche für Innovation durch ständig verbesserte technische Lösungen. Die Ausstellung gliedert sich in die Firmengeschichte vor 1948 und die chronologisch aufgebaute Produkt- und Motorsportgeschichte. Jährlich werden mehrere Sonderausstellungen zu bestimmten Themen oder Jubiläen gezeigt. Die Besucher erhalten auch durch die große Glasfront im Foyer Einblick in die Museumswerkstatt, in der Klassiker restauriert und auf ihren Renneinsatz vorbereitet werden. Jährlich werden mehrere Sonderausstellungen zu bestimmten Themen oder Jubiläen gezeigt. Ein besonderes Highlight des Museums ist die digitale, zwölf Meter lange, interaktive Porsche Multitouchwall, die zu einer individuellen Zeitreise durch die Automobilgeschichte mit rund 3.000 Bildern, Postern und Werbeanzeigen aus der Zeit von 1931 bis zur Gegenwart einlädt. Einzigartig ist auch die interaktive Soundinstallation „Porsche in the Mix", die mit dem charakteristischen Sound von sieben Fahrzeugtypen ein dynamisches audio-visuelles Erlebnis bietet. Verschiedene Geräusche wie Blinker oder Türen schließen können in das Musikstück integriert und von den Besuchern per E-Mail nach Hause gesendet werden. Die App „Porsche Museum" bietet beim Rundgang zusätzliche Infos und technische Daten zu den Exponaten. Mit der „Microsoft HoloLens" wird das digitale Erlebnisangebot in der Dauerausstellung weiter ausgebaut: In der „Porsche Holographic Design Tour" erläutert Porsche-Designer Matthias Kulla in Form eines Hologramms die klassischen Designmerkmale und Formensprache von Porsche am Beispiel eines realen 911. Dazu setzt der Besucher eine Brille auf, die 3D-Animationen um

© Porsche AG

einen echten Elfer herum projiziert. Im Museumsshop finden Besucher viele attraktive Artikel rund um Porsche.

Wer gut speisen möchte, bekommt im Museums-Restaurant „Christophorus" US-amerikanisches Prime-Beef und dazu einen Panoramablick auf den Porscheplatz.

Es ist durch einen separaten Eingang auch unabhängig von den regulären Öffnungszeiten zugänglich. Der Konferenzbereich des Museums mit einer Grundfläche von 600 qm und modernster Technik bietet ideale Bedingungen für erfolgreiche Veranstaltungen und Tagungen.

Öffnungszeiten

Di. bis So. von 9 bis 18 Uhr. Alle Bereiche des Museums sind barrierefrei über entsprechende Auffahrten oder den Lift erreichbar.

Porsche Museum

Porscheplatz, D-70435 Stuttgart-Zuffenhausen
Tel. +49 711 911-20911
info.museum@porsche.de
www.porsche.de/museum
www.facebook.com/porsche.museum.stuttgart

© Porsche AG

Weinsberg

Treue Weiber, Reben und Romantik

Die Stadt Weinsberg (rund 12.000 Einwohner) unweit der Großstadt Heilbronn am Eingang des Weinsberger Tals ist als beliebtes Ausflugsziel geprägt von historischen Sehenswürdigkeiten und dem Weinbau in idyllischer Landschaft. Sie liegt sehr verkehrsgünstig am Autobahnkreuz Weinsberg, dem Schnittpunkt der A 81 und der A 6.

Der Name der Burg Weinsberg ist eng verknüpft mit den berühmten Treuen Weibern von Weinsberg, die im Jahre 1140 ihre dem Tod geweihten Männer retteten. Die belagerte Burg musste sich dem Heer von König Konrad III. ergeben. Den Frauen wurde freier Abzug gewährt unter Mitnahme von dem, was jede tragen könne. Sie trugen ihre Männer aus der Burg, denen sie so das Leben retteten, da der König sein Wort hielt.

Das Staatsweingut Weinsberg, die älteste Weinbauschule Deutschlands hat ihren Sitz in Weinsberg. Zu Ehren von Justinus Kerner gibt es seit 1929 die Rebsorte „Kerner", die von der Weinbauschule gezüchtet wurde.

Sehenswürdigkeiten

Weinsberg ist bekannt als Wirkungsstätte des Dichters und Arztes Justinus Kerner, der von 1819 bis zu seinem

Kernerhaus
(Bilder Stadt Weinsberg)

Waldkletterpark

Tod 1862 in Weinsberg lebte. In seinem Wohnhaus in der Öhringer Str. 3, dem Kernerhaus, ist eine Dokumentation über sein Leben und seinen Freundeskreis untergebracht. Im Obergeschoss sind die original ausgestatteten Wohnräume der Familie zu besichtigen. Hier empfing der Dichter zahlreiche bedeutende Persönlichkeiten. Das Haus war eine Art Pilgerstätte der schwäbischen Romantik. Es ist von Dienstag bis Sonntag nachmittags geöffnet außer am 1. Sonntag im Monat.

Im Rathaus befindet sich das Weibertreu-Museum mit einer großen Anzahl von Exponaten zu Weinsberg, seiner Geschichte und der Burg Weinsberg. Die Burgruine auf dem Burgberg aus dem 11. Jahrhundert kann gegen Eintritt besichtigt werden und bietet einen herrlichen Panoramablick auf das Heilbronner Land mit seinen unzähligen Weinreben. Führungen können über die Stadt Weinsberg gebucht werden.

Die sehenswerte evangelische Johanneskirche am Ökolampadiusplatz ist eine romanische Basilika und Chorturmkirche aus dem 13. Jahrhundert. Sie ist während der Sommerzeit täglich geöffnet.

Freizeit und Sport

Die Wanderung auf dem aussichtsreichen, 3 km langen Weinsberger Wein- und Rosenweg mit faszinierenden Rosenpflanzungen ist sehr lohnend. Rund um die Burgruine informieren 17 Tafeln über Weinbau. Kletterspaß für Groß und Klein bietet der Waldkletterpark Weinsberg.

Veranstaltungen

Der Theaterverein Weinsberg zeigt jedes ungerade Jahr im Rahmen der Freilichtspiele Weinsberg Aufführungen zu stadtgeschichtlichen Themen oder Klassikern. Am letzten Septemberwochenende findet der Weibertreu-Herbst statt.

Wichtige Adressen und Telefonnummern

Tourist-Information
Marktplatz 11
D-74189 Weinsberg
Tel. +49 (0)7134 512 0
Stadt@Weinsberg.de
www.weinsberg.de

Weinlese

Widdern

Kleine Stadt an der Jagst

Widdern
(Bilder Stadt Widdern)

Widdern (rund 1900 Einwohner) im Nordosten des Landkreises Heilbronn ist die drittkleinste Stadt in Baden-Württemberg. Sie liegt in der waldreichen Natur an der Mündung der Kessach in die untere Jagst. Durch das Stadtgebiet führt die Bundesautobahn 81 mit der imposanten 80 Meter hohen Jagsttalbrücke. Widdern ist durch die nahe Autobahnanschlussstelle Möckmühl bequem zu erreichen und mit der sehenswerten Altstadt, den gemütlichen Gaststätten und schönen Tourenmöglichkeiten für Wanderer und Radtouristen ein lohnendes Ausflugsziel.

Sehenswürdigkeiten

Die fränkische Siedlung Widdern wurde im Jahr 774 erstmals urkundlich erwähnt. Im 13. Jahrhundert erhielt Widdern das Stadtrecht.

Empfehlenswert ist eine Stadtführung, bei der man viel Interessantes über die bewegte Geschichte der Stadt erfährt. Der Rundgang führt durch Gassen mit zahlreichen historischen Fachwerkhäusern.

Höhepunkte sind die 1258 erstmals erwähnte evangelische Laurentiuskirche mit Grabdenkmälern vom 15. bis zum 18. Jahrhundert, das auf den Resten des ehemaligen Schlosses der Herren von Zyllnhardt errichtete Rathaus, das ehemalige Würzburger Amtshaus aus der Zeit um 1600 mit schönem Fachwerk sowie das „Dörnle" genannte Turmwächterhaus von 1833.

Einen Besuch wert ist auch das Heimatmuseum im alten Bahnhof in Widdern, das wechselnde Sonderausstellungen zu aktuellen, regionalen, kulturhistorischen und künstlerischen Themen zeigt.

Freizeit und Sport

Widdern mit seinen vielfältigen Wandermöglichkeiten ist Station auf dem 100 km langen Jagst-Kulturwanderweg von Bad Friedrichshall nach Langenburg sowie auf dem Limes-Wanderweg, der dem Obergermanisch-Raetischen Limes folgt.

Radfahrer haben eine reiche Auswahl an attraktiven Touren. Neben dem 340 km langen Kocher-Jagst-Radweg führen auch Ferienstraßen wie die Schwäbische Dichterstraße von Bad Mergentheim nach Meersburg durch Widdern.

Die Stadt ist außerdem Ausgangspunkt für romantische Kanutouren auf der Jagst.

Veranstaltungen

Zu den traditionellen Höhepunkten im Veranstaltungskalender von Widdern gehören der Pfingstmarkt mit internationalem Holzfällerwettbewerb und das von Forellenliebhabern hochgeschätzte Seefest im Juni.

Wichtige Adressen und Telefonnummern

Stadtverwaltung Widdern
Keltergasse 5, D-74259 Widdern
Tel. +49 (0)6298 9247 0
Fax +49 (0)6298 9247 29
stadt@widdern.de, www.widdern.de